insel taschenbuch
1000
Deutsche Gedichte
und ihre Interpretationen

1000
Deutsche Gedichte und ihre Interpretationen

Herausgegeben
von Marcel Reich-Ranicki

Achter Band

Von
Peter Huchel
bis
Paul Celan

Insel Verlag

Zweite Auflage 1995
© Insel Verlag Frankfurt am Main und Leipzig 1994
Alle Rechte vorbehalten
Quellenhinweise am Schluß des Bandes
Druck: Wagner GmbH, Nördlingen
Printed in Germany

Von Peter Huchel
bis Paul Celan

INHALT

Peter Huchel:
13 Caputher Heuweg *(Friedrich Christian Delius)*
17 Chausseen *(Joseph Anton Kruse)*
21 Der Garten des Theophrast *(Hilde Spiel)*
25 Exil *(Horst Bienek)*
29 König Lear *(Walter Hinck)*
33 Kreuzspinne *(Rolf Schneider)*
37 Nachlässe *(Günter Kunert)*
43 Ophelia *(Walter Hinck)*
47 Unter der blanken Hacke des Monds
(Werner Söllner)

Guido Zernatto:
51 Dieser Wind der fremden Kontinente *(Hans Bender)*

Horst Lange:
55 Eine Geliebte aus Luft *(Heinz Piontek)*

Jesse Thoor:
61 Adventrede *(Elisabeth Borchers)*
67 In einem Haus *(Siegfried Unseld)*

Rose Ausländer:
71 Jerusalem *(Horst Krüger)*
75 Mein Venedig *(Joseph Anton Kruse)*
79 Paul Celans Grab *(Karl Krolow)*
83 Salzburg *(Ulrich Weinzierl)*

Günter Eich:
- 87 Abgelegene Gehöfte *(Christoph Perels)*
- 91 Augenblick im Juni *(Albert von Schirnding)*
- 97 Betrachtet die Fingerspitzen *(Ludwig Harig)*
- 101 Briefstelle *(Christa Melchinger)*
- 105 Der Große Lübbe-See *(Rudolf Jürgen Bartsch)*
- 109 Ende eines Sommers *(Eckart Kleßmann)*
- 113 Fußnote zu Rom *(Gerhard Kaiser)*
- 117 Gespräche mit Clemens *(Clemens Eich)*
- 121 Hoffnungen *(Günter Kunert)*
- 125 Inventur *(Hans-Ulrich Treichel)*
- 131 Kleine Reparatur *(Hans Christoph Buch)*
- 135 Königin Hortense *(Eckart Kleßmann)*
- 139 Nachhut *(Dieter E. Zimmer)*
- 143 Wildwechsel *(Ingrid Bachér)*
- 147 Zu spät für Bescheidenheit *(Horst Bienek)*
- 151 Zum Beispiel *(Hans Egon Holthusen)*

Wolfgang Weyrauch:
- 155 Aber wie *(Gert Ueding)*

Albrecht Goes:
- 159 Einem, der davonging, nachgerufen *(Gert Ueding)*
- 163 Motette *(Renate Schostack)*
- 167 Über einer Todesnachricht *(Eckart Kleßmann)*

Franz Baermann Steiner:
- 171 Elefantenfang *(Michael Hamburger)*

Ernst Meister:
- 175 Gedenken V *(Hans-Georg Gadamer)*
- 179 Langsame Zeit *(Walter Helmut Fritz)*
- 183 Utopische Fahrt *(Egon Schwarz)*
- 187 Zu wem *(Eva Zeller)*

Hilde Domin:
- 191 Bitte *(Elisabeth Noelle-Neumann)*
- 195 Brennende Stadt (Beirut) *(Erich Fried)*
- 199 Kleine Buchstaben *(Karl Krolow)*
- 203 Köln *(Walter Hinck)*
- 207 Linke Kopfhälfte *(Gertrud Fussenegger)*
- 211 Tokaidoexpreß *(Helmut Koopmann)*
- 215 Wer es könnte *(Walter Helmut Fritz)*

Mascha Kaléko:
- 219 Im Exil *(Beate Pinkerneil)*
- 223 Kleine Havel-Ansichtskarte *(Horst Krüger)*

Fritz Graßhoff:
- 229 Blues *(Eva Demski)*

Hermann Lenz:
- 233 Regen *(Jochen Hieber)*

Christine Busta:
- 237 Am Rande *(Gertrud Fussenegger)*
- 241 Signale *(Heinz Piontek)*

Stephan Hermlin:
- 245 Terzinen *(Elisabeth Endres)*

Hans Peter Keller:
- 251 Folge *(Hilde Domin)*

Karl Krolow:
- 255 Ariel *(Peter Härtling)*
- 259 Der Nächtliche *(Dieter Kühn)*
- 263 Die goldene Wolke *(Gert Ueding)*
- 267 Diese alten Männer *(Sarah Kirsch)*
- 271 Es war die Nacht *(Werner Fuld)*

275 Für alle Zeit *(Gerhard Schulz)*
279 Mit feuchten Händen *(Reinhold Grimm)*
283 Noch einmal *(Ludwig Harig)*
287 Sieh dir das an *(Gabriele Wohmann)*
291 Stele für Catull *(Eckart Kleßmann)*

Christine Lavant:
295 Seit heute, aber für immer *(Hans Maier)*

Johannes Bobrowski:
299 Anruf *(Werner Keller)*
305 Der Samländische Aufstand 1525
    (Rudolf Jürgen Bartsch)
309 Dorfmusik *(Gerhard Schulz)*
315 Hölderlin in Tübingen *(Hermann Burger)*
319 Holunderblüte *(Werner Keller)*
323 Immer zu benennen *(Jürgen Theobaldy)*
327 J. S. Bach *(Eckart Kleßmann)*
331 Märkisches Museum *(Sarah Kirsch)*
335 Namen für den Verfolgten *(Siegfried Lenz)*
339 Nänie *(Eckart Kleßmann)*

Rainer Brambach:
343 Meine Vorfahren kamen nie vom Norden los
    (Kurt Marti)

Paul Celan:
347 Anabasis *(Jürgen Theobaldy)*
351 Bei Wein und Verlorenheit *(Christoph Perels)*
355 Das Fremde *(Erich Fried)*
359 Ein Knirschen von eisernen Schuhn
    (Eckart Kleßmann)
363 In memoriam Paul Eluard *(Karl Krolow)*
367 In Prag *(Rolf Schneider)*

371 Keine Sandkunst mehr *(Martin Lüdke)*
375 Todesfuge *(Peter von Matt)*
381 Und Kraft und Schmerz *(Harald Weinrich)*
385 Weggebeizt *(Hermann Burger)*
389 Wir lagen *(Horst Bienek)*

Ilse Aichinger:
393 Briefwechsel *(Gertrud Fussenegger)*
397 Gebirgsrand *(Heinz Politzer)*
401 Schneeleute *(Walter Helmut Fritz)*
405 Widmung *(Hilde Spiel)*
409 Winter, gemalt *(Eckart Kleßmann)*

H. C. Artmann:
413 den hintern sollte ich dir *(Elisabeth Borchers)*
419 ein reißbrett aus winter *(Karl Krolow)*

Wolfgang Borchert:
423 Antiquitäten *(Günter Kunert)*

Anhang
429 Quellenhinweise
435 Verzeichnis der Interpreten
445 Verzeichnis der Gedichtüberschriften und -anfänge
450 Verzeichnis der in den Bänden 1-10 interpretierten Gedichte

PETER HUCHEL
CAPUTHER HEUWEG

Wo bin ich? Hier lag einst die Schoberstange.
Und schüttelnd die Mähne auf Leine und Kummet
Graste die Stute am wiesigen Hange.
Denn Mittag wars. Bei Steintopf und Krug
Ruhten die Mäher müde im Grummet.
Am Waldrand, wo schackernd die Elstern schrien,
Stand halb in der Erde ein Mann und schlug
Mit Axt und Keil aus Stubben den Kien.
Wann war dieser Sommer? Ich weiß es nicht mehr.
Doch fahren sie Grummet, der Sommer weht her
Vom Heuweg der Kindheit, wo ich einst saß,
Das Schicksal erwartend im hohen Gras,
Den alten Zigeuner, um mit ihm zu ziehn.

FRIEDRICH CHRISTIAN DELIUS
DIE ZWEITE ERNTE

Als Peter Huchels »Chausseen Chausseen« 1963 erschienen, habe ich »Caputher Heuweg« zum ersten Mal gelesen. Zugegeben, den zwanzigjährigen Berliner Studenten hat dieser Blick auf die Kindheit, auf eine fremde und doch nur wenige Kilometer entfernte Landschaft nicht sehr gefesselt. Aufregender war, daß die Gedichte des zuvor bei »Sinn und Form« entlassenen und schikanierten Huchel überhaupt herauskamen – im Westen. Noch entscheidender war für mich die Entdeckung eines neuen Tons. Während die westdeutschen Lyriker damals sich eher spielerisch-rhetorisch an der Gesellschaft rieben, hatte Huchel den Widerstand, der noch in seinen schönsten Gedichten lag, selbst auszuhalten. *Gefangen bist du, Traum./ Dein Knöchel brennt,/ zerschlagen im Tellereisen.* Da bettelte keine Zeile um Mitleid, da gab es keinen Funken Koketterie. Aus der Synthese von »Natur-« und »politischem« Gedicht, aus der Absage an jede Hoffnung auf das DDR-System wuchs Huchel eine Souveränität zu, die ihn überlegen, beinah unnahbar machte. Damit verbot er auch, wofür ich ihm unbewußt dankbar war, jede epigonale Annäherung. Seine großen politischen Gedichte beschäftigten mich seinerzeit mehr als etwa »Caputher Heuweg«: auf den ersten Blick fast konventionell, viel Natur, Rückschau auf die Kindheit, ein beinah archaischer Ton. Die Irritationen, die das Gedicht auszulösen vermag, sind mir damals entgangen.

Wo bin ich? Die Eingangsfrage, fast frech in ihrer Banalität, oder wie nach dem Aufwachen gestellt, wird das Gedicht nicht beantworten, obwohl der Ort benannt ist. Caputh liegt südlich Potsdam, neben Wilhelmshorst, wo Huchel lebte, und nahe Langerwisch, wo er die Kindheit verbrachte. Man muß das nicht wissen, denn auch das Gedicht teilt mit, daß sein Autor genau weiß, wo er ist. Er ist sich sogar seiner Erinnerungen gewiß: die Stute auf der Wiese, die Mäher, ein Mann, Holz hackend. Ein einziges Bild, Stille, die nur von dem unruhigen Pferd, der Elster und den Axtschlägen unterbrochen ist, ein Moment am Mittag im späteren Sommer genügt, um die einfache Frage zu evozieren: Wo? und Wann?

Das Bild hat nichts Idyllisches, Trostreiches. Es ist von der Arbeit des ländlichen Lebens markiert (verstärkt durch die Betonung der landwirtschaftlichen »Fremdwörter« wie Kummet, Grummet, Stubben, Kien). Es wirkt durch seine raffinierte Reimführung. Zu wissen, wo man ist, und doch über den Abgrund der Jahre hinweg die Frage zuzulassen: *Wo bin ich?*, damit wird die räumliche Dimension zur zeitlichen.

Wann war dieser Sommer? Ich weiß es nicht mehr. Die Erinnerung, ausgelöst durch die Ernte des zweiten Heus (Grummet) viele Jahre später, findet zu dem Erinnernden zurück: das Kind am Weg im hohen Gras, in Erwartung des Unbekannten, der Gefahr, des Abenteuers: *Das Schicksal... Den alten Zigeuner.* Daß der Krieg Schicksal spielte, muß nicht gesagt werden. Der Erwachsene hat überlebt und darf zurückdenken. In dieser atemberaubenden, einfachen, unausgesprochenen Entdeckung, am Leben zu sein, liegt der Höhepunkt des Gedichts, unterstrichen von den beiden überraschenden Paarreimen *(mehr/her, saß/Gras).*

Die Fragen müssen also nicht beantwortet werden. Das Wo ist eine Frage der Zeit, das Wann eine des Raums. Ich bin gegangen, ich bin wieder da, die Suche nach einem festen Ort, nach einem Koordinatensystem wird nie aufhören. Was Heimat genannt wird, ist der Ort größter Beunruhigung. Auch hier ist nichts gewiß. Heute, nach dem Verschwinden der Mauer, erhalten Gedichte wie »Caputher Heuweg« eine neue Lesart: Sie sind trigonometrische Punkte in einer Landschaft, die sich wieder verändert, stärker denn je.

PETER HUCHEL
CHAUSSEEN

Erwürgte Abendröte
Stürzender Zeit!
Chausseen, Chausseen.
Kreuzwege der Flucht.
Wagenspuren über den Acker,
Der mit den Augen
Erschlagener Pferde
Den brennenden Himmel sah.

Nächte mit Lungen voll Rauch,
Mit hartem Atem der Fliehenden,
Wenn Schüsse
Auf die Dämmerung schlugen.
Aus zerbrochenem Tor
Trat lautlos Asche und Wind,
Ein Feuer,
Das mürrisch das Dunkel kaute.

Tote,
Über die Gleise geschleudert,
Den erstickten Schrei
Wie einen Stein am Gaumen.
Ein schwarzes
Summendes Tuch aus Fliegen
Schloß ihre Wunden.

JOSEPH ANTON KRUSE
FLUCHTWEGE

Dieses Gedicht hat seine eigene Geschichte und durch die nachfolgenden politischen Ereignisse in aller Welt an Suggestion und Bedeutung gewonnen. Als Teil eines sehr viel größeren Ganzen mit der Überschrift »Das Gesetz« sind die Strophen bereits 1950 in Peter Huchels Zeitschrift »Sinn und Form« erschienen. Es handelte sich dabei um eine poetisch-mythische, anerkennende Reaktion auf die Bodenreform in der jungen DDR, zu deren bedeutendsten Autoren der damals siebenundvierzig Jahre alte Lyriker zählte. Huchels Würdigung dieser Reform ließ allerdings keinen parteipolitischen Zungenschlag hören.
Zehn Jahre später wurden die Zeilen, um eine abschließende zweizeilige Strophe länger (»Während in heller Sonne / Das Dröhnen des Todes weiterzog.«), unter dem Titel »Chausseen, Chausseen« im »Jahrbuch der Freien Akademie der Künste in Hamburg« veröffentlicht, als dankbare Antwort auf eine Auszeichnung durch diese Akademie. Huchels Erwartungen, was den ursprünglichen Rahmen seiner lyrischen Erinnerungsarbeit anging, waren inzwischen längst enttäuscht. 1962 wurde er gezwungen, die Leitung seiner Zeitschrift aufzugeben. Er gehörte damit bis zu seiner Ausreise im April 1971 zu den isolierten und überwachten Opfern des Systems.
Im Titel des Bandes aus dem Jahre 1963, der beim S. Fischer Verlag in Frankfurt am Main herauskam und in dem die Strophen schließlich in dieser Form stehen, ist die

Überschrift des Gedichtes ebenfalls verdoppelt, so daß er mir stets wie ein Refrain in den Ohren klang, wenn ich beispielsweise durch Franken fuhr. Aber auch in Westfalen, Holstein und in der Mark Brandenburg, Peter Huchels ureigenster Heimat, oder überall dort, wo es noch jene unendlichen Landstraßen gibt, die sich bis zum Horizont durch Wiesen und Felder hinziehen, vielleicht gesäumt von Apfelbäumen oder Birken, wird diese Melodie »Chausseen, Chausseen« laut: Friedlich klingt sie für gewöhnlich, eintönig und nach Natur. Aber sie kann auch Unruhe bedeuten, Weg ohne Ziel, ein Grau, bei dem man nicht an ein umgebendes Grün denkt, vielmehr an eine Möglichkeit zu entkommen.

Als Motto für den Band hatte Huchel ein Wort von Augustinus gewählt: »... im großen Hof meines Gedächtnisses. Daselbst sind mir Himmel, Erde und Meer gegenwärtig ...« In den Strophen des Gedichts »Chausseen« greift er auf den Fundus seines Gedächtnisses zurück, beschwört Bilder, die der Entstehung wenige Jahre vorausliegen. Er bringt die Trecks (die übrigens das übernächste Gedicht ausdrücklich benennt) und die Flucht am Ende des Zweiten Weltkrieges auf den Straßen, Wegen und Feldern zur eindringlichsten Anschauung, hält einen Nachruf auf eine untergegangene Welt und auf Tausende von Toten. Wir sehen in dieser lyrischen Totenfeier die Brandschatzungen vor uns, die Kadaver der Pferde, die Zerstörung von Gutshöfen und Dörfern, den Strom von Flüchtlingen, die ihr Leben und den Rest ihrer Habe zu retten trachten, und wir sehen die Leichen auf den Bahngleisen, übersät von Schmeißfliegen. Die natürlichen Fluchtwege, die Straßen durch geschändete, entmenschlichte Landschaften münden in den Tod. Das dunkle Leichentuch zwischen Nachthimmel und stummer Erde ist das Pflaster auf Wunden, die in unserer Erinnerung gar nicht verheilen dürfen.

Wenige Jahre vor seinem Tod am 30. April 1981 in Staufen im Breisgau, wo er seit 1972 lebte, ist mir Peter Huchel bei einem Düsseldorfer Literaturgespräch begegnet. Er wirkte wie ein erratischer, ehrwürdiger Künder von Botschaften und Bildern, nicht als Redner unter übrigen Teilnehmern. Er, der die Wegmetapher auf so eigentümliche Weise verwendet hatte, war nicht mehr imstande, ohne fremde Hilfe über den Fußgängerübergang einer verkehrsreichen Großstadtstraße zu gehen. Er klammerte sich voller Angst an meinen Arm, und ich mußte ihn führen und weiß seitdem, daß ein Mensch verloren ist in der Welt, wenn ihm alle Dinge wirklich das bedeuten, was sie sind.

PETER HUCHEL
DER GARTEN DES THEOPHRAST

Meinem Sohn

Wenn mittags das weiße Feuer
Der Verse über den Urnen tanzt,
Gedenke, mein Sohn, Gedenke derer,
Die einst Gespräche wie Bäume gepflanzt.
Tot ist der Garten, mein Atem wird schwerer,
Bewahre die Stunde, hier ging Theophrast,
Mit Eichenlohe zu düngen den Boden,
Die wunde Rinde zu binden mit Bast.
Ein Ölbaum spaltet das mürbe Gemäuer
Und ist noch Stimme im heißen Staub.
Sie gaben Befehl, die Wurzel zu roden.
Es sinkt dein Licht, schutzloses Laub.

HILDE SPIEL
EIN MENSCH WIRD GERODET

In Huchels »Ausgewählten Gedichten« läßt sich an drei gesonderten Schaffensperioden ablesen, welchen Weg er aus dem Hellen ins Dunkle gegangen ist. Auf lichte, reine Naturlyrik und die Hinwendung zu antiken und christlichen Mythen folgt zuerst die umschleierte, dann die deutliche Absage an die verderblichen Hüter und unredlichen Verwalter dessen, was einst sein Glaube gewesen war.
Der »Garten des Theophrast« gehört zu den Verschlüsselungen, in denen sein eigenes Schicksal aufzuspüren ist. Dieses Gedicht erfüllt sich in den letzten zwei Zeilen. Ein Baum, ein Mensch wird gerodet, entwurzelt, ausgerottet. Seine Äste erblinden, sehen das Licht nicht mehr. Die Widersacher haben gesiegt. Bei Albert Ehrenstein hieß das noch farbiger, dramatischer: »Hoch über mir befahren meine Feinde den Mondregenbogen.« Das Opfer ist gestürzt, sein Untergang gewiß.
Huchel, der am Ende so klar, so unmißverständlich wird, beginnt mit kühneren und schwierigeren Bildern. Das weiße Feuer der Verse tanzt über den Urnen: ein Pfingstwunder, aber es kündigt nichts Gutes an. Die Gespräche, an die er den Sohn gemahnt, schienen ewig, doch sie starben mit jenen, die sie führten.
Man kann diese eminent politische Metapher auslegen, wie man will. Gewiß wurden hier Hoffnungen enttäuscht, Gefährten an die Zeit oder, schlimmer, an die Macht verloren. »Tot ist der Garten« – wer denkt da nicht an den

»totgesagten park«? Aber was bei George das herbstliche Sterben aufwiegt, »der schimmer ferner lächelnder gestade, der reinen wolken unverhofftes blau«, das ist hier unwiderruflich dahin, bedrückt und verschlägt den Atem. Einmal, man gedenke der Stunde, war hier ein Gärtner am Werk gewesen, der den Boden düngte und den kranken Bäumen Stütze gab. Den Theophrast oder Tyrtamos, Schüler des Aristoteles, Verfasser der »Charaktere«, Haupt der Peripatetiker – und Herr ihrer im Wandelgang geführten Gespräche –, sieht Huchel vor allem als Pfleger der Kräuter und Pflanzen, dessen Namen Paracelsus trug. Aber nun sind die Bäume unheilbar geworden.

»Antiker Form sich nähernd«, beschreibt Huchel keine idyllische Totenlandschaft wie Goethe Anakreons Grab, sondern Zerstörung und Verfall. Selbst das Gemäuer, ein weiteres Sinnbild des Festgefügten, der Dauer, wird gespalten, im noch heißen Staub ruft eine Stimme um Hilfe, die bald verlöschen muß.

Aber jetzt die Hammerschläge, der unverhüllte Klageschrei. Keine Frage, um was es geht. Schuldig wird gesprochen, wer die Wurzel auszurotten, den Menschen auszumerzen befahl. Keine Frage auch, wer das ist. Das Gedicht wurde 1962 geschrieben. Huchel ging es schlecht in diesem Jahr. Damals erschien das letzte von ihm redigierte Heft von »Sinn und Form«, unerschrocken Beiträge nahezu Verfemter enthaltend. Auch der »Garten des Theophrast« wurde mit fünf anderen Gedichten in dieser Nummer abgedruckt, nach deren Veröffentlichung Huchel in der völligen Isolation verschwand.

»Es sinkt dein Licht, schutzloses Laub« – herzzerreißendste Zeile der neueren Dichtung. Sie verfolgt mich, seit ich sie zum ersten Mal gelesen habe, wie ein Leitmotiv der

Gegenwart. Ich höre sie, wann immer mir Unrecht geschieht, wie wäre es anders möglich.

Aber ich höre sie auch, wenn ich von Verfolgten und Eingekerkerten lese, ob in Santiago de Chile, Barcelona, Istanbul oder in Moskau und Leningrad.

PETER HUCHEL
EXIL

Am Abend nahen die Freunde,
die Schatten der Hügel.
Sie treten langsam über die Schwelle,
verdunkeln das Salz,
verdunkeln das Brot
und führen Gespräche mit meinem Schweigen.

Draußen im Ahorn
regt sich der Wind;
Meine Schwester, das Regenwasser,
in kalkiger Mulde,
gefangen
blickt sie den Wolken nach.

Geh mit dem Wind,
sagen die Schatten.
Der Sommer legt dir
die eiserne Sichel aufs Herz.
Geh fort, bevor im Ahornblatt
das Stigma des Herbstes brennt.

Sei getreu, sagt der Stein.
Die dämmernde Frühe
hebt an, wo Licht und Laub
ineinander wohnen
und das Gesicht
in einer Flamme vergeht.

HORST BIENEK
ZWIESPRACHE MIT DEM SCHWEIGEN

Peter Huchels Ruhm im deutschen Sprachbereich ist groß. Dabei hat er nicht sehr viel mehr als hundert Gedichte veröffentlicht. Er war weder ein Neuerer noch ein Avantgardist, kein Zeitkritiker. Eher bekannte er sich leidenschaftlich zur Tradition. Er war ein Dulder – und ein Moralist. Unbestechlich, integer, bescheiden, genau, menschlich wie künstlerisch. Er bewies auf exemplarische Weise, daß das Kleine groß sein kann, das Wenige viel und die enge Heimat die Welt. Immer wieder beschrieb er die Landschaft, aus der er kam, den Himmel, die Bäume, die Teiche und Seen der Mark, die Menschen, die dort lebten, ihre verborgenen Gefühle, die einfachen Dinge.
Vielleicht war es das, was seine Leser an ihm beeindruckte. Wo er auch auftrat, in den letzten Jahren, waren die Säle voll, Junge und Alte kamen, ihm zuzuhören, der da mit leiser, schon brüchig werdender Stimme las, das Haar schlohweiß und in die Stirn gekämmt, ein Cäsaren-Gesicht, auch im Greisenalter noch schön.
Huchel hat schon vor 1933 die ersten Gedichte veröffentlicht. Mit Wilhelm Lehmann und Elisabeth Langgässer könnte man ihn zu den Naturmagiern zählen. Im Dritten Reich lebte er in einer Art innerem Exil. Nach dem Krieg wurde er Programmleiter beim Berliner Rundfunk und übernahm bald die Chefredaktion der Zeitschrift »Sinn und Form«, mit der er Weltliteratur zwischen Ost und West vermitteln wollte und dies auch, trotz mancher

Anfeindungen, bis 1962 durchsetzte. Dann wurde er gestürzt. In der DDR durfte nichts mehr von ihm gedruckt werden. Sein Haus wurde vom Staatssicherheitsdienst überwacht, die Besucher häufig abgewiesen, seine Ausreise in den Westen abgelehnt. Der Eingeschlossene von Wilhelmshorst. Das war er neun Jahre lang. Dann ließ man ihn gehen. Er lebte eine Zeitlang in Rom, danach in Staufen im Breisgau, wo er 1979 starb. Ein angesehener Preis für Lyrik trägt seinen Namen.

Das Gedicht »Exil«, etwa um 1966 entstanden, ist von schwermütiger, finster-magischer Sprachkraft; seine eigentliche und existentielle Dimension bekommt es vor dem Hintergrund der Biographie. Der Titel hat Signalcharakter. Die beschworene Landschaft bekommt sofort etwas Unheimliches, hinter jedem Wort steckt Bedrohung, hinter jeder Metapher lauert Verhängnis.

Exil heißt Alleinsein, Ausgestoßensein. Die einzigen Freunde, die sich am Abend im Haus einfinden, sind die Schatten der Hügel. Langsam treten sie ein, verdunkeln alles, die Dinge um einen herum, auch die Seele. Du willst fortgehen, aber du kannst nicht. Eher fällt das Ahornblatt. Der Stein, der beständige, rät nicht zum Weggehen. Und rät nicht zum Bleiben. Er sagt nur: Sei getreu. Dir selbst.

Und so hält der Exilierte Zwiesprache mit seinem Schweigen, die ganze Nacht, bis in die Frühe, bis Licht und Laub vor dem Fenster eins werden und alles in der weißen Flamme des Tages vergeht. Nichts ist entschieden. Nichts verändert. Das Exil dauert an.

Kein Zorn, keine Empörung, nur Trauer, Schweigen, Stille und das Bewußtsein, sich selbst treu zu bleiben. So wie ein Stein ein Stein ist, eine Flamme eine Flamme, ein

Ahornblatt ein Ahornblatt. Warten, bis die Stille laut wird, das Exil des Schweigens endet, die Schatten Wörter werden – und die Wörter ein Gedicht. »Am Tag meines Fortgehens«, wird es später in einem anderen Gedicht heißen, »entweichen die Dohlen ... ein eisiger Hauch fegt über die Tenne der Worte.«

Man kann das als eine Natur-Elegie lesen. Und dabei ist es ein eminent politisches Gedicht. Der lapidare Titel erinnert stets daran.

PETER HUCHEL
KÖNIG LEAR

Unter dem Steinbruch
kommt er herauf,
den Jodlappen
um die rechte Hand gewickelt.

In elenden Dörfern
schlug er Knüppelholz
für seine Linsensuppe.

Jetzt kehrt er
im dürren Schatten
zerrissener Wolken
zu seiner Krone
in die Schlucht zurück.

WALTER HINCK
IM INNEREN EXIL

Von Anfang an haben den Lyriker Peter Huchel die Eindrücke der heimatlichen märkischen Landschaft, ihrer Heide, ihrer Seen und Teiche, ihrer Dörfer, berückt und bedrängt. Erst in späterer Zeit tritt diese Landschaft mit der Welt Shakespearescher Tragödiengestalten in Korrespondenz.

Das Gedicht »Macbeth« schiebt in dem Bild »Gelichter der Heide« die Shakespearesche Szenerie des Hexenauftritts und die nächtliche Geisterkulisse märkischer Gegenden übereinander. In den Versen, die im Lyrikband von 1979 auf »König Lear« folgen, könnten die Wiese und der Wassergraben, an dem Hamlet in sein bleiches Spiegelbild starrt, statt in Dänemark auch im Havelland liegen.
Und der Fünfzehnzeiler »Ophelia« läßt das unglückliche Mädchen, dessen Name uns aus dem »Hamlet« vertraut ist, im seichten Gewässer am Stacheldraht verenden. So holt Peter Huchel die Shakespeareschen Gestalten ins Heute und in die Landschaft, in der er bis zu seiner Übersiedlung in den Westen (1971) heimisch war. Von allen Shakespeare-Varianten ist wohl das Gedicht über König Lear das persönlichste. Nicht daß es erlaubt wäre, direkte Bezüge zwischen den Personen, zwischen der Handlung des Dramas und der Biographie des Lyrikers herzustellen. Aber anscheinend fand Huchel eine eigene Daseinssituation in der Gestalt und dem Schicksal des Lear bereits ins dichterische Bild gebracht.

Shakespeares »King Lear« ist die Tragödie des Herrschers, der aus fehlender Menschenkenntnis den Schmeicheleien zweier Töchter vertraut und die ihn wirklich liebende Tochter verstößt, der sich voreilig aller Macht begibt und nun die unbarmherzige Gewalt der Falschheit zu spüren bekommt. Lear ist das Opfer einer ungeheuerlichen Undankbarkeit. Huchels Gedicht spielt allerdings auf das Ende der Tragödie, in der sowohl die Guten wie die Grausamen zugrunde gehen, nicht mehr an.
Erinnert der Zustand, in dem uns Lear hier begegnet, am ehesten an den des Gedemütigten, der bei Shakespeare auf der Heide, in unwirtlicher Gegend umherirrt, so fällt doch auf, daß Lear nun ohne alle Begleitung, ohne jeglichen Freund ist. Huchel läßt Lear noch tiefer stürzen, er zeigt ihn als den Ausgestoßenen, als den gänzlich Vereinsamten.
Lear haust – wenn man so bei dem Unbehausten sagen darf – zwischen den Menschensiedlungen. Steinbruch und Schlucht sind die Wahrzeichen der Gegend, die ihn aufgenommen hat: der Ort der Kahlheit und Öde und der Ort einer höhlenhaften Zuflucht. Lear ist – der Jodlappen deutet es an – verletzt, und ausgerechnet an jener Hand, die er zur Selbstversorgung und zum Selbstschutz, also zum Überleben am dringendsten braucht.
Die mittlere Strophe des Gedichts spricht in der Bildertrias »elende Dörfer«, »Knüppelholz« und »Linsensuppe« von der Kärglichkeit des gefristeten Lebens. Knüppelholz schlägt man nicht eigentlich in Dörfern; so steht das mehrdeutige Bild hier für alles, was man beschaffen – vielleicht erbetteln – muß, ein einfaches Gericht zuzubereiten. Um Armseligkeit ist selbst das Los derer, bei denen Lear sich versorgt.

Auf dem Heimweg werfen Wolkenfetzen ihre Schatten über ihn; kein versöhnendes Zeichen ist den Himmelserscheinungen zu entnehmen. So kehrt er zurück in seinen Unterschlupf, in dem die Krone, das Symbol von Macht und Würde, nur noch dazu taugt, den Widerspruch zwischen einst und jetzt, die Höhe seines Falls anzuzeigen.

Das Gedicht steht in einem Band, der Gedichte aus der Zeit zwischen 1972 und 1979 vereinigt. Aber es ist wohl zulässig, »König Lear« als eine Spiegelung jener Situation des inneren Exils zu deuten, die Peter Huchel mit seiner Ausreise aus der DDR, mit seiner Emigration hinter sich ließ. Acht Jahre lang hatte der bekannte Autor und verdienstvolle frühere Herausgeber der Zeitschrift »Sinn und Form« in Wilhelmshorst bei Potsdam, isoliert und schikaniert, in der Verbannung gelebt – wahrlich auch er das Opfer einer ungeheuerlichen Undankbarkeit.

Aber – und dies läßt sich nur als Frage formulieren – hat Peter Huchel, der in dem Staat, in dem er zuletzt lebte, Literaturpreise und auch den »Orden pour le mérite« erhielt, wirklich ganz das innere Exil verlassen?

PETER HUCHEL
KREUZSPINNE

Noch webt die Spinne an der Wand
dem Licht die leise Fessel.
Umschleiert steht der Strauch im Sand,
am Zaun die braune Nessel.

Die Spinne seilt das Feuer fest,
wenn sie den Faden wendet.
Der Herbst duckt sich ins Ödgeäst
und dunkelt, bis sie endet.

Noch hält das Netz der Träume dicht,
mag auch die Mauer dunkeln.
Die Spinne trägt ihr Kreuz ins Licht
und alle Fäden funkeln.

Erst wenn sie immer müder kreist
in immer kältre Räume,
erst wenn ihr leises Seil zerreißt,
durchweht es kahl die Bäume.

ROLF SCHNEIDER
SIGNALE DES LICHTS

Kerfe von der Art von *aranea diademata* gehören nicht zu den vorzüglichen Gegenständen unserer Lyrik. Tabuisiert durch die jahrhundertealten Gefühle des Ekels und der Furcht, wohnten die Spinnen, literarisch gesehen, in den Gefilden der Negation, des Entsetzlichen, des Verächtlichen. Wenn Peter Huchel seine Kreuzspinne geradezu mit Zärtlichkeit schildert, muß dies wie eine literarische Wiedergutmachung vorkommen, gemäß den franziskanischen Geboten, wo es unterscheidbar böse und gute Geschöpfe nicht gibt und jedes Tier vor Gott das gleiche Recht auf Erbarmen hat.

Das Huchelsche Insekt wäre wohl nicht denkbar ohne die Läusesucherinnen des Arthur Rimbaud, welche den Einzug des Ungeziefers in die moderne Poesie markieren. Aber während bei dem berühmten Franzosen noch ein trotziger Zynismus vibriert, redet Huchel ganz gelassen; er kann dies auch. Inzwischen haben nämlich die Gedichte einiges aushalten müssen, bis hin zu jenem Nest neugeborener Ratten im Innern einer sezierten Leiche, in das der Arzt Gottfried Benn seine kleine Aster versenkte. Die Beschreibung des Huchelschen Gliederfüßlers bedeutet keine poetische Provokation mehr.

Oder doch? Das Gedicht steht in Huchels Lyrikband von 1948, und obschon undatiert, wird aus den Zusammenhängen deutlich, daß es in den dreißiger Jahren verfaßt sein muß. Man weiß, die Poetologie der damaligen deut-

schen Machthaber hatte es gerne mit der Natur, mit dem Volksliedhaften, mit dem Blute, mit dem Boden. Auch Huchels Ton ist volksliedhaft. Auch sein Erlebnisraum ist die Natur. Trotzig erwählt er sich ein Objekt mit dem Ruch des Unansehnlichen, um dessen Schönheiten zu entdecken: entgegen jener fatalen Schönheit der Blonden und Blauäugigen, mit der die NS-Belletristik die Natur bevölkerte.
Was waren das für Zeiten, da selbst ein Gedicht über Spinnen die reine Politik wird, weil es so viele begangene Untaten assoziiert! Nicht die martialischen Lichtdome des Albert Speer auf dem Nürnberger Parteitagsgelände, die dünnen Fäden einer Kreuzspinne setzen Signale des Lichts gegen die anbrandende Düsternis, und als triumphalen Beweis, woher die Kraft dazu kommt, trägt das Tier sein »Kreuz ins Licht«.
Das gemahnt an mancherlei. An den Hirsch des heiligen Hubertus zunächst, auch ein Herbst-Geschöpf, auch eine Mahnung gegen Übermut und Willkür; aber wenn da noch in dieser Strophe davon die Rede ist, daß im Zeichen des Kreuzes die Träume aufbewahrt werden, läßt sich schwerlich der Gedanke an jene Vertreter der christlichen Kirchen unterdrücken, die das Licht des Kreuzes gegen die Finsternis der deutschen Diktatur setzten: Bonhoeffer und Klepper, Lichtenberg und Kolbe. Es mag dabei von untergeordneter Bedeutung sein, ob Peter Huchel, als er sein Gedicht schrieb, die Namen gekannt hat, ob er sie hat kennen können. Vielleicht formulierte er bloß eine Zuversicht, von der wir inzwischen wissen, daß sie nicht grundlos war.
Peter Huchel empfand sich nach eigener Aussage als ein »Heide«. Gleichwohl besaß er eine hohe Empfindlichkeit

für die Kraft, auch die Bildkraft des Christlich-Religiösen; man könnte seine gesamte Lyrik unter dem Aspekt eines Aufeinanderprallens von christlichen und außerchristlichen Mythologemen betrachten. Für einen Agnostiker hat er sich deswegen eine erstaunlich große und überaus dankbare christliche Anhängerschaft erworben; viel Heilserwartung konnte er ihr nicht stiften. Huchels Natur ist gewiß spiritualisiert; Tod und tödliche Bedrohung sind aber stärker. Die letzten beiden Verse des Gedichts von der Kreuzspinne schildern ohne Wehleidigkeit und Anklage eine Welt, die entseelt ist, die wenig Hoffnung enthält, die von der Brüchigkeit und Folgenlosigkeit allen Widerstehens erzählt.

Auf den Ausgang des dritten Jahrzehnts in unserem Jahrhundert bezogen, ist es die reine geschichtliche Wahrheit. Aber Huchels Metaphern greifen über dieses Jahrzehnt weit hinaus. Seine Wahrheit auch dann noch, auch heute noch anzuhören, empfiehlt sich selbst denen, die ihr nicht folgen mögen.

PETER HUCHEL
NACHLÄSSE

Nachlässe,
ungeordnet,
auf Böden verstaubt,
die Erben sind tot.
Und finstere Himmel,
grau unterkellert
von Wänden aus Nebel.
Die Kälte atmet
in hallenden Gängen.

Später,
im Sommer
über den Stoppeln
die Spindeln aus Licht.
Sie wickeln
das rissige Garn
galizischer Dörfer.
Doch niemand kommt,
den Mantel zu weben.

Durchbrüche,
verschüttet,
von Keller zu Keller,
das letzte Verlies
zwei Kannen in Warschau,
vergraben

in Erde und Feuer.
Es geht durch Wolken
stürzender Asche
die Stimme hinab,
die Erben zu rufen.

GÜNTER KUNERT
FLASCHENPOST AUS DEM NICHTS

Geschichte als geheimer Wirkstoff, als Spülicht aus einer früh vergifteten Quelle, aus der zu trinken unser Dasein uns zwingt, ist einem Dichter in der DDR bewußter als andernorts. Peter Huchel, der seinen Staat bis zur Neige auskostete, bis ihm die Gnade der Ausreise zuteil wurde, hat wie wenige in seinen Gedichten die Realität des Gewesenen und des aktuell (ihm) Geschehenden zu amalgamieren vermocht.

Ein Beispiel dafür ist »Nachlässe«, das auf den ersten, flüchtigen Blick wie ein Gedicht erscheint, dessen Bilderwelt mit einer bereits spürbaren Konventionalität den unaufhebbaren Bannkreis des »Holocaust« thematisiert. Galizische Dörfer, letztes Verlies, Warschau, Wolken stürzender Asche – damit sind die eindeutigen Zeichen gesetzt, das »Grab in den Lüften« assoziiert. Nur wird der aufmerksamere Leser über die beiden »in Erde und Feuer« vergrabenen Kannen stutzen, und er wird, wie sollte es anders sein, versuchen, sich darauf seinen symbolischen Reim zu machen. Er kann nicht wissen (und der Gedichtband liefert keine Fußnote), daß es sich hierbei um mehr handelt als um allegorische oder metaphorische Dekorationsstücke. Diese zwei Kannen nämlich sind der erwähnte Nachlaß und überhaupt der Schlüssel zum Gedicht. Sieben Zeilen, hinter denen ein Vorgang sich verbirgt, der, um seine Tragweite zu begreifen, als Zitat wiedergegeben werden muß:

»In der Nacht vom 2. zum 3. August (1942) vergruben der Lehrer Izrael Lichtensztejn und die Arbeiter Nachum Grzywacz und Dawid Graber das illegale Ghettoarchiv im Keller des Hauses Nowolipkistraße 68 und bewahrten so die durch den Historiker Emanuel Ringelblum und seine Mitarbeiter Szymon Huberband, Jehuda Feld und andere mühsam und unter Lebensgefahr gesammelten Materialien vor der Vernichtung. Der erste Teil des Archivs wurde in zehn Blechbüchsen, der zweite in zwei Milchkannen versteckt und vergraben.«
Daß Menschen, angesichts ihrer Vernichtung, davon Zeugnis geben wollen, auf eine Weise, gegen die eine Flaschenpost im Atlantik eine ziemlich sichere Nachrichtenübermittlung darstellt, und daß wir diese Botschaft aus einem sorgfältig geplanten und fleißig erzeugten Nichts doch noch erhalten haben, ist eines der seltenen Wunder. Kein Wunder und leider nicht so selten ist das Faktum, daß diese Botschaft auf wenig empfangsbereite Adressaten gestoßen ist. Über diesem Gedicht könnte genausogut der Titel eines anderen Huchel-Gedichtes stehen: »An taube Ohren der Geschlechter«.
Aber nicht darum geht es hier beim Lesen von Huchels Gedicht, nicht um »Trauerarbeit« und »Vergangenheitsbewältigung«, sondern um etwas, das mir an diesem Gedicht exemplarisch zu sein scheint: daß Dichtung in ihrem Fakten- und Tatsachengehalt unterschätzt wird. Noch immer gelten weithin Gedichte als »erdichtet« – im Sinne von erfunden, ausgedacht oder schlimmer: »Verzerrung der Wirklichkeit«. Gedichte begleiten den »ehernen« Schritt der Geschichte nicht wie mehr oder minder muntere Schmetterlinge oder Schmeißfliegen – sie sind Bestandteil der menschheitlichen Chronik. Nur bedarf es

zu ihrem Verständnis häufig eines besseren Wissens, als es im allgemeinen gang und gäbe ist.

PETER HUCHEL
OPHELIA

Später, am Morgen,
gegen die weiße Dämmerung hin,
das Waten von Stiefeln
im seichten Gewässer
das Stoßen von Stangen,
ein rauhes Kommando,
sie heben die schlammige
Stacheldrahtreuse.

Kein Königreich,
Ophelia,
wo ein Schrei
das Wasser höhlt,
ein Zauber
die Kugel
Am Weidenblatt zersplittern läßt.

WALTER HINCK
VOM TOD IN DER STACHELDRAHTREUSE

Ein Königreich, wo Zauber die todbringende Waffe unwirksam macht, war schon das Dänemark des Shakespeareschen »Hamlet« nicht. Ophelias Vater stirbt durch den Degen des Geliebten, und es ist der Weidenbaum am Wasser, bei dem die Geistverwirrte »von ihren Melodien« hinuntergezogen wird »in den schlamm'gen Tod«.
Aber dieses poetische Herzstück des Dramas, der Bericht der Königin über Ophelias Ende (IV, 7), hat die Phantasie späterer Lyriker magisch beflügelt. In Rimbauds Gedicht »Ophélie« (1870) überbieten sich die Trauerbezeugungen einer mitfühlenden Natur, Ophelia selbst ist zu einem Stück Natur geworden: schon mehr als tausend Jahre treibt die schneebleiche Gestalt im Strom, erinnernd an allzu zerbrechliche Anmut und Menschlichkeit.
Die wächserne Schönheit der Rimbaudschen Gestalt ist in Georg Heyms Ophelia-Gedicht dahin (»Im Haar ein Nest von jungen Wasserratten«). Aber auch hier trägt der Strom den Leib »durch Ewigkeiten fort«. Nur geht die Fahrt durch geschichtliche Zeit hindurch, vorbei an Ufern, die von Maschinenkreischen dröhnen. Ophelia sammelt um sich die Aura des Leids und die Ahnung der modernen Welt, sie trägt den »dunklen Harm« des Maschinenzeitalters einem Feuerhorizont, dem Untergang zu.
Den Schockeffekt eines Heymschen Motivs nutzt Gottfried Benns »Morgue«-Gedicht »Schöne Jugend«: im Leib

des Mädchens, das man aus dem Schilf geborgen hat, findet der sezierende Mediziner ein Nest von jungen Ratten. Ophelia, anonym geworden, ist Objekt einer zynischen, desillusionierenden Phantasie, während Brechts Gedicht »Vom ertrunkenen Mädchen« noch einmal den »Opal des Himmels« beschwört, der »wundersam« zu »begütigen« vermag, auch wenn er Vergessenwerden und Vergehen nicht aufhalten kann.

In Peter Huchels Ophelia-Gedicht (zuerst erschienen im Band »Gezählte Tage«, 1972) geschieht nichts Wundersames mehr. Beim Morgengrauen sucht ein Bergungstrupp, mit Stangen ausgerüstet, das Gewässer ab; fühllos gehen die Männer der befohlenen Arbeit nach. Hier bietet kein Strom Geborgenheit, keine helfende Natur zerteilt das Wasser zu einer schützenden Höhle. In der Welt dieses Gedichts wird scharf geschossen, hat eine Kugel Ophelia tödlich getroffen. – »Stacheldrahtreuse« ist das Schlüsselwort dieses Gedichts.

In Huchels Lyrik bleibt bis in sein Alter hinein die märkische Landschaft gegenwärtig, in der er Kindheit und Jugend verbrachte. Fast übermächtig bedrängen die Bilder der Havel, der märkischen Seen und Teiche seine Erinnerung. Und immer wieder sprechen die Gedichte von Fischern und ihren Fanggeräten, den Reusen. »Die Reuse glänzte unterm Pfahl, / der Hecht schlug hart und laut.« (»Letzte Fahrt«)

Von einer anderen Reuse (und einer gänzlich anderen als der Titel des Gedichtbandes »Sternenreuse«) spricht das Ophelia-Gedicht, von einer Reuse nämlich, die dem Menschenfang dient. In den »Stacheldrahtreusen« krepieren die Flüchtenden. Längst verstehen wir »Stacheldraht« als Zeichen für Gefangenschaft und die Leiden der ungerechten Haft. So sammelt das Wort in sich allgemeine Erfahrung einer Zeit, die alles getan hat, nicht nur das Jahrhundert der Wolkenkratzer, sondern auch der umzäunten Lager, der riesigen Gefängnisstädte zu werden. Aber dieses Gedicht, zwischen 1963 und 1972 entstanden, nimmt in seinem zentralen Wort auch jene besondere Erfahrung der Nachkriegszeit auf, daß zwischen die beiden deutschen Staaten eine »Stacheldrahtreuse« gelegt ist, in der so manche Flucht endete. So wird, entschiedener noch als im Gedicht Georg Heyms, Ophelia aus der poetischen Szene des »Hamlet« in die geschichtliche Zeit geführt, in eine erbarmungslose Gegenwelt.

PETER HUCHEL
UNTER DER BLANKEN HACKE
DES MONDS

Unter der blanken Hacke des Monds
werde ich sterben,
ohne das Alphabet der Blitze
gelernt zu haben.

Im Wasserzeichen der Nacht
die Kindheit der Mythen,
nicht zu entziffern.

Unwissend
stürz ich hinab,
zu den Knochen der Füchse geworfen.

WERNER SÖLLNER
NICHT WIR
RUFEN DAS VERGANGENE AN

Ein Altersgedicht. Peter Huchel näherte sich den Siebzig, als er es schrieb. Es spricht von der Trauer dessen, der weiß, daß er unwissend sterben wird. Es spricht wie aus der Ferne zu seinen Lesern. Und es ist aus einer großen Distanz des Verfassers zu sich selbst entstanden. Der Tod ist Peter Huchel gerade eine Zeile wert. Er klagt nicht darüber, also braucht er auch keinen Trost. Den Schmerz des Abschieds teilt er wortlos mit. Er weiß, daß der Tod wie der Traum vom Leben in der Kindheit beginnt.
1931 schrieb Huchel über sich selbst: »Er liebt die deutsche Sprache; sie ist das einzige, was er geerbt hat.« Er, dem die Schrift als Mittel der Verständigung mit sich und der Welt vielleicht das Kostbarste war, vermißt die Kenntnis einer anderen Schrift. Das »Alphabet der Blitze«, Flammenschrift, Zeichen einer aus undeutlichem Ursprung wirkenden Gewalt – das Menetekel, das sich aus der Geschichte fortsetzt in die Biographie: Er kann es nicht entziffern.
Huchels Gedichte sind Gleichnisse seiner Zeit. Auch dieses. Gleichnis einer dunklen Epoche, erst von Kriegen verwüstet, dann bitter gemacht von der Lüge, schließlich versteinert von verordnetem Schweigen und von Einsamkeit. Wer hinausschaut ins Dunkel, hell von Gewittern, sieht sie im Fenster: die »Wasserzeichen der Nacht«, die Urbilder, Muster. Ihr Ursprung, wie sie im Anfang ent-

stehen – dies zu wissen wäre wichtig zuletzt. Auch eine Art von Weisheit. Aber kein Trost für die Gewißheit des Todes. Wer sich zeit seines Lebens nicht belogen hat, wird sich auch zuletzt nicht täuschen wollen. Huchel bleibt trostlos: Wer das Urbild von Hoffnung, Traum und Scheitern nicht entziffern kann, wird unwissend sterben.
In diesem Gedicht spielt Natur eine doppelte Rolle: Sie ist Scharfrichter und Schafott zugleich. Der Mond, vor und nach Matthias Claudius Glanzstück vieler deutscher Verse – auch dem verschlafensten Vorposten der Moderne geht da ein Lichtlein auf: Der Fallmeister zieht blank, hebt seine Hacke, bevor der tote Balg hinabstürzt, entfernt wird aus der Abdeckerei. Und für den Unwissenden gibt es keine Trauerfeier mit Schönschrift im Stein und Seitenblicken auf die Nachwelt, er wird auf den Friedhof der toten Tiere geworfen, zu »den Knochen der Füchse«.
Man kann dieses Gedicht als lyrisches Dokument der Resignation lesen, als Gleichnis vom elementaren Verlust der Hoffnung, als Eingeständnis des Scheiterns eines Schriftstellers, der schon als junger Mensch von sich sagte: »Er fängt früh damit an, lebensuntüchtig zu denken.« Der schon sehr früh viel Zeit mit Erinnern verbrachte, mit dem Versuch, Vergangenheit zu entziffern: »Es wäre aber ein Irrtum, hierin nichts anderes sehen zu wollen als eine gewaltsame Auffrischung verblaßter Erinnerungen: *denn nicht wir rufen das Vergangene an, das Vergangene ruft uns an*«, heißt es 1932. *Unter der schwindenden Sichel des Monds* – so fängt ein älteres Gedicht an. In der ersten, kurz nach dem Krieg geschriebenen Fassung heißt es: *In der schwindenden Sichel des Mondes / kehrte ich heim und sah das Dorf, / verödete Häuser und Ratten. // Über die Asche*

gebeugt, brannte mein Herz. Das Gedicht heißt »Heimkehr«. Fünfundzwanzig Jahre später ist der Mond eine »blanke Hacke«, die Ratten sind »den Knochen der Füchse« gewichen; auch die Magd, helle Frauenfigur aus Huchels märkischer Kindheit, im frühen Gedicht gealtert und verwandelt in »die Mutter der Völker«, ist verschwunden. Und ist doch nicht vergangen. Ihre Umrisse sind noch sichtbar im »Wasserzeichen der Nacht«, noch zu entziffern in der »Kindheit der Mythen«.

GUIDO ZERNATTO
DIESER WIND
DER FREMDEN KONTINENTE

Dieser Wind der fremden Kontinente
Bläst mir noch die Seele aus dem Leib.
Nicht das Eis lähmt mir das frostgewohnte
Und die Schwüle nicht das lang entthronte
Herz, das leer ist wie ein ausgeweintes Weib.

Dieser Wind der fremden Kontinente
Hat den Atem einer andern Zeit.
Andre Menschen, einer andern Welt geboren,
Mag's erfrischen. Ich bin hier verloren
Wie ein Waldtier, das in Winternächten schreit.

HANS BENDER
WALDTIER
IN DER WINTERNACHT

Er zählte nicht zu jenen Autoren aus Österreich, die 1938 nur zu gern sich einreihen ließen. Im März, als der »Anschluß« vollzogen wurde, als der »Erretter« auf dem Heldenplatz umjubelt wurde, war Guido Zernatto unterwegs ins Exil. Als Schriftsteller und Minister der Regierung Schuschnigg war er doppelt gefährdet.
Seine Bücher, Gedichtbände, Romane, politische Schriften wurden verboten und verbrannt. Der Flucht aus Wien folgte zwei Jahre später die Flucht aus Paris. Im Frühjahr 1940 erreichte er New York. Die »Heimkehr«, die er sich in einem Gedicht erträumt hatte – »Weinet, denn wir werden wiederkehren / Und es wird nicht mehr so sein.« –, war ihm nicht vergönnt. Im Februar 1943 starb er, erst vierzig Jahre alt.
Man muß suchen, will man Erwähnungen, erst recht Würdigungen Guido Zernattos finden. Die Gesamtausgabe der Gedichte, »Die Sonnenuhr«, 1961 im Otto Müller Verlag in Salzburg erschienen, hat seitdem keine Neuauflage erlebt. Selbst in Anthologien »Vergessener Dichter« ist er vergessen. Er fehlt in Anthologien, die allein »Naturlyrik« vorstellen. Dabei war er einer ihrer Protagonisten.
Artur Kuhnert und Martin Raschke hatten ihm 1930 den Lyrikpreis ihrer Zeitschrift »Die Kolonne« zugesprochen und seinen Band »Gelobt sei alle Kreatur« im Verlag von

Wolfgang Jess ediert. Gedichte, die alle Eigenschaften der frühen Naturlyrik mitbrachten. Ländliches Leben, Natur und Landschaft, Tages- und Jahreszeiten waren ihre Themen. Die Region, der sie entstammten, war zu sehen, zu hören, zu schmecken. Zernattos Vorfahren waren aus dem Friaul gekommen. Kärnten wurde ihm zur Heimat. Wie andere junge Lyriker damals – Günter Eich, Peter Huchel, Jürgen Eggebrecht, Walter Bauer – fühlte er sich angezogen von der »jungen Gruppe Dresden«, der »Kolonne«, und deren Gesinnung. Frei von jeder politischen Tendenz und Solidarisierung wollten sie sich halten; auch frei vom Geruch der Blut-und-Boden-Dichtung, die sich bereits formierte.
Guido Zernatto mußte sich in den Gedichten, die er in den folgenden Jahren schrieb, nicht ändern. Er hatte seinen Stoff, seine Region und Religion. Er war den Menschen, die in seinen Gedichten auftraten, den Landwirten, Knechten und Mägden, Bettlern, zugetan. Er kannte ihr schweres Dasein. Er nutzte die Sprache der Herkunft und sprenkelte sie da und dort mit körnigen Wörtern des Dialekts. Er blieb seiner Form treu: vier- oder sechszeilige Strophen, liedhafte, gepaart in eher spröden Reimen.
Das alles ist ihm weggenommen in den letzten Jahren des Exils. »Das, was ich schreiben möchte, / Liegt wie ein Stein in mir«, beginnt ein Gedicht, das in New York entstand. Im ausgewählten Gedicht »Dieser Wind der fremden Kontinente«, 1943 geschrieben, wenige Tage vor seinem Tod, zählt er auf, warum er »hier verloren« ist. Alles ist anders: der Wind, die Zeit, die Menschen, die Welt. Er kann und will sich nicht einleben. Das Bild, worin alle Qual der Fremde sich zuspitzt, wird aus der Landschaft daheim herübergeholt und hat daher einen so starken

Nachhall: »Ich bin hier verloren / Wie ein Waldtier, das in Winternächten schreit.« Das Gedicht Guido Zernattos erinnert an andere Gedichte des Exils von Theodor Kramer, Jesse Thoor, Max Hermann-Neisse. Nicht durch seine Poesie ist es bedeutend; es ergreift als Dokument der Situation und der aus ihr gepreßten Klage.

HORST LANGE
EINE GELIEBTE AUS LUFT

Ich blicke in das Glas,
Ich tauche in den Wein,
Dort unten, kühl und naß,
Lädst du mich zu dir ein,
Der Wein ist rot wie Blut,
Ich fröstle in der Glut.

So rot wie einst dein Mund,
Ich trink ihn niemals aus,
Die Reben waren wund,
Es dröhnt das Kelter-Haus,
Gekeltert Jahr um Jahr,
Seit ich nicht bei dir war.

Ich seh dich unten treiben
So kalt und nixenglatt,
Ich will nicht bei mir bleiben,
Von Trauer bin ich satt,
Ich trink den roten Wein,
Du lädst mich zu dir ein.

Und Worte, ungesagte,
Bedrängen meinen Mund,
Und Klagen, ungeklagte,
Vom Schweigen bin ich wund,
Jetzt müßtest du mich hören,
Ich will nicht Liebe schwören.

Ich will die Wahrheit sagen,
Die einfach ist und streng,
Nicht ums Verlorne klagen,
Das Herz wird mir zu eng, –
Ich kann dich nicht erreichen,
Den Wein seh ich erbleichen ...

HEINZ PIONTEK
UNERTRÄGLICHE WAHRHEIT

Von wenigen großen Ausnahmen abgesehen, sind mir Gedichte auf Liebe und Wein zuwider. Daß es sie bergeweise gibt, zumal von simpelsten Verseschmieden, hat sie mir gründlich verleidet. Wein wie Blut, Wein so rot wie ein Mund – ist das nicht ebenso originell wie der Reim Herz auf Schmerz? Besagter Reim kommt allerdings auch bei Goethe vor – ich brauchte Jahre, eh ich es ihm verzieh, richtiger: eh ich es begriff.
Nicht soviel Zeit brauchte ich, bis ich den Teil VI im Zyklus »Eine Geliebte aus Luft« von Horst Lange als bedeutendes Gedicht erfaßte. Bei einem sprachsensiblen, auch belesenen Autor, wie es Lange war, kam es mir zunächst als pure Dickköpfigkeit vor, uns Verse wie »Der Wein ist rot wie Blut« noch einmal zuzumuten.
Daß Horst Lange (1904-1971), der Autor der »Schwarzen Weide«, auch ein Lyriker war, wissen heute nur noch wenige. Schon zu Lebzeiten übersah man seine Lyrik geflissentlich. Ich möchte mich auf das Unglück oder Unheil in seinem Leben und Schreiben hier nicht genauer einlassen. Daß er mit dem Wein nicht umgehen konnte wie mit einem gutbürgerlichen Festgetränk, daß er, weiß Gott, mit ihm geschlagen und geplagt war, muß aber zum besseren Verständnis wenigstens angedeutet werden.
Die »Geliebte aus Luft«, die der Dichter durch das wortführende männliche Ich des Zyklus nun zum sechsten Mal anspricht, ist ein Traumgesicht oder Wunschbild seiner

Zärtlichkeit. Nichts gewöhnlich Erotisches geht von diesem Geschöpf aus, das »kalt und nixenglatt« genannt wird. Doch scheint es nicht, als wirke gerade der in sich verschlossene, hochmütige Undinen-Zauber auf den Dichter und sein Ich besonders anziehend? Jedenfalls kommt ihm die Geliebte als rechte Zuhörerin vor, als er daran denkt, ihr die Wahrheit und nichts als die Wahrheit (seines Lebens) anzuvertrauen.

Das Überraschende ist dann die plötzliche Nüchternheit, die sich bei dem Trinkenden einstellt, als ihm klar wird, daß die Wahrheit »einfach ist und streng«. Sie verbietet jedes Klagen, jedes Selbstmitleid. Sie ist das Unerträgliche schlechthin. Deutlich wird: mit solcher Schwermut, solchem Elend beladen, vermag das Ich sein geliebtes Du nicht »zu erreichen«. Des Dichters Erschrecken darüber, daß er mit seiner »existentiellen« Wahrheit allein gelassen wird, daß nicht einmal von ihm selbst geschaffene Gestalten sie mit ihm teilen können, zeichnet sich in dem kühnen, außerordentlichen Vers ab: »Den Wein seh ich erbleichen ...«

Wenn nun die Wahrheit hier unaussprechlich bleibt, so haben doch ihre angeführten Eigenschaften, Einfachheit und Strenge, die *Form* des Gedichts geprägt. Knapp und klar fallen die Verse aus, der Wortlaut ist herb, melancholisch sonor, rigoros poetisch. Durch Reim und Strophe hindurch hört man die alte schlesische Barockdichtung anklingen. Für den Schlesier Lange hatte sie fundamentale Bedeutung. Und darum hatte er recht, uns mit zwei oder drei inzwischen abgegriffenen lyrischen Bildern zu erinnern, daß sie einmal, noch im Barock, für einfach und streng galten.

Ein Gedicht also, letztlich von großer, »das Herz verengender« Verlassenheit zeugend. Nicht Rausch noch Innigkeit der Einbildungskraft können da helfen. Es gibt ein weiteres Gedicht von Lange auf der gleichen Linie. »Betrunkener Dichter« heißt es, stammt wohl aus den dreißiger Jahren und ist Günter Eich gewidmet. Hier wird Selbsterkenntnis mit solcher Zerknirschung laut, Verlassenheit auch wieder so unentrinnbar wahr, daß einem unwillkürlich die attische Tragödie in den Sinn kommt. Ja, beinahe »griechisch« endet das Gedicht auf den betrunkenen Dichter, in der Morgendämmerung:

»Trübnis in der letzten Stunde,
Die schon Tag und Nacht vereint ...
Seid jetzt stille! Denn er weint.«

JESSE THOOR
ADVENTREDE

Und die Bewegtheit des Herrn ist ohne Groll und von
                                                                                   großer Dauer.
Und seine Gerechtigkeit hört nicht auf, und seine Güte
                                                                                     bleibt ewig.
Und darum entfernen wir gern die Bitterkeit, wie ein
                                                                              enges Gewand.
Und die Trauer legen wir ab, wie einen Mantel im
                                                                                Frühling.

Und mit viel Sorgfalt nehmen wir die Einsamkeit von
                                                                            unserer Stirn.
Und wir weisen unsere Aufmerksamkeit hin zu den
                                                                      einfachen Dingen.
Und wir verlassen uns auf das Dach, das keinen Regen
                                                                          durchläßt.
Und wir vertrauen dem Stuhl, der fest steht, und der uns
                                                                                  trägt.

Und es kommen wieder zu uns die täglichen Wiesen und
                                                                      die Sonntage.
Und die Salamander mit den seidenen Strümpfen und
                                                                    goldenen Hemden.
Und auch die Lämmer und die Zicklein ... meine
                                                                    gnädigen Freunde.

Und die Lieder der Hirten ... und die Gebete der
                              erwachenden Frauen.
Und es brechen die Tore auf ... und es treten hervor die
                              Erkennbaren.
Und sie stehen makellos da ... und sie breiten ihre Flügel
                              aus.

ELISABETH BORCHERS
FROMME UTOPIE

Es ist nicht das erste und einzige Gedicht, das Jesse Thoor mit einem *Und* beginnen läßt (mit *Und* beginnen zum Beispiel auch die »Rufe für den kranken Nachbarn«, die »Rede von der Anschauung«). Dieser Und-Beginn hat nichts – man könnte den Verdacht schöpfen – Modernistisches, er ist folgerichtig. Wie beim Seilchenspringen springt man in eine Litanei hinein, die nicht erst gestern, sondern vor Jahrhunderten begonnen hat, damals, als der Welt ein Licht aufging, das besagt: die Bewegtheit des Herrn sei ohne Groll. Dieses *Und*, mitsamt seiner Ansammlung von Stichworten (Dauer, Gerechtigkeit, Güte) ist ein zunächst schnelles, erinnerndes Resümee, um dann zu einem anderen Wesentlichen zu kommen: Wie denn unsereins, die wir nicht von Dauer sind, auf so viel Dauer reagiert.

Sehr viel traut uns Jesse Thoor nicht zu. Er weiß zwar, daß wir mit den Begriffen Bitterkeit, Trauer, Einsamkeit handfest umgehen – Phänomene, die er im Laufe seines Lebens gründlich zu studieren hatte –, er weiß aber nicht, ob wir wissen, was diese Begriffe bewirken. Also übersetzt er ins Anschauliche: Bitterkeit sei wie ein enges Gewand. Ein enges Gewand ist unerträglich, es ist nicht nach Maß gemacht, es schnürt ein. Warum also ein enges Gewand tragen, wenn es sich entfernen läßt? Einfach nur *entfernen*. Wie auch den Mantel, wenn es allenthalben Frühling wird. Wer wird im Frühling einen Mantel tragen

wollen, der schwer, der niederdrückend ist? Es braucht nicht viel; wir legen ihn ab.
Und mit einem Mal wissen wir, woher dieser dumpfe Kopfschmerz kommt, dieser Reif um die Stirn, um den Schädel, das war die Einsamkeit; wir nehmen sie jetzt ab. Weil sie uns ein kostbarer Schmerz war, tun wir es mit Sorgfalt. Und wir werden entlohnt: Plötzlich werden wir uns der Haltbarkeit des Stuhls bewußt, ohne den wir, bedenkt man es genau, nicht zur Ruhe kämen. Und wir sehen das Haus mit dem Dach, das uns ernst nimmt in unserer Sucht nach Schutz, nach Geborgenheit. Und aus Tagen werden Sonntage, mit Wiesen, Feuersalamandern und, wie in den allerschönsten Friedenszeiten unserer Kindheit, mit Lämmlein und Zicklein. Nicht genug, Jesse Thoor erhöht das Glück der Befreiung, er nimmt Lieder und Gebete mit hinein und die Engel, die auf Weihnachten zu erkennbar werden. So einfach ist das.
Jesse Thoors »fromme Utopie« muß wohl das Fazit eines Lebens sein, das alles andere als ein glückseliges war, vielmehr alles besaß, was man sich nicht wünscht: Armut und Elend, Furcht und Händel, Krankheit und Kränkung; er emigrierte, er wurde denunziert und interniert und deklassiert. Somatisch soll er Paracelsus ähnlich gewesen sein, dieser des Staunens fähige Bruder des Franz von Assisi. Ein Mystiker war er, ein Tischler, ein Goldschmied und vieles andere mehr.
Er, dem der Zufall Berlin als Geburtsort beschert hat (es war 1905), kehrte gerade noch rechtzeitig nach Österreich zurück; dann starb er am 15. August 1952. *Ist es so auf Erden?*, heißt ein spätes Gedicht; und es endet: *Was soll nun werden? Werde nach Hause wandern, und barfuß ankommen.* Es bedurfte wohl eines maßlosen Unterwegs-

seins, um so erwartungsvoll, wie Jesse Thoor es tat, in den Advent hineinzureden.

JESSE THOOR
IN EINEM HAUS

In einem Haus, auf feinem Tannenreiser,
sitzen ein Bettelmann und ein Kaiser.

Beide summen und lachen und trinken
und reden laut und leise und winken.

Ein volles Jahr rollt über das Dach.
Ein volles Jahr rollt über das Dach.

SIEGFRIED UNSELD
NICHTS ANDERES IST FRIEDE

Die Kunst dieses Gedichts besteht in seiner scheinbaren Kunstlosigkeit. Kein herausragendes Metrum, kein besonderer Reim, kein raffiniertes Enjambement, eine geradezu simple Wortwahl, und von den sechs Zeilen des Gedichts wird eine gar noch wiederholt. Und das am häufigsten vorkommende Wort ist die sicher nicht sehr kunstreiche Konjunktion »und«. Sollte sich in diesem Nicht-Stilisierten das Einfache, in dem Nicht-Raffinierten das Selbstverständliche, in diesem Nicht-Besonderen das Allgemeine darstellen?

»In einem Haus«: Das Haus ist nicht näher spezifiziert, also ist ganz allgemein die Behausung, das Heim, die Stätte zum Wohnen und Leben gemeint. Die Bewohner dieses Hauses sitzen nicht auf fabrizierten Stühlen oder in Sesseln, sondern auf einem Naturteppich: »auf feinem Tannenreiser«. Und das Tannenreiser, Verkörperung der Natur, des Echten, des Ursprünglichen, ist kein gewöhnliches, es ist »feines«, und die Assonanz von »fein« und »Reiser« deutet also auf einen angenehmen Ort und auch darauf, daß hier Natur nicht entfremdet, daß sie einbezogen ist in das Wohnen und Leben der Bewohner dieses Hauses.

»... sitzen ein Bettelmann und ein Kaiser«: Man wird es beim Lesen an dieser Stelle hier nicht wahrhaben wollen, noch nicht wahrhaben können, welche Dimension der Autor da aufreißt. Sie wird erst deutlich, wenn wir die folgenden beiden Zeilen und das abschließende, sich wiederholende Zeilenpaar lesen. Was machen die Sitzenden? Hier wird die Wiederholung der so kunstlosen Konjunktion »und« zum triumphalen Kunstsinn: und-und-und! Dieses »und« meint die Verbindung, meint das Gemeinsame, meint Verständigung, meint Ich *und* Wir (meint Individuum *und* Gesellschaft). Hier wird deutlich, daß die beiden Kontrahenten der Weltgeschichte, Herr und Knecht, ihre Revolution hinter sich haben. Sie kämpfen nicht mehr, sie brauchen nicht mehr zu kämpfen. Oben und unten ist ausgelöscht, gut und bös, reich und arm sind keine Gegensätze mehr. Das Große blieb groß nicht und klein nicht das Kleine. Kaiser und Bettelmann haben sich angenommen, haben sich versöhnt. Sie haben eine Einheit erreicht. Kein Streit der Ideologien, der Theorien mehr. Die Beiden »summen« und »lachen« und »trinken« und »reden«. Und sie »winken«. Wem? Sich, uns.

Und dann die enigmatische, durch Wiederholung das Enigmatische geradezu beschwörende Zeile: *»Ein volles Jahr rollt über das Dach«*. Wieder die Kunst der Assonanz. Ein *volles* Jahr *rollt*. Das Volle, das Runde, der Kreis. Im Weisheitsbuch der alten Chinesen, im *I Ging*, bedeutet das Zeichen des Kreises den Urzustand vor dem Entstehen der Dinge und auch das immer wieder zu Erreichende, das Tao, den Sinn. Und es rollt, es ist in Bewegung, es fließt. »Jahr« und »Dach«, wieder assonant verbunden, sind Zeit und Raum. Ein »volles Jahr« – also die Leistungen, die Ernte, der Ertrag, dies alles steht den beiden zur Verfügung. Sie sind sich ihrer sicher, sie sind sich ihrer selbst inne: nichts anderes ist Glück. Sie haben den anderen angenommen, sie sind frei: nichts anderes ist Friede.

Wer ist der Autor dieses Gedichts? Jesse Thoor wurde als Peter Karl Höfler 1905 in einem Berliner Arbeiterbezirk geboren. Der junge Höfler traf mit anarchokommunistischen Schriftstellern zusammen, mit Plivier, Mühsam und Ringelnatz. Er suchte, er glaubte; er trat der kommunistischen Partei bei; 1933 mußte er fliehen, nach Österreich, nach Wien. Als die Nazis kamen, floh er nach Brünn, wo er »eine Zeit schweren Konflikts zwischen Heimweh und Gesinnung« erlebte. Der Prosa- und Gedichteschreiber war für die Parteigenossen bald ein »unsicheres Element«. Mit einem Stipendium kam er nach London. Im Oktober 1939 veröffentlichte Thomas Mann sechs seiner Gedichte in der Zeitschrift »Maß und Wert«.

Sonst aber wurde das Exil immer bedrückender. Alfred Marnau hat die Lebensumstände des immer gläubiger und mystischer, kränker und verwirrter werdenden Jesse Thoor, wie er sich nun nannte, überliefert. Michael Hamburger berichtete, wie die Sekretärin von T. S. Eliot, ihn, der Eliot sprechen wollte, als Verrückten abwies. Ein Mystiker ist für seine Umwelt ein Narr. 1952 reiste er todkrank nach Österreich, am 15. August starb er in einer Klinik in Lienz. Die Literaturgeschichten verzeichnen seinen Namen nicht. Das Gedicht »In einem Haus« zählt zu Thoors letzten »Lieder und Rufe« der Jahre 1949-1952.

ROSE AUSLÄNDER
JERUSALEM

Wenn ich den blauweißen Schal
nach Osten hänge
schwingt Jerusalem herüber zu mir
mit Tempel und Hohelied

Ich bin fünftausend Jahre jung

Mein Schal
ist meine Schaukel

Wenn ich die Augen nach Osten
schließe
schwingt Jerusalem auf dem Hügel
fünftausend Jahre jung
herüber zu mir
im Orangenaroma

Altersgenossen
wir haben ein Spiel
in der Luft

HORST KRÜGER
EIN SPIEL IN DER LUFT

Daß auch noch nach Auschwitz Gedichte möglich waren, ist heute bekannt. Jüdisches Schicksal, so unsagbar es war, ist gleichwohl dem großen lyrischen Zugriff nie ganz entzogen gewesen. Da und dort ist es sagbar geworden. Die deutsche Nachkriegslyrik, von Celan bis Hilde Domin heute, hat es immer wieder bewiesen.

Von allen Gedichten, die in unserer Zeit jüdische Existenz behandeln, scheint mir dieses hier, ich sage nicht: das tiefste, wohl aber: das schönste und kunstvollste, das ich kenne. So leicht und schwebend, so klaglos vollendet zur ätherischen Sprachgebärde hat noch kein Gedicht Jerusalem, das fünftausendjährige Motiv des jüdischen Volkes, in Verse gefaßt. Da schwappt nichts über, da hängt nichts herab an zusätzlicher Trauer.

Was ist Kunst? Ich vermute: nicht Tiefsinn und raunendes Geheimnis. Kunst ist Spiel. Die wahren Künstler sind die Akrobaten, die glitzernden Artisten, in der Zirkuskuppel schwebend, die Ballerinen, die die absurdesten Figuren in bestürzender Leichtigkeit tanzen können. Kleist schon hat uns gesagt, daß die Marionette wahrscheinlich die vollendetste Kunstfigur sei, und etwas von dieser zweiten, artistischen Leichtigkeit, die ganz zum Schluß kommt, macht mir dieses Gedicht so wertvoll und originell. Es ist kein Tanz über Abgründen. Der Abgrund selber ist hier zum Tanz der Sprache geworden.

Rose Ausländer, der Name ist schon wie ein Omen, ge-

hört heute mit Sicherheit zu den bedeutendsten Lyrikerinnen deutscher Sprache. Ein Leben lang fast unbeachtet, ist sie in den letzten Jahrzehnten bekannt, aber nie berühmt geworden. Das Besondere ihrer Lyrik, die nie umfangreich, aber poetisch genau war, ist, daß sie sich nie festlief in dunkler Trauer wie die Lyrik Celans oder die der Nelly Sachs. »Hinter der Tränenwand / die Phönixzeit / brennt« heißt es in einem anderen Gedicht zum selben Thema. Verwandlung und neue Gestalt ist also ihr Thema.
»Mein Schal ist meine Schaukel« – ich meine, es gehört Souveränität, hoher Kunstverstand, auch einsame Tapferkeit dazu, ein Gedicht in deutscher Sprache nach Auschwitz über Jerusalem so auszubalancieren, ohne daß auch nur ein Hauch von Kunstgewerblichkeit spürbar würde. Das Gedicht ist von der ersten bis zur letzten Zeile durchweht von Luft, von der schwingenden Gebärde eines Flügelschlags, der Raum und Zeit mühelos durchmißt und sich aneignet: »Wenn ich die Augen nach Osten / schließe / schwingt Jerusalem auf dem Hügel / fünftausend Jahre jung / herüber zu mir / im Orangenaroma.« Es wird nichts symbolhaft, nichts dunkel vieldeutig. Hohe Artistik zieht ihre Schleifen, wie alle vollendete Kunst scheinbar ganz schwere- und mühelos. Nichts muß hier zusätzlich entschlüsselt werden.
Oder doch? Was besagen diese letzten drei Zeilen, die wie von selbst ausklingen und doch merkwürdig rätselhaft bleiben: »Altersgenossen / wir haben ein Spiel / in der Luft«? Ich bin nicht sicher, aber ich vermute: Jerusalem ist da. Es ist zu hören in der Luft, zu schmecken »im Orangenaroma«. Es ist aber auch (das Wort »Altersgenossen« legt es nahe) damit zugleich das Spiel um Leben und Tod gemeint, das weitergeht, nicht nur für den Staat Israel. Es

ist ein Spiel um Leben und Tod im Dasein eines jeden Juden, noch immer. Es ist ein Spiel, das ganz aus der Ferne sogar noch die Töne der »Todesfuge« von Celan hören macht.

Aber wie zart, wie scheu, in wieviel lyrischer Diskretion ist so Ungeheuerliches hier eingemischt. Tod und Leben sind ins Schweben gebracht.

ROSE AUSLÄNDER
MEIN VENEDIG

Venedig
meine Stadt

Ich fühle sie
von Welle zu Welle
von Brücke zu Brücke

Ich wohne
in jedem Palast
am großen Kanal

Meine Glocken
läuten Gedichte

Mein Venedig
versinkt nicht

JOSEPH ANTON KRUSE
ERTRÄUMTE STADT

Stets haben mir Gedichte, die Venedig beschwören, besonders gefallen. Glücklicherweise gibt es reichlich davon. Schönheit, Geschichte, Stolz und Gefährdung der Lagunenstadt übten auf die deutsche Lyrik ihren unauslöschlichen Zauber aus. Platen, C. F. Meyer, Nietzsche, Trakl, Rilke, um nur einige der »venezianischen« Dichter zu nennen, sind dieser Verlockung erlegen. »Wie werd ich je dies große Rätsel fassen?« fragt August von Platen als einer der sensibelsten Chorführer der in Bewunderung dem Geheimnis Venedigs verfallenen Verehrer. Sein klassischer Vorgänger Goethe hatte bereits im elften »Venetianischen Epigramm« festgestellt: »Pilgrime sind wir alle, die wir Italien suchen.« Demut und Betroffenheit angesichts der Einmaligkeit dieser Stadt sind in den Stimmen der Dichter gepaart. Auch in den erinnerten und erdichteten Orten der Lyrikerin Rose Ausländer spielt Venedig die Favoritenrolle.

In ihrem Gedicht »Liebe II« aus der Sammlung »Noch ist Raum« (1976) bekennt sie: »Ich liebe / Berge Bäume Blumen / das Meer / manche Städte zum Beispiel Venedig.« Elf Jahre früher trug schon ein Gedicht ihres Bandes »Blinder Sommer« (1965) den Namen »Venedig« als Überschrift und faßte Erscheinung wie Wirkung der Stadt in sehnsüchtige Bilder aus Architektur, Kunst und Gondelfahrt, ein Venedig, wie wir es bereisen, schätzen und aus der lyrischen Tradition kennen.

Aussage und Ton, Erinnerung und Beschwörung des Gedichts »Mein Venedig« aus dem Jahre 1982 dagegen haben sich verändert. Die seit Jahren an ihr Krankenbett im Altenheim der Düsseldorfer Jüdischen Gemeinde gefesselte Lyrikerin erschafft die Welt, die sie sich angeeignet hat, neu. Die traurige Realität ist überschritten. Die neue, persönliche Wirklichkeit heißt Venedig. Darum das Possessivpronomen in der Überschrift und zum Auftakt: »Mein Venedig« – »meine Stadt«; darum ist es auch sinnvoll, daß die beiden Schlußzeilen des Gedichts dem ganzen Lyrikband den Titel geben. Venedig in seinem Verfall als Sinnbild der von ihr erschaffenen, unsterblichen Welt; die eigene Phantasie, der Gedanke, der Wille sind Pfänder gegen Alter und Tod.
Im Text »Offener Brief an Italien«, ebenfalls in »Blinder Sommer« erschienen und dem erwähnten »Venedig«-Gedicht vorangestellt, heißt es bereits genauso besitzanzeigend, Liebe erklärend: »Mein Italien / ich schreibe dir aus Amerika / daß ich dir huldige.« Gruß und Reverenz aus der »Neuen Welt« an das »Abendland« ihrer Herkunft und Bildung. Nun, in der Zeit der Beschwernisse durch Alter und Krankheit, wird die Sehnsucht noch stärker, wird die Beziehung zu Italien intensiver, die seelische Eroberung unaufhaltsam, die sakramentale Aneignung Venedigs zum Mysterium ihrer Einsamkeit und ihres Widerstandes gegen den Tod.
»Italien« wird jetzt im so überschriebenen Gedicht aus der Sammlung »Mein Venedig versinkt nicht« von 1982 »mein Immerland« genannt. Der Traum überwindet jedes Hindernis: »Immer träum ich zurück / zu deinen Städten / Venedig Rom Florenz / Siena Neapel.« Denn jetzt ist die Zeit des Briefeschreibens vorüber, ist der Abstand über-

brückt. Venedig gar ist mit Wellen und Brücken in das Gefühl der Dichterin eingegangen, und diese hat ihre Heimat endlich und für die Zukunft in allen Palästen am Canale Grande gefunden. Das Glockengeläut der Stadt und die Gedichte Rose Ausländers sind ein und dasselbe, verkünden die gleiche poetische Botschaft von unvergänglicher menschlicher Schönheit. Was bleibt, hat wirklich der Dichter gestiftet.

Aber dennoch, trotz aller imaginativen Kraft, tauchen auch Wünsche nach realer Erfüllung wieder auf. Deshalb lautet ein wehmutsvolles Gedicht im Band »Ich zähl die Sterne meiner Worte« (1983) ein Jahr nach der trotzig-liebevollen Erschaffung »ihres« Venedigs in vergegenwärtigender Einfachheit: »Ich will / noch einmal / in Venedig sein / mich / im Glasspiel / seiner Wasser / spiegeln // Mein Heim / ein herrlicher Palast / wie im Traum / leuchten Kanäle.«

ROSE AUSLÄNDER
PAUL CELANS GRAB

Keine Blumen gepflanzt
das sei überflüssig

Nichts Überflüssiges
nur
wilder Klatsch-Mohn
schwarzzüngig
ruft uns ins Gedächtnis
wer unter ihm
blühte.

KARL KROLOW
MOHN UND GEDÄCHTNIS

Rose Ausländer kommt aus der Bukowina. Sie kommt aus Czernowitz, wuchs in der Stadt auf, in der auch Paul Celan jung war. Viele ihrer Gedichte geben diese östliche Landschaft wieder, die der Fluß Pruth durchzieht. Sie mußte ihre Heimat verlassen und lebte fast zwei Jahrzehnte lang als Übersetzerin und Korrespondentin in New York, ehe sie in die Bundesrepublik kam. Sie lebt jetzt in Düsseldorf. 1966 war sie bei einem literarischen Preisausschreiben erfolgreich. So wurde sie bekannt. Ihr erster Versband damals hieß »36 Gerechte«. In ihm ist überall von ihrer Herkunft, ihrem Dasein, ihrer Flucht durch die feindliche Welt die Rede: »Aus der Wiege fiel mein Augenaufschlag in den Pruth ...« Ihre Gedichte lesen sich wie ein spätes Willkommen in einer verlorenen Landschaft: »Willkommen / Wanderer / hergeweht zu uns aus der Steppe.«
In einem neuen Gedichtband, der »Andere Zeichen« betitelt ist, hat Maria Luise Kaschnitz Rose Ausländers Person und ihre Verse beschrieben, hat von ihrer »kühnen und traurigen Stimme« gesprochen und von ihrer Art, Worte zu machen: »Lautlose Worte, Fischworte werden getauscht und mit dem eigenen Atem Mühlen in Bewegung gesetzt.« Obwohl bei Rose Ausländer Orte genannt werden, sind ihre Gedichte von einer traurigen Ortlosigkeit. Überall könnte ihr Ort liegen und nirgends. Und das hier gewählte Gedicht spricht von dem letzten Ort, den ein

Mensch findet. Es nennt ein Grab, nicht irgendein Grab, vielmehr die Ruhestätte ihres jüngeren Landsmannes Paul Celan auf einem unauffälligen Pariser Vorortfriedhof: und wie der Friedhof das Grab, klatschmohnbewachsen, dem Rose Ausländers Gedächtnis gilt: »Nichts Überflüssiges.« Das gilt auch für das kurze Gedicht, das mit Wenigem auskommt, um zu sagen, was übrigblieb, fast nichts: »wilder Klatsch-Mohn / schwarzzüngig«, still wuchernde Vegetation, die dieses Gedächtnis-Gedicht für einen Augenblick begleitet. »Keine Blumen gepflanzt«. Das wäre auch nicht notwendig gewesen für dieses einsetzende Gedächtnis. Nichts anderes als »Mohn und Gedächtnis«, von dem hier etwas gesagt wird. So hieß einst – man schrieb das Jahr 1952 – der Gedichtband, mit dem Paul Celan berühmt wurde.

Ein knappes Vierteljahrhundert später steht eine Frau, die wie der Tote Verse geschrieben hat, vor dem Grab dieses ihr persönlich so gut bekannt Gewesenen. Er war ihr nicht nur menschlich vertraut, er war ihr literarisch nahe. Wie Celan schreibt Frau Ausländer Gedichte einer exilierten Existenz, Gedichte einer Flucht vor Nachstellungen, Gedichte vom Unterwegssein: »Auf das Wohl / auf das Wohl / aller Wanderbrüder / Le Cháim / Ahasver.« Doch der Blick der Lyrikerin Rose Ausländer fällt auch auf das Unauffällige, auf das nichts als Stille, an den Ort Geheftete. Er ruhte so – neun kurze Zeilen lang – auf »Paul Celans Grab« als Gedächtnis für das, was »blüht«, sein Wort, sein Gedicht, in dem sie sich wiedererkannt hatte.

Das Gedicht wirkt wie hingeflüstert. Man hört die gedämpfte Stimme – einen Satz lang. Es sind die »lautlosen Worte«, die Marie Luise Kaschnitz bei Rose Ausländer vernahm und die gewiß dieses Gedächtnis-Gedicht bestimmen. Gewissermaßen stimmlose Worte, aber doch genau genug, um zu sagen, was vom »Blühen« übrigblieb: der wilde Mohn, Celans Blume. Celan hatte Blumen gern, liebte sie sogar. Aber sie fanden in seinen Gedichten wenig Aufnahme. Seine Gedichte waren für anderes notwendig geworden. »Keine Blumen gepflanzt / das sei überflüssig...« Der Mohn auf dem Dichtergrab hat sich selber ausgesät.

ROSE AUSLÄNDER
SALZBURG

Du fliegst über
tönende Berge
eine Lerche
im Augenflug

Raubvögel
ihre Schlagschatten
auf schönen Kulissen

Einst flogen hier
Geigen gen Himmel
pianissimo

Spring
über die Schatten
ins Mozartlicht

ULRICH WEINZIERL
MOZARTLICHT

Als Rosalie Scherzer anno 1901 das Licht der k. u. k. Welt erblickte, war ihr Geburtsort Czernowitz Hauptstadt eines Kronlandes: Franz Joseph, seit beinah unvordenklichen Zeiten Kaiser von Gottes Gnaden, herrschte als Herzog über die Bukowina. Doch neben diesem und unzähligen anderen Titeln führte die greise Majestät auch den – durchaus symbolischen – eines Königs von Jerusalem. Nicht ohne Grund betrachteten ihn deshalb die Juden seines Reichs, und gerade die des Ostens, als ihren Schirmherrn.
Mit dem Untergang der Donaumonarchie brachen auch für Rosalie Scherzer, die später den ebenso wundersamen wie legitimen Namen Rose Ausländer tragen sollte, schwere Zeiten an – voll Angst und Entbehrung, verdüstert von Verfolgung und Leid. Zweimal emigrierte sie in die Vereinigten Staaten, unter dem Joch der SS im Ghetto von Czernowitz waren Zwangsarbeit und Vegetieren in Schlupfwinkeln an der Seite der kranken Mutter ihr Schicksal. »Mein Vaterland ist tot / sie haben es begraben /im Feuer / Ich lebe / in meinem Mutterland / Wort«, schrieb die erst in hohem Alter zu Anerkennung, ja, zu Ruhm gelangte Dichterin. Während der letzten Jahre im Nelly-Sachs-Haus zu Düsseldorf, wo sie Anfang 1988 starb, hatte sie das Bett nicht mehr verlassen können, dafür unternahm sie in der Phantasie Reisen an Orte der Sehnsucht und Erinnerung, poetische Exkursionen nach

Venedig, Toledo, Paris, Rom und – Salzburg. Das kleine Gedicht selbigen Titels entstammt der 1982 erschienenen bibliophilen Edition »Südlich wartet ein wärmeres Land«.
Nun ist seit Georg Trakls Tagen die festliche, »Die schöne Stadt« mitsamt der magisch-melancholischen »Musik im Mirabell« in der Wertschätzung der Schriftsteller, zumindest jener von gesellschaftskritischem Rang, erheblich gesunken. So meinte ein Alfred Polgar nach dem Krieg bei einem Lokalaugenschein an der Salzach, es gebe dort »mehr Nazis als Einwohner«, Thomas Bernhards einschlägige Verwünschungen waren schlicht fremdenverkehrsschädigend, und Erich Fried beschwor vor allem »Schönheit / von Unerträglichkeit / bewohnt / bewacht und beschlafen«.
Von solch harschem Urteil sind die Verse der Ausländer unzweifelhaft weit entfernt, nicht minder weit freilich von jubelndem Einverständnis, wirklichkeitsblind hingegeben einer glorreichen Tradition und deren steinernen Zeugen. Gut zwei Dutzend Vokabeln genügen, um die ganze Ambivalenz der Gefühle auszudrücken, die sich bei Nennung eines der international renommiertesten Flecken auf dem kulturhistorischen Atlas einstellt. Gewiß war Rose Ausländer aufgrund der Schreckensgeschichte unseres Jahrhunderts in des Begriffs genauem Verständnis heimatlos, zu Hause bestenfalls in der deutschen Sprache und in den Lüften Europas.
Daher ihre Affinität zu den Wesen, die sich um staatliche Grenzen nicht zu kümmern brauchen, weil sie über ihnen schweben. Verbirgt sich indes hinter der Lerche nicht vielleicht eine Nachtigall und hinter dieser die Autorin selbst? Haben die Raubvögel, Mörder ihrer Natur nach, keine

grausamere Entsprechung im Bezirk des angeblich Humanen?
Lyrik, wenn es denn eine ist, wirft stets mehr Fragen auf, als sie zu beantworten vermag. Und der Terminus »Schlagschatten« geht wohl metaphorisch über seine physikalische Bedeutung hinaus, weist auf Gewalttätiges hin, das um so verstörender wirkt, je edler das Bühnenbild scheint, in dem das Drama der Epochen abrollt. Trotzdem findet in der zweiten Hälfte des Poems Versöhnung statt, die mit erpreßter nichts gemein hat: Es ist Mozarts universale Harmonie, der Kosmos der Töne, gespannt über die Abgründe der Chaoserfahrung aus Vergangenheit und Gegenwart. Mit dem leisen Zauberwort »Mozartlicht« schuf Rose Ausländer eine Art Erlösungsformel – dunkle Gesichte, aufgehoben von einer noch im Tragischen fast schwerelosen Heiterkeit. Anders gesagt: erleuchtet von einem Strahl irdischer Gnade.

GÜNTER EICH
ABGELEGENE GEHÖFTE

Die Hühner und Enten treten
den Hof zu grünlichem Schmutz.
Die Bauern im Hause beten.
Von den Mauern bröckelt der Putz.

Der Talgrund zeichnet Mäander
in seine Wiesen hinein.
Die Weide birgt Alexander,
Cäsarn der Brennesselstein.

Auch wo die Spinnen weben,
der Spitz die Bettler verbellt,
im Rübenland blieben am Leben
die großen Namen der Welt.

Die Ratten pfeifen im Keller,
ein Vers schwebt im Schmetterlingslicht,
die Säfte der Welt treiben schneller,
Rauch steigt wie ein feurig Gedicht.

CHRISTOPH PERELS
NICHT SCHÖNHEIT, SONDERN WAHRHEIT

Eichs Gedichtband »Abgelegene Gehöfte« hat, als er 1948 erschien, Epoche gemacht: mit Texten wie »Inventur«, »Lazarett« und »Latrine«, den »Camp«-Gedichten von 1945, der Nullpunktpoesie, die bei genauerem Hinsehen freilich noch über manche Bestände verfügt. Den Titel des Buchs aber hat ein Gedicht geliefert, das von der Natur spricht, von der Geschichte, von der Kunst. Die »abgelegenen« Gehöfte liegen weder im Gefangenenlager noch im Kahlschlag, sondern in der Mark Brandenburg und in der Kindheit, und das heißt 1945, zur Entstehungszeit des Gedichts: Es geht um den Wiedergewinn eines elementaren Verhältnisses zur Welt. Eich selbst wollte es ursprünglich »Zuflucht des Dichters« nennen, ich denke, es ist ein Heimkehrgedicht.

Mancher hat damals, die in ihren radikalen Reduktionen sehr ehrlichen und ein wenig platten Lagergedichte noch im Ohr, dem Dichter Eskapismus vorgeworfen. Wäre vom Ich die Rede, träfe der Vorwurf vielleicht zu. In Wahrheit versucht Eich, wie so oft, eine Ortsbestimmung der Poesie; Besitz oder Nichtbesitz anzeigende Fürwörter sind fehl am Platz, wo der Bezug der Dichtung zum Ganzen der Welt auf dem Spiel steht.

Eichs Verse scheinen einfach, sind aber darum keineswegs simpel. Der ernüchterte Blick, wieder zum Kinderblick geworden, sieht, statt der Wappentiere des Imponiergeha-

bes, Hühner und Enten, die Spinnen, den Hofhund; er sieht nicht Eiche und Lorbeer, sondern Weide und Brennnessel, auch nicht die »Berge des Herzens« jenseits eines »letzten Gehöfts von Gefühl« wie die Nachtreter Rilkes, er sieht Wiesen, Steine, Rübenland und hat dabei das ganze Reich der Natur, der Steine, Pflanzen und Tiere in den Sinnen und im Sinn. Und darin aufgehoben die Geschichte: die Weltreiche Alexanders und Caesars, hochgemute und hybride Machtveranstaltungen, fallen zurück in Weide und Brennesselstein, in die Märchenphantasie der Kinder und die Geschichtenphantasie der Bewohner einer naturnahen Lebenswelt.
Bis in die dritte Strophe hinein verweist nichts darauf, daß eine besondere Zeitsituation zur Neubestimmung der Dichtung Veranlassung böte. Erst Eichs Entscheidung für den Tempuswechsel »im Rübenland blieben am Leben / die großen Namen der Welt« verrät, daß im Zeitpunkt des Sprechens etwas anders ist als zuvor, daß nur noch hier, in dieser Landschaft, im Kindheitsland zu finden ist, was überall sonst unterging. Hier existiert es in verwandelter Gestalt, für Eich in seiner wahren Gestalt.
Noch deutlicher sprechen die Bilder der letzten Strophe. Nach altem Bildgebrauch gehören Ratten als die Tiere des Hungers und der Pest einem verzweifelten Weltzustand an, und auch der steigende Rauch und die Bestimmung eines Gedichts als »feurig« lassen Bedrohliches mitschwingen. Aber mit den Zeichen eines vernichtenden Endes setzt Eich solche eines neuen Anfangs, und er findet sie, wie das Bild von den pfeifenden Ratten, in der Überlieferung poetischer Rede, so zum Beispiel in einem der für ihn über Jahrzehnte hin wichtigsten Texte, Goethes »Selige Sehnsucht«: »Ein Vers schwebt im Schmetterlings-

licht«, erhebt sich um ein weniges über den düsteren Untergrund und die ziehende Schwerkraft.

Er ist nicht jenseits der Geschichte angesiedelt, sondern hält sich inmitten eines auch die Geschichte umfassenden weltgesetzlichen »Stirb und Werde!«. Der Gedichtschluß schafft ein hochempfindliches Gleichgewicht zwischen Zerstörungsrauch, Opferrauch und Reinigungsfeuer. Nach dem Zusammenbruch des Nazireichs und seiner pathetischen Lüge rechtfertigt sich weder die Welt als ästhetisches Phänomen noch die Poesie als fortgeführte innere Emigration. Was bleibt, ist eine Dichtung, in deren Licht das Irdische kenntlicher wird, denn nicht um Schönheit geht es dem Eichschen Gedicht nach 1945, sondern um Wahrheit. Die abgelegenen Gehöfte sind der Punkt, von dem aus sie in den Blick kommt.

GÜNTER EICH
AUGENBLICK IM JUNI

Wenn das Fenster geöffnet ist,
Vergänglichkeit mit dem Winde hereinweht,
mit letzten Blütenblättern der roten Kastanie
und dem Walzer »Faszination«
von neunzehnhundertundvier,
wenn das Fenster geöffnet ist
und den Blick freigibt auf Floßhafen und Stapelholz,
das immer bewegte Blattgewirk der Akazie, –
wie ein Todesurteil ist der Gedanke an dich.
Wer wird deine Brust küssen
und deine geflüsterten Worte kennen?

Wenn das Fenster geöffnet ist
und das Grauen der Erde hereinweht –
Das Kind mit zwei Köpfen,
– während der eine schläft, schreit der andere –
es schreit über die Welt hin
und erfüllt die Ohren meiner Liebe mit Entsetzen.
(Man sagt, die Mißgeburten nähmen seit Hiroshima zu.)

Wenn das Fenster geöffnet ist, gedenke ich derer,
die sich liebten im Jahre neunzehnhundertundvier
und der Menschen des Jahres dreitausend,
zahnlos, haarlos.

Wem gibst du den zerrinnenden Blick, der einst mein war?
Unser Leben, es fähret schnell dahin als flögen wir davon,
und in den Abgründen wohnt verborgen das Glück.

ALBERT VON SCHIRNDING
FASZINATION

Begierig empfingen wir Zwanzigjährigen die lyrischen »Botschaften der Verzweiflung«, der »Armut«, des »Vorwurfs«, die Günter Eich 1955 in seinem Band »Botschaften des Regens« veröffentlichte. Freudige Nachrichten waren nicht gefragt, dem Positiven in der Dichtung galt unsere Verachtung. Natürlich suchten wir das Glück, aber es glänzte um so verlockender, je verborgener es in den Abgründen wohnte. Die letzte Zeile des Gedichts »Augenblick im Juni« traf den Nerv meiner Lebensempfindung.
Daß Hiroshima vorkam und es trotzdem ein Liebesgedicht war, machte es besonders anziehend. Ich wollte einsam und, angeweht vom Grauen der Erde, unglücklich sein, und zugleich sehnte ich mich nach der großen Liebe. Liebe als Passion. Das Du ließ freilich auf sich warten, und auch im Gedicht kommt das Du erst spät, nach einem acht Zeilen umfassenden Wenn-Satz: »wie ein Todesurteil ist der Gedanke an dich.«
In ihrer Behauptungs-Lakonik, die keinen Einspruch zuläßt, hat die Zeile selbst die Form eines Todesurteils. Unwiderruflich sind Liebe, Schuld und Tod in ihr verbunden. Ein Gedicht für Zwanzigjährige, und doch gehörte sein Autor der Generation der Eltern an. Die Walzerklänge, die mit dem Duft von Kastanienblüten und dem Blätterspiel einer vom Wind bewegten Akazie durch das geöffnete Fenster dringen, erinnern an den Anfang des

Jahrhunderts: Der Schlager »Faszination« eroberte das Europa um 1900.

Das Aroma einer Epoche steigt herauf, in der *Fin de siècle*-Müdigkeit und Fortschrittsstimmung, Kitsch und Kunst eine faszinierende Mischung eingegangen sind. Günter Eich ist 1907 geboren, und der da um die Mitte des Jahrhunderts am Fenster sitzt, verdankt sein Leben der längst verwehten Liebe derer, »die sich liebten im Jahre neunzehnhundertundvier«.

Das Kind ist erwachsen geworden, die Erinnerung geht über in den »Gedanken an dich«. Man erwartet etwas wie Wiederkehr im Vergehen der Zeit: Immer wieder ist Juni. Aber es kommt anders. Die kreisende Bewegung des Walzers bricht ab, und auf die Atempause, die nach dem langen Nebensatz fällig ist, folgt Endgültiges. Nach zwei Weltkriegen und Hiroshima ist Liebe, wie sie den Eltern noch möglich war, zum Anachronismus geworden.

In der Perspektive des Juni-Augenblicks wird eine ungeheure Zeitspanne sichtbar, zu der sich die Gegenwart in kein Verhältnis mehr bringen läßt: Der Erinnerung an die Liebenden vom Anfang des Jahrhunderts steht der Gedanke an die Menschen des Jahres dreitausend gegenüber. Die durch den Fensterausschnitt vermittelten Sinneseindrücke weichen dem Bild des doppelköpfigen Kindes; in seinem Schreien kündigt sich eine entsetzenerregende Liebeszukunft an. Mit der Liebe stirbt auch das Liebesgedicht. Seine Strophen werden immer kürzer, es verschlägt dem Dichter die Sprache. Erst die letzte Strophe mit ihrem Bibelzitat nimmt die tödliche Botschaft um eine Spur zurück.

Wir lasen Günter Eichs Gedichte nicht wie die eines Angehörigen der Eltern-Generation, sondern wie die eines älteren Bruders. Inzwischen ist die Faszination, die von diesem »Augenblick im Juni« ausging, wohl ihrerseits so historisch geworden wie die des Walzers, den das Gedicht zitiert. Aber indem es die Erinnerung an den Zauber beschwört, der den Zwanzigjährigen gebannt hat, erfüllt es das Ohr des Lesenden noch immer mit abgründigem Glück.

GÜNTER EICH
BETRACHTET DIE FINGERSPITZEN

Betrachtet die Fingerspitzen, ob sie sich schon verfärben!

Eines Tages kommt sie wieder, die ausgerottete Pest.
Der Postbote wirft sie als Brief in den rasselnden Kasten,
als eine Zuteilung von Heringen liegt sie dir im Teller,
die Mutter reicht sie dem Kinde als Brust.

Was tun wir, da niemand mehr lebt von denen,
die mit ihr umzugehen wußten?
Wer mit dem Entsetzlichen gut Freund ist,
kann seinen Besuch in Ruhe erwarten.
Wir richten uns immer wieder auf das Glück ein,
aber es sitzt nicht gern auf unseren Sesseln.

Betrachtet die Fingerspitzen! Wenn sie sich
                                    schwarz färben,
ist es zu spät.

LUDWIG HARIG
POETISCHER IMPERATIV

Als in den Reaktoren von Cattenom zum erstenmal Atomkerne unter Beschuß gerieten, fragte ich mich, ob unser hiesiges Leben zwischen den nuklearen Brennstäben an der Mosel und den atomaren Sprengköpfen in der Pfalz nicht fürderhin eher ein halbiertes als ein ganzes Leben sei, ein jämmerliches Leben in physikalischen, biologischen, effektiven Halbwertszeiten. Ich dachte an Günter Eichs Gedicht »Betrachtet die Fingerspitzen« und schaute meine Fingerspitzen an. Ich weiß, von nun an wird es nicht mehr das Bakterium der Pest sein, das unser Blut heimsuchen kommt; der Pestkeim der Zukunft heißt Cäsium und ist ein weiches, silberhelles Metall, ein instabiles, doch langlebiges Radionuklid, das in der Strahlung zerfällt und tatsächlich, vielgestaltig verwandelt, als Blattsalat auf dem Teller, als Frischmilch in der Pappschachtel wiederkehrt.

Es ist schon viel zu viel gesagt worden vom Dichter als Barometer, als Seismograph, als gesellschaftspolitischem Wetterfrosch: die Metaphern sind verbraucht. Und doch sind es nur die Dichter, die das Unheil frühzeitig bemerken; ich denke an Günter Eich. Lange bevor andere an ihren Ohren merken, daß Wirbelstürme um ihre Köpfe brausen, unter ihren Füßen spüren, daß die Erde bebt, bevor die Politiker wahrnehmen, daß überhaupt das Wetter sich ändert, die Uhrzeiger auf fünf vor zwölf stehen, hat der Dichter die Gefahren längst registriert und auch seine Stimme erhoben, die ungehört im eisigen Wind verhallt.

Auch wenn die Welt für ihn verrätselt sei, ein Buch mit sieben Siegeln, wie Günter Eich schon in seinen Gedichten der endvierziger Jahre sagt, wenn er von »solchen Büchern«, von »fremden Zeichen« spricht, so fragt er doch: »Wer ... errät aus den Wurzeln den Text?« und sucht »das Wort, ... das wie Sesam die Türen der Berge öffnet.« Günter Eich warnt und ist dennoch kein Optimist: er kennt den Fatalisten, der sich auch im Unheil einzurichten weiß, er kennt auch den Glückssucher, der seinen geruhsamen Platz nicht findet, doch vehement wendet er sich gegen alles, was Macht über den Menschen beansprucht. In seiner Büchnerpreis-Rede, in der er von der Macht und der gelenkten Sprache spricht, sagt er, ihm komme es auf das Ärgernis an, das hörbar werden solle. »Freilich sind in allen Ärgernissen Imperative verborgen«, heißt es, »aber ich hoffe, daß es mir gelingt, wenigstens einige zu verschweigen.« Sein Gedicht »Betrachtet die Fingerspitzen« verschweigt den Imperativ nicht.

Und so schaue ich täglich auf meine Fingerspitzen, ob nicht der Pesthauch des Cäsiums mich schon angeweht und seine schwarzen Male gesetzt hat. Der Dichter hat seine Arbeit getan, mehr kann er nicht tun. Er hat mich aufmerksam gemacht, auch auf die gelenkte Sprache. In der Broschüre »Kernenergie im Dialog«, herausgegeben und in den Haushalten verteilt von den Betreibern und Herstellern von Kernkraftwerken in der Bundesrepublik Deutschland lese ich: »Cäsium erweist sich als weitgehend unproblematisch, da es in Lebewesen nach kurzer Zeit ausgeschieden wird.« Günter Eich dagegen sagt mir: »Wer mit dem Entsetzlichen gut Freund ist, kann seinen Besuch in Ruhe erwarten.« Seit der Regen nicht nur mehr Botschaften bringt, der Maulwurf nicht nur mehr ein Raunen des Untergrunds ist, haben Günter Eichs Gedichte noch mehr an Mahnkraft gewonnen.

GÜNTER EICH
BRIEFSTELLE

Keins von den Büchern werde ich lesen.

Ich erinnere mich
an die strohumflochtenen Stämme,
an die ungebrannten Ziegel in den Regalen.
Der Schmerz bleibt und die Bilder gehen.

Mein Alter will ich in der grünen Dämmerung
des Weins verbringen,
ohne Gespräch. Die Zinnteller knistern.

Beug dich über den Tisch! Im Schatten
vergilbt die Karte von Portugal.

CHRISTA MELCHINGER
KONZENTRATION AUF DAS WESENTLICHE

Er entzieht sich – ist es verwunderlich? Er entzieht sich den gewohnten Vorstellungen, den üblichen Erwartungen, der landläufigen Meinung. Den abgedroschenen Sprüchen: »Wenn du erst einmal Zeit hast« – »Wenn du das endlich alles hinter dir hast« – »Wenn du erst frei bist von all den Verpflichtungen« – »Heb dir das auf für dein Alter«. Dem entzieht er sich. Schriftlich. Brieflich macht er es kund den Gutmeinenden, den Besserwissenden.
Ein Mann des Wortes, des geschriebenen Wortes, ein Mann, der nicht nur mit Büchern, der von Büchern lebte, viele Jahre lang. »Keins von den Büchern werde ich lesen« – das ist die eindeutige Antwort auf alles, was man ein Leben lang vor sich herschiebt, hinein in das dunkle unbekannte Später irgendwo am Ende der langen Betriebsamkeit. Dem entzieht er sich. Ist das verwunderlich? Nicht bei einem Mann wie Günter Eich, der kein Mann der Menge war. Höchstens die Schroffheit – doch ist sie wirklich verwunderlich? Eigentlich auch nicht. Man muß schroff sein, wenn man sich der Menge widersetzt. Weil man sich damit ja auch immer einem Teil seiner selbst widersetzt. Jeder ist für seine Träume verantwortlich, und nicht immer weichen sie ab von den Träumen anderer. »Im Schatten / vergilbt die Karte von Portugal« – jeder besitzt so eine Karte seines Traumlandes.
Also keine Bücher. Keine Reisen. Auch keine Gespräche. Was dann? Wenn nichts die »grüne Dämmerung des

Weins« stört, hört man »die Zinnteller knistern«. »Strohumflochtene Stämme«, »ungebrannte Ziegel«, Teller aus Zinn – die Gegenstände, für sich genommen, lassen eine Idylle ahnen, ein ländliches Refugium, vielleicht im Süden. Aber wir dürfen sie nicht für sich nehmen. »Ich erinnere mich«, heißt es, und die Erinnerung betrifft die geliebten Gegenstände, aber »die Bilder gehen«.
Ist das ein Altersgedicht? »Briefstelle« ist erstmals 1955 in der Gedichtsammlung »Botschaften des Regens« veröffentlicht worden. Günter Eich war damals siebenundvierzig Jahre alt. Also kein Altersgedicht? Genaugenommen: nein. Es enthält zum größten Teil Zukunftsaussagen. Geschrieben in einer Zeit, die dem Alter vorausgeht, die es ahnen, mitunter auch schon spüren läßt, in der man sich Gedanken macht: wie wird es sein? Die Vorstellungen, die Günter Eich hier notiert, sind präzis, von einer bestechenden Präzision. Das Stadium der Träume hat er schon hinter sich, wir haben es gelesen: die Karte von Portugal vergilbt bereits.
Es ist diese Genauigkeit der Imagination, die mir das Gedicht wert macht. Mich besticht die Unaufwendigkeit, die Einfachheit, die unsentimentale Bereitschaft zum Verzicht in der Lebensweise, die Günter Eich mit den wenigen Worten so deutlich zu machen versteht. Alter ist Kargheit. Reduktion. Aber – und das scheint mir unüberhörbar – Reduktion, die Konzentration bedeutet, Konzentration auf das Wesentliche. »Beug dich über den Tisch!« – man muß näher ran an die Dinge, die Perspektive verengt sich, aber das einzelne wird deutlicher wahrgenommen. Der Schatten zwingt zum genaueren Hinsehen, die Ruhe läßt schärfer hören, sogar das Knistern der Zinnteller. Der Wein hilft dabei, die grüne Dämmerung

schirmt ab nach außen. Aber drinnen ist keine Idylle. In der Mitte des Gedichts die zentrale Aussage: »Der Schmerz bleibt«. Das ist es, was sich nicht ändert. Woran kein Wunsch, kein Plan (wie verbringe ich mein Alter?), kein Vorhaben etwas ändern. Bücher, Gespräche, Reisen, Menschen, der ganze Betrieb, die gehaßten Zwänge, die erträumten Bilder, die geliebten Gegenstände – das alles kann ich hinter mir lassen, wenn nur mein Willen stark genug ist – »der Schmerz bleibt«.
Man kann ihn nicht abstellen. Aber man kann ihn einfangen in die Dämmerung, in der Stille kann man ihn leben, konzentriert auf das Wissen, daß es ihn gibt, solange das Alter dauert, so wie es ihn immer gegeben hat, seit das Leben begann.

GÜNTER EICH
DER GROSSE LÜBBE-SEE

Kraniche, Vogelzüge,
deren ich mich entsinne,
das Gerüst des trigonometrischen Punkts.

Hier fiel es mich an,
vor der dunklen Wand des hügeligen Gegenufers,
der Beginn der Einsamkeit,
ein Lidschlag, ein Auge,
das man ein zweites Mal nicht ertrüge,
das Taubenauge mit sanftem Vorwurf,
als das Messer die Halsader durchschnitt,
der Beginn der Einsamkeit,
hier ohne Boote und Brücken,
das Schilf der Verzweiflung,
der trigonometrische Punkt,
Abmessung im Nichts,
während die Vogelzüge sich entfalten,
Septembertag ohne Wind,
güldene Heiterkeit, die davonfliegt,
auf Kranichflügeln, spurlos.

RUDOLF JÜRGEN BARTSCH
ORIENTIERUNGEN

Er mißt in der Länge zwölf und in der Breite zwei Kilometer, der Große Lübbe-See. Seine Wellen, vom Ostwind angeschoben, können vorspringende Ufernasen mühelos kupieren. Ich weiß noch, wie aufgebracht ich reagierte, als ich, ein Kind, zum ersten Mal dieser hohen Wellen ansichtig wurde: Solch wildes Gebaren, befand ich, stand nur »meinem« Dratzig-See zu, an dem ich damals aufwuchs und von dem ich gerade in der Grundschule gelernt hatte, daß er mit 83 Metern der tiefste See Norddeutschlands sei. Dratzig- und Lübbe-See, um rund zwanzig Kilometer voneinander getrennt, verbindet die sie durchfließende Drage, die – dem Trend der pommerschen Flüsse entgegen – sich nicht der Ostsee, sondern südwärts dem Urstromtal der Netze zuwendet.

Günter Eich war – der zweite Vers weist darauf hin – am Ufer des Großen Lübbe-Sees, lange bevor er 1949 das Gedicht niederschrieb. Die Beschwörung von Vergangenem – »Immer Gespinste aus entrückten Zeiten«, wie es in einem Vers aus einem anderen Gedicht desselben Jahres heißt, – hebt an mit der Erinnerung an Kranichflüge und an das hügelkrönende Holzgestänge: Bewegung und Fixpunkt, Flüchtiges und Vermessung – für die Lyrik Günter Eichs typische Topoi.

Die geheimnisvollen Zeichen der Triangulationstürme übten auf mich damals einen fremden Zauber aus, wozu fraglos der dem Kind unverständliche Name beigetragen

Günter Eich

hat. Magische Signale – für wen? »Abmessung im Nichts.« Eich hat diese heute aus der Landschaft verschwundenen Male 1956 im Vortrag »Der Schriftsteller vor der Realität« zur Verdeutlichung seiner lyrischen Arbeitsweise benutzt: »Ich schreibe Gedichte, um mich in der Wirklichkeit zu orientieren. Ich betrachte sie als trigonometrische Punkte oder als Bojen, die in einer unbekannten Fläche den Kurs markieren.«
1973, Günter Eichs Gedicht im Kopf, stand ich wieder am Großen Lübbe-See, der jetzt Jezioro Lubie heißt. Er ist immer noch ein Gewässer »ohne Boote und Brücken«, ohne Ausflügler und Campingplätze. Vom nördlichen Ufer aus sah ich auf die dicht und hoch bewaldete »Wand des hügeligen Gegenufers«. Hier, unweit der Teufelsspitze, zwischen den Dörfern Baumgarten und Güntershagen, wird Eich verweilt haben, mittags, wenn das waldige Südufer im Gegenlicht noch dunkler erscheint. »Hier fiel es mich an«, überfallartig, das Bewußtwerden der Einsamkeit, dieser Erkenntnisblitz, fixiert später als Doppelschlag eines Binnenrefrains. In »Ende eines Sommers« aus demselben Jahr will ich das gleiche Bedeutungserlebnis wiedererkennen, wenn ich den Vers lese: »Dem Vogelzug vertraue ich meine Verzweiflung an.«
Kraniche indessen habe ich beide Male dort nicht wahrgenommen. Hans Troschel, Bauhausschüler und als Kunsterzieher im nahen Dramburg 1936 aus Deutschland verjagt, hat sie noch bei ihrer halbtägigen Rast am See beobachtet und in seinem Büchlein »Der See der Milane« beschrieben. Und der sechzehnjährige Obersekundaner Löns nahm sie 1882 zwanzig Kilometer ostwärts vom Lübbe-See – bei Deutsch Krone – sogar als

Brutvogel in seine Liste der von ihm in jener Gegend registrierten 134 Vogelarten auf.
Eichs Gedicht erschien 1955 im Band »Botschaften des Regens«. Zum ersten Mal vorgestellt indessen hat er diese Verse 1950 auf der Tagung der Gruppe 47 im Kloster Inzigkofen. Sie brachten ihm – als Erstem – den Preis der Gruppe ein.

GÜNTER EICH
ENDE EINES SOMMERS

Wer möchte leben ohne den Trost der Bäume!

Wie gut, daß sie am Sterben teilhaben!
Die Pfirsiche sind geerntet, die Pflaumen färben sich,
während unter dem Brückenbogen die Zeit rauscht.

Dem Vogelzug vertraue ich meine Verzweiflung an.
Er mißt seinen Teil von Ewigkeit gelassen ab.
Seine Strecken
werden sichtbar im Blattwerk als dunkler Zwang,
die Bewegung der Flügel färbt die Früchte.

Es heißt Geduld haben.
Bald wird die Vogelschrift entsiegelt,
unter der Zunge ist der Pfennig zu schmecken.

ECKART KLESSMANN
FÄHRGELD FÜR DIE ENDZEIT

Ob Gedichte wohl durch langsames Altern ausreifen können wie Wein? Aber nicht jedem Wein bekommt langes Lagern und auch nicht jedem Gedicht. Manche Verse Hölderlins oder Heines haben sich erst den Nachgeborenen erschlossen, manche durch grausam veränderte Zeitumstände. Drei Jahrzehnte nach seiner Entstehung spricht Günter Eichs Gedicht verändert zu veränderten Menschen. Ich meine damit nicht, daß ich als junger Mann damals, als ich »Ende eines Sommers« zum erstenmal las, diese Verse anders verstanden habe, daß sie zum Zwanzigjährigen anders geredet haben als heute zum Fünfzigjährigen. Ich meine vielmehr, daß ich jetzt in diesen Versen eine Endzeitstimmung vernehme und dieses Gedicht nicht mehr ohne eine tiefe Traurigkeit lesen kann.

»Wer möchte leben ohne den Trost der Bäume!« Kein Fragezeichen, nein, das ist ja auch – im doppelten Sinn – keine Frage. Meine Beschäftigung mit diesem Gedicht, das ich dreißig Jahre lang zu kennen glaubte, wird in diesen Tagen von einer Zeitungslektüre begleitet, in denen schon die Schlagzeilen der ersten Seite von Bäumen, von Wäldern sprechen, die ohne Aussicht auf Rettung zugrunde gehen; von einer noch ganz unausdenkbaren Katastrophe lese ich, die wir zu gewärtigen haben – und doch genauso verdrängen wie den eines Tages unausweichlichen Tod.

Zuerst, so versichert man uns, werde der Baum sterben,

dann der Mensch. Gewiß hat Eich nicht daran gedacht:
»Wie gut, daß sie am Sterben teilhaben!« Auch nicht
daran, daß beim drohenden nuklearen Vabanquespiel mit
den Menschen die Bäume verbrennen. Mit »Sterben« ist
hier das herbstliche Absterben gemeint, um das wir nicht
trauern, da es schon die Auferstehung im Frühjahr verheißt. Für den Augenblick zeigt sich das Bild des Todes,
das Verzweiflung auslöst, dem aber der Vogelzug seine
Verheißung entgegensetzt, als einen »Teil von Ewigkeit«.
Das Abschiednehmen der Zugvögel, »die Bewegung der
Flügel«, fällt in jene Wochen, wenn die Früchte sich reifend färben zur Ernte.
Einst haben Priester »die Vogelschrift entsiegelt«, haben
aus ihr Zukunft gedeutet. Im Umgang mit der Natur ist
Geduld geboten; es währt seine Zeit, was unter und über
der Erde sich jährlich vollzieht. Und vielleicht werden die
Vogelzeichen erst dem Toten entsiegelt, dem frühere Zeiten das Fährgeld für Charon als Münze unter die Zunge
geschoben haben.
Ein Sommer geht zu Ende. Mit der verrinnenden Zeit,
dem Reifen und dem Absterben, werden dem Menschen
Zeichen gesetzt, die Zeichen vom waltenden Gesetz der
Natur. Bislang durften sie als Signaturen der Hoffnung,
der Zuversicht gelten. Die jetzt dahinsterbenden Wälder
und Gewässer aber versprechen uns nur noch ein apokalyptisches Ende; erst ihres, dann unseres.
Als Günter Eich 1950 dieses Gedicht schrieb, war – oder
schien – die Natur noch heil und konnte auch Trost spenden. Nur drei Jahrzehnte haben diese Verse so verändert,
daß der Leser nicht mehr die ihnen eingegebene Verheißung schmeckt, sondern nur noch den Pfennig für die
letzte Fahrt. Wir haben diesen Pfennig schon jetzt auch

den Bäumen zugedacht, als Fährgeld für Charon. Gewiß hat der Dichter dies nicht gemeint, aber seine Verse haben sich von ihm gelöst und sind fast Prophetensprache geworden.

GÜNTER EICH
FUSSNOTE ZU ROM

Ich werfe keine Münzen in den Brunnen,
ich will nicht wiederkommen.

Zuviel Abendland,
verdächtig.

Zuviel Welt ausgespart.
Keine Möglichkeit
für Steingärten.

GERHARD KAISER
MÖGLICHKEIT FÜR STEINGÄRTEN

Diese Zeilen gelten einem zweitausendjährigen literarischen Thema. Die europäische Rom-Dichtung hat diese Stadt ebenso eindringlich als Inbegriff der Macht, des Lebens und der Schönheit wie als Sinnbild der Todesverfallenheit gedeutet. Günter Eich formuliert lediglich noch eine Fußnote zu Rom. Die so viel Beschriebene ist für das Gedicht zur bloßen Schrift, zum Text geworden, den man mit einer Anmerkung versieht. Eichs Fußnote entwirft nicht mehr Welt durch Sprache wie etwa Goethes »Römische Elegien«. Sie ist Kommentar, beiläufige Meinungsabgabe.

Es ist ein alter Brauch, in die Fontana di Trevi in Rom eine Münze zu werfen als Zeichen der Hoffnung auf Rückkehr. Das Ich, das sich bei Eich so schroff vorstellt, will nicht mehr wiederkommen. Die beiden einzigen vollständigen Sätze des Gedichts, durch Parallelismus der Satzglieder hervorgehoben, sind Verneinungssätze. Sie bilden die erste Strophe. Die zweite und dritte, zwei- und dreizeilig, bestehen aus Ellipsen, wiederum im Parallelismus, der nun die Strophen aufeinander bezieht. »Zuviel Abendland ...«; »Zuviel Welt ...«. Trotz der Gleichläufigkeit sind die Motive der Verneinung beide Male entgegengesetzt.

Zuviel Abendland bezeichnet eine Überfülle, die das nachgestellte Adjektiv für verdächtig erklärt; deshalb die eigene Wortkargheit. Die reale Überfülle abendländischer

Geschichtszeugen in Rom wird vom Gedicht gleichgeschaltet mit der Abendland-Ideologie. Realitäten sind in unwirsch hingeworfenen Halbsätzen zum Geschwätz und Geschreibe erklärt. Zuviel ausgespart – hier nun bezeichnet das nachgestellte Partizip einen Mangel. Rom, die Stadt der Lebensfülle, ein Ort der Aussparung? Diese Feststellung ist verblüffend und bezieht sich witzig sowohl auf das Vorhergehende wie auf das Kommende. Zuviel Abendland ist zuwenig Welt – weil Abendland Geschwätz ist und auch, weil Abendland sich dem Morgenland gegenübergestellt hat und wenig vom Orient weiß. Damit ist die Schlußpointe angelegt, die als letzte Verneinung, abermals rückbezogen, untergründig eine Bejahung enthält. »keine Münzen ...«; »Keine Möglichkeit ...«. Die geheime Bejahung wird auf sparsamste Weise erzielt: »Keine Möglichkeit für Steingärten« ist so auf zwei Verse verteilt, daß »für Steingärten« mit stillem Nachdruck für sich steht. Dadurch klingt an: *für* Steingärten, gegen den Rest. Auch daß dieser Vers überzählig ist bei sonst zweizeiligen Strophen, hebt ihn heraus – ein kleiner Überschuß an Zustimmung bei so viel Ablehnung.

Steingärten in ihrer Vollendung, minimalisiert in räumlicher Ausdehnung und Quantität der Bestände, finden sich in Japan. In zenbuddhistischen Klöstern wird der Steingarten zur letzten Verfeinerung gebracht, Garten aus nichts als Steinen zu sein. Aus Steinen aber, die in äußerster Abstraktion und zeichenhafter Verdichtung auf kleinstem Raum die Totalität der Welt in sich fassen. An diesen Abstraktionen vergegenwärtigt sich dem Meditierenden das All; fern dem Geschwätz, dem Pathos, dem Auftrumpfen, der Selbstinszenierung der westlichen Kultur, fern der Aufdringlichkeit der Geschichte und des Tages.

Rom spart zuviel Welt aus, indem es etwas so Kleines ausspart wie Steingärten. Es spart zuviel Welt aus, weil es die falsche Abstraktion ist. Rom spart auch dadurch zuviel Welt aus, daß es das höchste Paradox nicht kennt und deshalb den Steingärten nicht nur keine Wirklichkeit, sondern nicht einmal eine Möglichkeit einräumt. Steine und Gärten – wo sind sie herrlicher als in Rom. Aber der *Stein-Garten* ist die Welt auf ihren harten Kern gebracht, der doch die Utopie in sich enthält. Im Wort »Steingarten« *ist* der Stein Garten und umgekehrt. Eichs Steingarten: dieses Gedicht.

GÜNTER EICH
GESPRÄCHE MIT CLEMENS

Nun ist alles besprochen,
die Zukunft der Freunde,
die Pflasterung,
die Anfänge mit Vogelvau.

Nun ist alles besprochen
bis ans Ufer, wo sie angeln.
Alle Brücken wie in Avignon,
halb und sie tanzen darauf.

Nun ist alles besprochen,
die Urkunden und die Schwermut,
Versuche in Wasserfarben, Versuche
mit Scheunenschlüsseln und Schnee.

CLEMENS EICH
SELBSTGESPRÄCHE

Ein vierjähriges Kind erzählte mir von einem großen, alten, dreckigen Schlüssel, den es besitzt. Bei dieser Geschichte fiel mir der Schlüsselbund meiner Kindheit wieder ein. Ein großer, schwerer, rostiger und nutzloser Schlüsselbund, gefunden in einer furchteinflößenden, leergeräumten Scheune, gehütet wie ein Schatz.
»Nun ist alles besprochen«. Lange hatte ich vergessen.
»Nun ist alles besprochen«. Das Gedicht »Gespräche mit Clemens« behandelt die Zeit und den darin enthaltenen Lebensversuch. Es bespricht alle Anfänge und alle Versuche, die Erfüllung und das Scheitern.
»Nun ist alles besprochen«, der Augenblick eines Gesprächsendes, als ich ihn nach einem Schulversuch an seinem Schreibtisch besucht, vom vergangenen Vormittag und vom zukünftigen Nachmittag berichtet hatte. Gespräche waren ihm wichtig, ein anderes seiner Gedichte trägt den Titel »Fortsetzung des Gesprächs«, ein weiteres »Nicht geführte Gespräche«.
Ich gestehe, daß mir gerade das Gedicht »Gespräche mit Clemens« eines der fernsten und fremdesten war, wahrscheinlich weil es um mich geht. Geht es wirklich um mich, handelt es wirklich von mir? Es geht um einen Augenblick, einen Augenblick, der flüchtig und vergänglich ist und gerade dadurch den Blick in die Zukunft freigibt.
»die Pflasterung«, »die Zukunft der Freunde«, dieses Gedicht behandelt die Realität eines Kindes und die eines Va-

ters. Der Weg aus der Kindheit in die Welt des Erwachsenseins, tatsächlich handelt es sich um nichts anderes als eine Pflasterung. Wir kennen die Straße und wissen, wohin sie führt. Ein Augenblick der Liebe wird durch das Gedicht gebannt, und ich beginne zu begreifen, warum ihm nichts wichtiger war als das Gedicht.
Ich will hier nicht zu interpretieren beginnen, Gedichtinterpretationen liegen mir nicht, sie haben die Tendenz, die Gedichte zu zerstören, sie buchstäblich zu Tode zu erklären. In einem anderen Gedicht Günter Eichs, das den Titel »Verständlich und nicht« trägt, heißt es »Zugängliche Minuten weiß ich genug«.
Ich befolge den Rat, über Gedichte zu meditieren, und im besten Fall erlebe ich den vergangenen, wiewohl verdichteten Augenblick noch einmal. In diesem besten Fall der Einheit von Dichter und Leser wird durch das Gedicht der Zeitbegriff aufgehoben. Wenn auch nur für kurze Dauer...
»Versuche mit Scheunenschlüsseln«, die Realität eines Kindes ist ein einziges Versuchen, und die Realität des Erwachsenen der aufgegebene Versuch, ein Kind zu bleiben. Versuchen, Gelingen, Scheitern, alle Ausgänge bleiben offen. »Versuche mit Scheunenschlüsseln und Schnee«.
»Nun ist alles besprochen«, noch einmal ist der Augenblick vorübergezogen, der Augenblick ohne Jahreszahl, der Augenblick des Verstehens, der Verletzlichkeit und der Liebe.

GÜNTER EICH
HOFFNUNGEN

Die Sondermarken sind gestempelt,
die Tonbänder überspielt,
Bahnsteigkarten von Sarajevo
sammelt niemand.
Ich habe meine Hoffnung
auf Deserteure gesetzt.

Die Körperschaften
des öffentlichen Rechts
lassen Wasser durch.
Steh auf, Spengler,
schon rötet der Morgen
die Parkplätze, es ist
noch alles voll Hoffnung.

GÜNTER KUNERT
SARAJEVO

Manchmal, nämlich mit dem Wandel der Zeiten, bietet sich ein Text, ein Gedicht als Stolperstein dar. Justament so erging es mir mit Günter Eichs »Hoffnungen«, aus denen mir ein Name entgegenfiel: Sarajevo. Der Kontext unserer Wirklichkeit verändert die Leseweise. Noch vor wenigen Jahren hätten wir die Ortsbezeichnung in archäologisch-historisierendem Sinne verstanden – eben wie Eich es auch gemeint hat: als etwas endgültig Gewesenes. Die erste Strophe markiert die geschichtliche Zäsur, zumindest wie der Autor sie empfand. Die Vergangenheit ist abgeschlossen; sie scheint archiviert.

Die Hinwendung zur Gegenwart (und wohl auch zur Zukunft) gibt sich optimistisch, in Vorwegnahme des später gängigen und inflationierten Slogans »Stell dir vor, es ist Krieg, und keiner geht hin«. Eichs Hoffnung auf Deserteure resultiert aus der fragwürdigen Annahme, wir wären befähigt, aus geschichtlichen Erfahrungen Lehren zu ziehen. Die große Verweigerung als Mittel der Friedenssicherung – eine solche Illusion erscheint wie aus einem Brechtschen Lehrgedicht entnommen, wo ebenfalls auf die Widerstandskraft der Vernunft gesetzt wird. Es klingt dennoch wie Pfeifen im Dunkeln.

Wie die erste Strophe, so paraphrasiert auch die zweite das »Prinzip Hoffnung«, indem sie, wiederum mittels einer Analogie, ihre Erwartung personalisiert. In der vierten Zeile, der Drehachse der zweiten Strophe, steckt, ob bewußt oder unbewußt, ein mit leichter Ironie verwandtes und variiertes Zitat, und zwar aus dem »Großen Gesang« von Pablo Neruda: »Holzfäller, wach auf!« Doch während bei Neruda der appellative Gestus noch ungebrochen auftaucht, ist diesem bei Eich der Ernst genommen. Das revolutionäre Moment, zwar noch vorhanden, ist durch Witz abgemildert, ohne jedoch gänzlich verschwunden zu sein. Die »Körperschaften öffentlichen Rechts«, Symbole für die Herrschaftsstruktur, sind brüchig geworden, funktionieren nicht mehr so recht: da muß der Klempner her, der »common man«, die Allegorie des »einfachen Mannes«, der alles schon richten wird. Denn auch die Tagfrühe mit ihrer Verfärbung bedeutet mehr als nur eine prosaische Information über die Uhrzeit. Wenn der Morgen in einem Gedicht etwas rötet – und seien es Parkplätze –, dann können wir des Symbolgehaltes ziemlich sicher sein. Die Aufbruchstimmung ist eindeutig. Und mit dem Ausklang, daß noch alles voll Hoffnung sei, bezieht sich der Lyriker selbstverständlich auf eine gesellschaftlich bedingte Künftigkeit.

In Eichs Gedicht rumort bereits das Jahr 1968, wobei damals, es war zu erwarten, der Klempner zu Hause blieb und keinen Aufstand vollzog. Mit unsern heutigen Augen gelesen, macht soviel Hoffnungsfülle des Textes melancholisch. Ließe sich Literatur wie eine veraltende wissenschaftliche Erkenntnis widerlegen, müßte man angesichts dieser beiden Strophen sagen: die Historie ist ihnen nicht gerecht geworden. Aber Literatur, insbesondere Lyrik, erweist sich nicht nur als der oben erwähnte Stolperstein, sondern auch als Prüfstein für unser eigenes Verhältnis zur Realität. Anhand des unerwartet aktuell gewordenen Wortes »Sarajevo« und der verlorenen Illusionen über unsere Humanisierung erkennt man, im Vergleich mit Eichs Gedicht, die wachsende Kluft zwischen unseren einstigen Träumen und unseren gegenwärtigen Taten.

Aus diesem gutwilligen, unpathetischen, ja lächelnden Gedicht tritt uns, nur leicht maskiert, die Gestalt des neunzehnten Jahrhunderts entgegen, das noch an den Fortschritt, auch an den des menschlichen, glaubte.

GÜNTER EICH
INVENTUR

Dies ist meine Mütze,
dies ist mein Mantel,
hier mein Rasierzeug
im Beutel aus Leinen.

Konservenbüchse:
Mein Teller, mein Becher,
ich hab in das Weißblech
den Namen geritzt.

Geritzt hier mit diesem
kostbaren Nagel,
den vor begehrlichen
Augen ich berge.

Im Brotbeutel sind
ein Paar wollene Socken
und einiges, was ich
niemand verrate,

so dient es als Kissen
nachts meinem Kopf.
Die Pappe hier liegt
zwischen mir und der Erde.

Die Bleistiftmine
lieb ich am meisten:
Tags schreibt sie mir Verse,
die nachts ich erdacht.

Dies ist mein Notizbuch,
dies meine Zeltbahn,
dies ist mein Handtuch,
dies ist mein Zwirn.

HANS-ULRICH TREICHEL
KEIN NEUANFANG

Günter Eichs Gedicht »Inventur« ist vielleicht neben Paul Celans »Todesfuge« das berühmteste deutsche Nachkriegsgedicht. Und so fern die karge lyrische Bestandsaufnahme Eichs auch dem großen, sprachmächtigen Gesang Paul Celans zu sein scheint, so sehr verdankt sie sich doch in Wahrheit der gleichen Erfahrung, der sich – ob gewollt oder nicht – alle Literatur nach 1945 zu stellen hatte und in deren Zentrum der Name »Auschwitz« steht.
Von Auschwitz allerdings und den gerade überstandenen Schrecken des Krieges ist in »Inventur« nirgends die Rede. Der Autor, so scheint es, spricht geradezu vorsätzlich nicht davon, wovon er zu dieser Zeit, das Gedicht entstand 1945, doch eigentlich hätte sprechen müssen und doch nicht sprechen konnte und wohl auch nicht sprechen wollte. Als würde er hier seine ganz persönliche »Stunde Null« erleben, so versichert sich Eich hier seiner Gegenwart als einer Gegenwart der elementarsten Dinge und stellt diese – die Mütze, den Teller, die Bleistiftmine – in das Zentrum seiner Erfahrung.
Es sind die gewiß lebenswichtigen Alltagsrequisiten des Kriegsgefangenen Günter Eich, der 1945/46 in einem amerikanischen Kriegsgefangenenlager interniert war, doch werden sie hier zu Dingen höherer Ordnung, zu Chiffren von existentieller Bedeutung. Aus ihnen entsteht »Welt«. Nicht nur die Welt des internierten Soldaten und Autors, sondern auch die Welt dessen, der sich vor der

Übermacht traumatischer Geschichtserfahrung auf das wenige besinnt, über das er unmittelbar zu verfügen scheint und das nicht eingespannt ist in den verhängnisvollen Zusammenhang von Täter und Opfer, Schuld und Unschuld, individuellem Erleben und geschichtlicher Existenz.

Günter Eichs »Inventur« entwirft, im Selbstvollzug gewissermaßen, ein poetisches Programm des literarischen Neuanfangs, das bescheiden, lakonisch, präzise und scheinbar voraussetzungslos ins Bild gesetzt wird. Diese Eigenschaften haben das Gedicht zum Paradebeispiel des literarischen »Kahlschlags« werden lassen, der nach 1945 von einem Teil der jüngeren Autorengeneration propagiert wurde und sich zu einem gänzlich von der Last der Tradition befreiten dichterischen Sprechen bekannte.

Um so überraschender freilich ist die – von Ralph-Rainer Wuthenow zuerst bemerkte – Tatsache, daß das Eichsche Gedicht einen Vorläufer kennt, der ihm in Stil und Struktur zwillingshaft gleicht. Es handelt sich hierbei um das Gedicht »Jean-Baptiste Chardin« des tschechischen Schriftstellers Richard Weiner (1884 bis 1937), das in der von Franz Pfempfert herausgegebenen Anthologie »Jüngste tschechische Lyrik« im Jahr 1916 in deutscher Sprache (Übersetzung: J. V. Löwenbach) publiziert wurde und die bürgerliche, behaglich-saturierte Welt des französischen Stillebenmeisters Chardin (1699 bis 1779) beschreibt, die in denkbar größtem Gegensatz zu der existentiellen Unbehaustheit steht, von der Günter Eich berichtet:
»Dies ist mein Tisch / Dies meine Hausschuh / Dies ist mein Glas / Dies ist mein Kännchen / ... / Dies meine Etagere / Dies meine Pfeife / Dose für Zucker / Großvaters Erbstück / ... / Esse am liebsten / Spargel mit Sauce /

Wildpret auf Pfeffer / Erdbeer mit Creme / ... / Gut ist's zu Hause / Sehr gut zu Hause / Dies meine Ecke / Dies meine Hausschuh (...)«

Ob das Gedicht Weiners Günter Eich tatsächlich als Vorbild gedient hat, wissen wir nicht. Gewiß aber ist, daß es in der Literatur genausowenig wie in der Geschichte einen wirklichen Neuanfang gibt und daß die Möglichkeit der unschuldigen, voraussetzungslosen Annäherung an die Welt nur eine Utopie ist. Eine äußerst verführerische allerdings.

GÜNTER EICH
KLEINE REPARATUR

Kleine Reparatur: Flammenstoß aus Karbid.
Es genügt ein Mann.
Ein Riß, sagt er, im Geländer der Brücke.

Eine Heftpflaster-Wunde.
So sagt er, um uns zu täuschen,
denn Krankheiten gehen um im Drahtsystem der Erde.
Telefonleitungen und Erdkabel verbreiten sie weiter,
Lues, Tuberkulose, Krebs, Leukämie,
Krankheiten, die dem Metall nicht zukommen.
Man hat sie zu spät erkannt.

Aber was hätte man aufhalten können?
Vielleicht liegt dem eine Absicht zugrunde:
Es könnte sein, daß eine Rangänderung im Gange ist.
Das erste, was der Mensch abgeben muß,
sind seine Krankheiten.
Später das andere.

HANS CHRISTOPH BUCH
WAS MAN AUFHALTEN KANN

Dieses Gedicht ist für mich von einer bestürzenden Aktualität. Ich will es hier nicht literarhistorisch interpretieren, sondern beim Wort nehmen: als poetische Frühwarnung vor einer ökologischen Katastrophe, deren volle Konsequenzen wir erst heute, mehr als zwanzig Jahre nach seiner Entstehung, überschauen. 1955, als Günter Eichs Gedichtband »Botschaften des Regens« erstmals erschien, kündigte sich diese Katastrophe erst in winzigen Erschütterungen, Haarrissen gleich, an: Westdeutschland stand damals auf dem Höhepunkt seines »Wirtschaftswunders«; die Bundeswehr war noch nicht wiederaufgerüstet, die KPD noch nicht wieder verboten; soeben hatte Adenauer aus Moskau die letzten deutschen Kriegsgefangenen heimgeholt. Aber die Atombombe von Hiroshima war noch in frischer Erinnerung, und die Großmächte wetteiferten, im Zeichen des Kalten Krieges, mit Wasserstoffbombentests, deren nuklearer *Fallout* als radioaktiver Regen über Ländern und Meeren niederging.

Der Furcht, die damals in der ganzen Welt die Menschen bewegte, gibt auch dieses Gedicht Ausdruck. Wie jedes gute Gedicht aber transzendiert es den Anlaß seiner Entstehung und bleibt auch unter veränderten historischen Bedingungen noch wirksam. Inzwischen nämlich haben wir uns längst daran gewöhnt, im Schatten der Bombe zu leben. An die Stelle der Angst vor dem alles vernichtenden Atomschlag ist eine andere, nicht minder tiefsitzende

Angst getreten: die Angst vor den Folgen der sogenannten »friedlichen Nutzung der Kernenergie«, von der sich unsere Experten noch vor wenigen Jahren die Lösung aller Zukunftsprobleme erhofften. Fast will es scheinen, als sei das Gedicht »Kleine Reparatur« prophetisch auf die heutige Situation hin geschrieben, so genau lassen sich seine Aussagen, Wort für Wort, auf die Gegenwart anwenden. Wer kennt sie nicht aus der Zeitung, jene fast schon alltäglichen Katastrophenmeldungen, die von den Verantwortlichen stets als harmlose technische Panne oder, schlimmstenfalls, als »menschliches Versagen« hingestellt werden: Lecks im Kühlsystem von Atomreaktoren, bei denen unkontrolliert Radioaktivität in die Biosphäre gelangt; Uran oder Plutonium, das auf den Transportwegen »spurlos« verschwindet; hochgiftige Chemikalien, die in Flüsse eingeleitet werden oder auf Müllkippen auftauchen; sinkende Supertanker, die unsere Ozeane in Öllachen verwandeln. Je ehrgeiziger und aufwendiger die technischen Großprojekte, desto anfälliger werden sie für Unfälle, die es, nach Meinung der Experten, eigentlich gar nicht hätte geben dürfen: so wie beim neuerbauten Elbe-Seiten-Kanal, der kurz nach seiner Eröffnung in der Lüneburger Heide eine mittlere Überschwemmungskatastrophe auslöste.
Aber man braucht gar nicht erst auf den GAU, den größten anzunehmenden Unfall, zu warten: auch bei »normalem Betrieb« gehen schon genug tödliche Krankheiten um im »Drahtsystem der Erde«. Krebs und Leukämie etwa sind nach Untersuchungen amerikanischer Wissenschaftler in der Umgebung von Kernkraftwerken bis zu zweihundert Prozent häufiger als anderswo. »Aber was hätte man aufhalten können?«
Günter Eichs Antwort klingt pessimistisch, fast schon re-

signiert: die Uhr des Menschen ist abgelaufen, eine »Rangänderung« steht bevor; indem er seine biologische Lebensbasis zerstört, vernichtet der Mensch sich selbst als Gattung und setzt so, ungewollt, die Natur wieder in ihre ursprünglichen Rechte ein. Die scheinbare Ausweglosigkeit des Gedichts aber täuscht: die Warnung des Dichters vor der drohenden Katastrophe ist zugleich ein Appell an den Leser, sie abwenden zu helfen, ein Aufruf zur ökologischen Wende.

Tut man Günter Eich Gewalt an, indem man sein Gedicht so eindeutig zum Umweltschutzmanifest erklärt? Ich meine nein. Einmal steht der Text nicht isoliert da; der prophetische Ton, die Warnung vor kommenden Katastrophen zieht sich wie ein roter Faden durch sein gesamtes Werk (»Betrachtet die Fingerspitzen, ob sie sich schon verfärben!«). Sicher hat das Gedicht auch noch andere Bedeutungsebenen; aber es ist das gute Recht eines jeden Lesers, es mit den Erfahrungen seiner Epoche neu zu lesen.

GÜNTER EICH
KÖNIGIN HORTENSE

Alles in Blau, obwohl du kein Blau siehst:
Königin Hortense,
der Sommerhut breitrandig,
die vielen Bänder.

In Verbannung hinter der Hecke, – wie lange schon?
Niemand hat es gewußt, Majestät.
Ein Handschuhwinken: Geste aus Blütenstaub,
die Huld eines Mundes in Wespenflügeln.
Leicht zu vertauschen mit einer Blume, ach Königin.

Wer wart ihr andern im Garten, schreckliche Seelen?
Gebt Ruh, ihr, verborgen hinter der Schönheit!
Wo fängt eure Stille an? Es klirrt
von Geschmeide, von Ketten,
von Schaufeln, von Schwertern.
Es schreit.

ECKART KLESSMANN
DAS SCHÖNE EXIL ALS STILFIGUR

Westlich von Konstanz, auf einer Anhöhe über dem Untersee, liegt Schloß Arenenberg, eher Landhaus denn Schlößchen.
Hortense de Beauharnais, 1815 auf Lebenszeit aus Frankreich verbannt, erwarb es 1817 und bewohnte es ständig von 1823 bis zu ihrem Tode 1837. Als Ehefrau von Napoleons Bruder Louis war Hortense von 1806 bis 1810 Königin von Holland gewesen; nach 1815 führte sie den Titel Herzogin von St. Leu.
Königin Hortense, wie sie die Zeitgenossen nannten, machte aus Arenenberg eine Weihestätte des Napoleon-Kults und pflegte dort einen kleinen Musenhof. Sie selbst zeichnete und komponierte recht artig, gab musikalische Soireen und empfing Dichter: Chateaubriand, Dumas d. Ä., Charles Sealsfield und Heinrich Zschokke sprachen vor, dazu die ganze verblichene Pracht der napoleonischen Generalität. Hortense schrieb ihre Memoiren, vergoldete die Erinnerung an ihren Adoptivvater Napoleon und spann heimlich politische Fäden, wiewohl sie sich in der Öffentlichkeit als völlig unpolitische, bös verfolgte Unschuld stilisierte.
Als ich vor zwanzig Jahren Arenenberg besuchte (Eichs Gedicht lernte ich erst viel später kennen), fiel mir dies auf: die eigentümliche Mischung aus verinnerlichtem Müßiggang bei Harfenklang und Selbstmitleid, daneben das napoleonische »Kanonengebrüll und wiehernder Rosse

Getrabe« in einer der Verehrung des Kaisers geweihten Kultstätte. Hortenses Salon ist sogar als napoleonisches Gezelt eingerichtet mit weiß-blauen Streifen, und dem Staubblau dieser Streifen entspricht das Staubblau der Hortensien im Garten, denen die Königin ihren Namen dankt. Im Haus sieht man mehrfach ihr Porträt: das schmale Gesicht unterm breitrandigen Hut, die schmalen Hände in schwarzweißen Handschuhen. Stille Schönheit, introvertiertes Exil, mit viel Larmoyanz und prononciertem Feinsinn geschickt zur Stilfigur erhoben, indes ihr Sohn, der spätere Napoleon III., seine Putschpläne schmiedete.

Arenenberg, das ist Sommeratmosphäre durchaus: »Alles in Blau«. Stichworte des Sommers: Hecke, Blütenstaub, Wespenflügel, Blume. Die ironisch-respektvolle Anrede »Majestät« für ganze vier Jahre Königinnen-Dasein. Die fragile Schöne, den Wespenstachel hinter sanftem Augenaufschlag versteckt. »Verborgen hinter der Schönheit« aber die vermögende Großsiegelbewahrerin eines Regimes »von Geschmeide, von Ketten, von Schaufeln, von Schwertern«. Die Gartenidylle »in Verbannung hinter der Hecke« gründete sich auf das in Arenenberg still, aber intensiv vergötterte Reich napoleonischer Gewalt, dessen glänzende Nutznießerin Hortense gewesen ist.

»Leicht zu vertauschen mit einer Blume, ach Königin«. Als blumenhafte Unschuld, ja, so hat sie sich zeitlebens gern gesehen, und nichts stand ihr so gut, sie wußte es, wie das sanfte Leid: in ihrer gescheiterten Ehe, in ihrem eleganten Exil. Dessen hartes Los: Wir sehen es heute aus der Perspektive verfolgter Opfer, nicht mondäner Majestäten. Gewiß, auch Hortense wurde ein wenig verfolgt. Sie war nicht unschuldig, aber auch nicht unbedingt schuldig. Sie

lebte gut, hatte nichts dazugelernt, spann ihre politischen Fäden und tarnte sie mit Harfenklang. Ja: »Es schreit«.
Günter Eichs Gedicht, geschrieben am 23. September 1954, wirkt auf den allerersten Blick wie eine Sommer-Idylle. Aber die Widerhaken liegen im arglos Schönen verborgen, das sich fast duftig gibt wie ein Aquarell Hortenses. Der Weg vom »Geschmeide« (»es klirrt«, denn es wird geschmiedet wie Fesseln und Waffen) bis zu den Ketten und Schwertern (»es schreit«) ist der denkbar kürzeste. Statt Qual und Blut nur »Sommerhut« und »Geste aus Blütenstaub«.
Im schwebenden Beiseitesprechen wird das Wichtigste zum reinen Bild. »Es schreit.« Die so musikalische Königin Hortense hätte das nicht verstanden. Für dieses Schreien waren ihre sonst so sensiblen Ohren taub.

GÜNTER EICH
NACHHUT

Steh auf, steh auf!
Wir werden nicht angenommen,
die Botschaft kam mit dem Schatten der Sterne.

Es ist Zeit, zu gehen wie die andern.
Sie stellten ihre Straßen und leeren Häuser
unter den Schutz des Mondes. Er hat wenig Macht.

Unsere Worte werden von der Stille aufgezeichnet.
Die Kanaldeckel heben sich um einen Spalt.
Die Wegweiser haben sich gedreht.

Wenn wir uns erinnerten an die Wegmarken der Liebe,
ablesbar auf Wasserspiegeln und im Wehen des Schnees!
Komm, ehe wir blind sind!

DIETER E. ZIMMER
GEFAHR VON UNTEN

Zum ersten Mal begegnete mir dieses Gedicht Anfang 1957 in der Frankfurter Allgemeinen Zeitung. Ich hätte es vergessen, hätte nicht kurz darauf Karl Korn es Wort für Wort emphatisch gegen aufgebrachte (er schrieb: »unflätige«) Leserzuschriften verteidigt. Eine Probe daraus wurde wiederum einige Tage später geboten. Da erwähnte eine Leserin die »bitteren Tränen«, die ihr schon beim ersten Lesen gekommen seien; andere bezeichneten das Gedicht als »Irrsinn«, »Mumpitz«; ein Karlsruher Nervenarzt wollte den Verfasser sogar in eine Irrenanstalt eingewiesen wissen. Keine zwanzig Jahre ist das her: Da ließen sich die Leser einer realienbewußten Zeitung von einem Gedicht zu Tränen- und Beschimpfungsausbrüchen hinreißen. Welches Gedicht würde heute ähnliches bewirken?

Ich studierte damals Literaturwissenschaft und lernte Literatur als ein gesichertes Inventar zu betrachten, das nur professioneller Pflege und Deutung bedarf. Mit einem Schlag machte mir diese Auseinandersetzung klar: Nichts ist da gesichert. Literatur hat sich auf Gedeih und Verderb gegen ihre Leser zu behaupten.

»Nachhut« entstand 1955. Die ursprüngliche Fassung, um eine Anfangsstrophe länger, trug den Titel »Verlassene Stadt«. Die endgültige Fassung wurde in Eichs vorletzte Gedichtsammlung »Zu den Akten« (1964) aufgenommen. Es ist ein Gedicht aus jener Zwischenphase, in der er sich nicht mehr an der (vergeblichen) lyrischen Entzifferung eines Urtexts der Natur versuchte, in der er auch die kargen Bestandsaufnahmen der ersten Nachkriegsgedichte hinter sich gelassen hatte, andererseits aber auch noch nicht in die nahezu unenträtselbaren Formeln seiner späten »Steingärten« versponnen war. Ein Gedicht also, in das man sich mit eigenen Denk- und Fühlweisen einschleichen kann, das für Unbefugte noch nicht verboten ist.

Die Situation: eine von den Bewohnern verlassene Stadt (und dem Leser ist es anheimgestellt, das als eine konkrete Katastrophe zu verstehen oder als Chiffre für eine noch größere Verlassenheit). Der Mond bescheint die leeren Häuser der Geflohenen; natürlich schützt er sie nicht. Einige glaubten, trotz allem bleiben zu dürfen, doch auch ihnen wurde der Wunsch nach einem sicheren Leben abgeschlagen: »Wir werden nicht angenommen.«

Woher kam die Nachricht? »Die Botschaft kam mit dem Schatten der Sterne«: und mit einiger Gewaltanwendung ließe sich das Bild schon erklären (Sterne haben und werfen keinen Schatten; Sternenschatten entsteht höchstens dort, wo auf der Erde etwas zum Sternenhimmel hin überwölbt ist; war der Antrag auf eine Aufenthaltsgenehmigung an den »Himmel« gerichtet, so wurde er auf der Erde abgewiesen).

Eine solche Erklärung jedoch könnte eine Zerklärung sein; besser, dem Bild und damit der Herkunft der Bedrohung bleibt seine rätselhafte Unbestimmtheit. Die Stille in der verlassenen Stadt hebt die eigenen Worte hervor und verschluckt sie. Was die Menschen vertrieben hat, ist noch nicht auszumachen. Aber die Katastrophe wird hereinbrechen; schon dringt die Gefahr von unten hervor: jedenfalls kommt nichts Geheures aus den Röhren der Kanalisation. Die unumgängliche Flucht hat kein Ziel; die Wegweiser von früher gelten nicht mehr. Einen Weg könnte allenfalls die »Liebe« weisen. Aber auch ihre Spuren (in Wasserspiegeln und Schneewehen) sind verwischt. Sie zu finden, bevor auch noch eigene Blindheit die Suche vollends vereitelt, bleibt die einzige Hoffnung.

So etwa könnte man sich das Gedicht in eigene Prosa übersetzen; ein Verständnisvorschlag. Es geschieht hier bald etwas Schlimmes, wir müssen fliehen und haben keine Zuflucht: auf diese Feststellung läuft das Gedicht hinaus. Der Leser muß jetzt bei sich selber nachsehen, ob er je eine ähnliche Erfahrung gemacht hat.

Zeitgenössisch machen gerade die von den Lesern damals beanstandeten »Kanaldeckel« das Gedicht. In Eichs Parlando-Lyrik trifft sich unsere Alltagswelt mit einer poetischen Welt, in der sich alles noch reimte. Beide denunzieren einander nicht und machen sich nicht lächerlich. Die beschriebene Flucht ist auch eine aus einer erledigten Poesie.

GÜNTER EICH
WILDWECHSEL

Schweigt still von den Jägern!
Ich habe an ihren Feuern gesessen,
ich verstand ihre Sprache.
Sie kennen die Welt von Anfang her
und zweifeln nicht an den Wäldern.
Zu ihren Antworten nickt man,
auch der Rauch ihres Feuers hat recht,
und geübt sind sie,
den Schrei nicht zu hören,
der die Ordnungen aufhebt.

Nein, wir wollen fremd sein
und erstaunen über den Tod,
die ungetrösteten Atemzüge sammeln,
quer durch die Fährten gehn
und an die Läufe der Flinten rühren.

für Nelly Sachs

INGRID BACHÉR
GEGEN DIE ZWEIFELSFREIEN

Das Gedicht beginnt mit einer Abwehrbewegung und stellt dann das Abgewehrte dar. Das romantische Bild der Jäger, die ums Feuer herumsitzen, wird vorgeführt, und zugleich wird die überlieferte Tarnung der Szene weggezogen.

So kommt es wohl, daß mir, obwohl doch das Feuer genannt und anwesend ist, diese erste Strophe immer recht winterlich in Erinnerung war, als sei in ihr vom Frost die Rede, der das Land ringsherum auskältet, starr und zugedeckt alles sein läßt. Das Feuer hat nichts Anlockendes, wenn die Jäger daran ihr Süppchen kochen.

Die Welt der Jäger, das ist hier jene der Zweifelsfreien, für die schon lange ausgemacht ist, daß die einzig richtige Art zu denken ihre eigene ist. Ihr Anspruch an Wirklichkeit deckt sich mit dem, was sie sich zugebilligt haben. Sie fragen nicht, sie geben »Antworten« und erwarten nur Zustimmung, selbst »der Rauch ihres Feuers hat recht«.

Doch wir wissen, ihre unerschütterliche Sicherheit beruht auf den intensiven Übungen der Intoleranz, der Übung, wegzuhören, der Übung, nichts anderes wahrzunehmen als das, was sie, in der einmal von ihnen eingenommenen Blickrichtung, als Wirklichkeit akzeptiert haben. Das Festgelegte soll nicht aufgehoben werden, das Zugedeckte nicht aufgedeckt, so wollen es die Jäger. Aber es ist nicht nur ihre Sache.

Der Aufruf: »Schweigt still von den Jägern!« zu Beginn der ersten Strophe, wird in der zweiten Strophe weitergeführt, doch nun nicht mehr in Form der Abwehr, sondern als Zuspruch. »Nein, wir wollen fremd sein«, dies »wir« nimmt Verbindung zu Nelly Sachs auf, der dies Gedicht gewidmet ist, und zu jenen, die sich den Ordnungen der Jäger verweigern, sie nicht hinnehmen wollen, als gäbe es nur diese. Denn die Reihe der Namen derjenigen, die uns von anderen Möglichkeiten der Welterfahrung gesprochen haben, ist lang. Wir zählen sie zu den Ahnvätern unseres Überlebens. Günter Eich gehört zu ihnen mit seinen Texten und Gedichten, die er einmal als trigonometrische Punkte bezeichnete: »Bojen, die in einer unbekannten Fläche den Kurs markieren.«

»Sand im Getriebe sein«, »quer durch die Fährten gehn« – das sind Eichsche Wege. Fremd sein, um die Position des Staunenden, Hilfreichen, Ungeschützten halten zu können, Gegenposition definieren zu jener der Immergewissen, weil das Immergewisse zum unbeirrbaren, zielgerichteten Gebrauch der Flinten führt. Noch einmal also in der zweiten Strophe die Aufnahme des Bildes der Jäger, in dem von »Fährten« und »Flinten« gesprochen wird. Aber so wie Günter Eich sie hier benutzt, verlieren die Worte jede Belastung, die begleitende Begriffe wie Verfolger und Beute, Hatz und Schuß ihnen angehängt haben. Indem er eine veränderte Haltung fordert, dokumentiert er sie schon im Gebrauch der Sprache. Kommt, wir wollen »an die Läufe der Flinten rühren«.

Ja, da steht »rühren«. Nichts als eine geringfügige Bewegung, die selbst der Schwächste ausführen kann, wird verlangt, im Vertrauen darauf, daß sie, so unüblich angesetzt, Folgen haben wird. Günter Eich hat, mit dem, was er schrieb, dies immer wieder versucht, eine Bewegung auszulösen vom noch nicht benannten Ort aus.

GÜNTER EICH
ZU SPÄT FÜR BESCHEIDENHEIT

Wir hatten das Haus bestellt
und die Fenster verhängt,
hatten Vorräte genug in den Kellern,
Kohlen und Öl,
und zwischen Hautfalten
den Tod in Ampullen verborgen.

Durch den Türspalt sehn wir die Welt:
Einen geköpften Hahn,
der über den Hof rennt.

Er hat unsere Hoffnungen zertreten.
Wir hängen die Bettücher auf die Balkone
und ergeben uns.

HORST BIENEK
DIE GEKÖPFTE WELT

Neun Jahre lang war kein Gedichtband von Günter Eich erschienen. Die »Botschaften des Regens« aus dem Jahr 1955 hatten ein paar aufmerksame Kritiker vernommen, aber geschrieben wurde nicht sehr viel darüber. Es war die Zeit, da Eich mit seinen Hörspielen Furore machte. Die Leute saßen an den Radios und ließen sich allein durch Stimmen verzaubern, eine magische Bühne, ach was, eine magische Welt tat sich auf, es war dunkel, abends, und die »Mädchen aus Viterbo« kamen aus der Höhle nicht heraus, die »Stunde des Huflattichs« fing an zu singen, und alle zog es auf eine geheimnisvolle Weise in eine fremde, unbekannte, rätselhafte Stadt, obwohl sie doch gewarnt worden waren: »Geh nicht nach El Kuhwed ...« Die Magie des Hörspiels – heute, in der übermächtigen Welt der TV-Bilder, vermag sich keiner mehr davon eine rechte Vorstellung zu machen ...
Eich war damals der berühmteste, der erfolgreichste, der meistinszenierte deutsche Hörspiel-Autor. Aber Eich war ein Dichter. Neun Jahre nach den »Botschaften« kamen neue Gedichte heraus: mit dem kalten, ganz unlyrischen, eher wegwerfenden Titel: »Zu den Akten«. In dem Band war das Gedicht »Zu spät für Bescheidenheit« enthalten. Es erfaßte ziemlich genau das Bewußtsein jener Jahre. Auch das politische. Wir sind noch einmal davongekommen. Keine provisorische Baracke mehr. Wir sind wieder in einem festen Haus. Wir werden weiterkommen. Doch

die Sicherheit ist trügerisch. Vorräte sind zwar genug in den Kellern, und genug Medikamente sind da. Wir müssen nicht älter werden. Wir verhängen die Fenster. Wir schließen die Zeit aus. Wir leben weiter.
Aber wir haben die Tür nicht ganz geschlossen. Einen Spalt weit blieb sie offen. Und obwohl wir mit dem Weiterleben beschäftigt sind, sehen wir gelegentlich hinaus. Und was sehen wir zu unserem Erschrecken? Unser Ausschnitt der Welt, durch den Türspalt, ist ein geköpfter Hahn, der über den Hof rennt. Also eine Welt ohne Kopf. Und die Welt existiert weiter. Gut, wir geben auf. Wir kapitulieren. Wir hängen die weißen Bettlaken aus dem Fenster. Wir ergeben uns. Doch keiner will mehr unsere Übergabe. Nichts ist mehr so wie es einmal war. Früher stolzierte der Hahn langsam über den Hof, jetzt rennt er, ohne Kopf. Und verkörpert das Bild der Welt.
Ein einfaches Gedicht in der einfachen Sprache der neusachlichen Schule, das uns ganz in seinen Bann zieht, so daß wir Leser uns als Eingeschlossene in diesem Haus fühlen. Ja, *wir* hissen die weiße Fahne. *Wir* ergeben uns. Nicht dem Feind. Den Wörtern.
Und der Titel? Nein, Bescheidenheit, Demut, Angst – das alles rettet uns nicht mehr. Es ist zu spät. Es ist zu spät für alles. Die Barbaren sind vor der Stadt, sagt das Gedicht in Erinnerung an einen großen Dichter, an Kavafis. Draußen erwartet uns nicht nur ein geköpfter Hahn. Es erwartet uns eine geköpfte Welt.

GÜNTER EICH
ZUM BEISPIEL

Zum Beispiel Segeltuch.

Ein Wort in ein Wort übersetzen,
das Salz und Teer einschließt
und aus Leinen ist,
Geruch enthält,
Gelächter und letzten Atem,
rot und weiß und orange,
Zeitkontrollen
und den göttlichen Dulder.

Segeltuch und keins,
die Frage
nach einer Enzyklopädie
und eine Interjektion
als Antwort.

Zwischen Schöneberg
und Sternbedeckung
der mystische Ort
und Stein der Weisen.

Aufgabe, gestellt
für die Zeit nach dem Tode.

HANS EGON HOLTHUSEN
WORT-LIEBE

Das Motiv heißt »Segeltuch«. Ein dreisilbiges, einigermaßen klangvolles und ansehnliches Wort, das hier zunächst einmal nur für sich selber steht, für seine nichts-als-linguistische Identität und seinen Ort im alphabetischen System des Wörterbuchs, ungefähr auf halbem Wege zwischen »Schöneberg« und »Sternbedeckung«. Eine Aura von X-Beliebigkeit hängt ihm an: so stach man zu Zeiten mit der Stricknadel blindlings in die Bibel hinein, um »Wegzehrung« und geistliche Führung zu finden, als Adept chinesischer Weisheit bediente man sich zum gleichen Zweck des Buches »I Ging«. Auch der Dichter will Wahrheit, und zwar in der überwältigenden Form einer Offenbarung.

Seine Art von Frömmigkeit ist: Philologie, also Wort-Liebe, seine Methode wird hier definiert als: »ein Wort in ein Wort übersetzen«. Was ist damit gemeint? Doch wohl nichts anderes, als daß dies rein statistische, auf seine nackte »Semantik« beschränkte Wörterbuchdasein des Wortes durch die Arbeit der dichterischen Einbildungskraft in einen abenteuerlich-vielsagenden, mit raumzeitlichen Eigenschaften, mit »Erlebnis«, Erinnerung, Geschichte imprägnierten Doppelgänger seiner selbst verwandelt wird. Das wäre eine Antwort, aber wir werden sehen, daß sie nicht erschöpfend ist.

Günter Eich, den viele seiner Bewunderer für einen sensiblen und »träumerisch« veranlagten Gemütsmenschen mit edlen (»linken«) Grundsätzen gehalten haben, war im Kern seines produktiven Vermögens ganz etwas anderes, nämlich ein Mystiker. Griechisch »myein« heißt »die Augen schließen«: »mach die Augen zu, / was du dann siehst, / gehört dir«, so liest man's gleich im ersten Gedicht des Bandes »Zu den Akten«, dem auch unser Text entnommen ist.

Das Problem des Mystikers (aller Zeiten und Zonen) ist, daß er mit dialektischen Schwierigkeiten zu tun hat, die einen gelernten Hegelianer könnten erröten lassen. Weil das weltlos Eine immer nur durch Details von »Welt«, das sprachlose Geheimnis der Innewerdung nur durch ein sprachliches »Zum Beispiel« vermittelt und durch eben diese Vermittlung auch wieder verschleiert und recht eigentlich vorenthalten wird, darum wird in mystischen Texten nicht selten ein so rigoroser, schmerzlich überspannter Anspruch an den Scharfsinn des Lesers gestellt. Ein Wort in ein Wort übersetzen, das ist eben erst der Anfang einer schlechthin unabsehbaren Reihe von immer neuen Versionen, die sich ihrerseits als Übersetzungen von »etwas« wesentlich Unübersetzbarem verstehen müssen.

Man erinnert sich an das Hörspiel »Allah hat hundert Namen« aus einer Zeit (Mitte der fünfziger Jahre), in der Günter Eich als unbestrittener Meister der neuen Kunstform die Szene beherrschte. Es ging darin um die Suche nach dem hundertsten Namen Allahs als dem Inbegriff der Wahrheit, also um eine unverkennbar mystische Expedition, die von Damaskus nach Paris und zurück nach Damaskus führt, eine spannende und liebenswürdige Abenteuergeschichte, die unter geistreicher Verwendung der technischen Möglichkeiten des Mediums Rundfunk inszeniert wird und die damit endet, daß der hundertste Name des Höchsten mit Hilfe eines Besens in der »Glanz dieser Treppe« (der ägyptischen Botschaft in Damaskus) »übersetzt« wird.

Das waren goldene Zeiten, diese fünfziger Jahre, man konnte noch in Metaphern reden und mit gutem Gewissen »poetisch« sein. Zehn Jahre später gibt sich das Gedicht als Akten-Notiz, der Text besteht vorwiegend aus Gruppen von seltsam zusammengeschobenen Nomina, und das unsagbar Eine, in dem alles gesagt ist, wird unter Verzicht auf alle Übersetzungskünste in trocken theoretischer Prosa bezeichnet als »der mystische Ort«, dann gleich noch einmal als »der Stein der Weisen«. Dieser Ort findet sich, wie gesagt, zwischen zwei anderen mit S beginnenden Ortschaften, von denen die erste im Stadtgebiet von Berlin, die zweite in den Sternen liegt. Diese Ortsbestimmung aber wird ergänzt durch eine Art imaginärer Zeitangabe, die es weiß Gott in sich hat, denn durch sie wird das Bewußtsein des Gedichts über den Tod hinaus ins Unendliche erweitert, und mit einer mystisch-dialektischen Pointe wird der Leser entlassen: die zeitliche Existenz des Menschen, die sich, die ihren »unaussprechlichen« Sinn, erkennen will, wird sich, solange sie zeitlich ist, unweigerlich selber im Licht stehen.

WOLFGANG WEYRAUCH
ABER WIE

bucklicht Männlein,
seh Dich doch,
hinterm Stuhl,
komm heraus,
tu Dir nichts,
tu mir nichts,
zwick mich nicht,
spring mir nicht
auf den Kopf,
aber wie,
bins ja selber

GERT UEDING
DIE LUST AN DER ANGST

Ein kleines, fast niederes Gedicht, das aber weit ausgreift, um dann wieder ganz in die Nähe zu führen. In der einfachen, wiewohl ungereimten Form seiner Verse klingt noch das Volkslied vom »Bucklichten Männlein« aus Arnims und Brentanos »Wunderhorn« nach, und Wolfgang Weyrauch hat es in ein Kinderspiel verwickelt, das seiner Herkunft gemäß ist.
Denn die Kobolde des Märchens sind unsichtbar, und wer sie sieht, hat auch Gewalt über sie. Dabei vermittelt das Versteckspiel an sich eine sehr zwiespältige Lust, deren Wirkung man an Kindern schön beobachten kann. Wer sich vor dem anderen verbirgt, ist unzuverlässig geworden, und da das Kind trotz vieler gegenteiliger Erfahrungen noch ein großes Zutrauen in die Macht seiner Wünsche und Ängste hat, kann es nie ganz sicher sein, wen es nun wirklich im Versteck entdeckt, wer also nach dem Verschwinden der vertrauten Person jetzt wiederkehrt.
Der Antrieb zur Suche und die Angst vor dem Finden mischen sich auf kuriose Weise. Auch bei dem Versteckten. Denn Hervortreten will er aus seiner unbequemen Heimlichkeit und weiß doch nicht, was ihn dann erwartet, schutzlos, wie er nun geworden ist. Kinder reagieren den Gefühlszwiespalt lauthals ab, die Freude des Wiederfindens ist mit großer Erleichterung verbunden, weil sich die heimlichen Befürchtungen nicht verwirklicht haben.
In dem Versteckspiel, das Wolfgang Weyrauch meint, ist

auch diese Angstlust wirksam: das bucklichte Männlein ist die Metapher für die unheimlichen, nicht geheuren Möglichkeiten des Verborgenen, das gerade ans Licht geholt wird. Daher die Versuche, sich zu versichern und ein Gleichgewicht wiederherzustellen, abermals sehr schön in die uns allen vertraute kindliche Form gebracht: ich tu Dir nichts, tu Du mir auch nichts! Wobei die Befürchtungen ganz konkrete Gestalt annehmen und in der Angst vor der Versehrung des Kopfes gipfeln. Doch dann kommt die erlösende Erkenntnis: das Fremde ist gerade das Vertrauteste, und die überstandene Sorge scheint nachträglich völlig unbegründet.

Sehr kunstreich vollzieht das Gedicht die Gefühlsdynamik des Kinderspiels nach. Am Ende ist das bucklichte Männlein ein Mensch wie Du und ich: und ist es gerade in seiner bucklichten Gestalt – gemäß der so aufklärerisch-humanen Ansicht Lessings, der »unendlich lieber den allerungestaltetsten Menschen, mit krummen Beinen, mit Buckeln hinten und vorn« erschaffen haben wollte »als die schönste Bildsäule eines Praxiteles«. Menschlich ist allein das Unvollkommene und Fragmentarische, das Unzulängliche und Fehlerhafte.

Somit löste sich das ganze Gedicht in Wohlgefallen auf? Es spielt noch ein Eindruck mit, der nicht in Erleichterung verschwindet und viel bedrohlicher ist als die ursprüngliche Irritation. Im alten Volkslied taucht das bucklicht Männlein als Unglücks-, als Todesbote auf, und diese Wirkung hat es auch in Weyrauchs Gedicht behalten, ja dieses verstärkt sie noch. Gehört doch zu den überwundenen, aber immer noch wirksamen menschlichen Denkweisen der Glaube, daß der Anblick des Doppelgängers den eigenen Tod ankündigt.

Die augenblickliche Entspannung durch die beiden letzten Verse wird also gleich wieder aufgehoben in neuem Schrecken, dem freilich kein Spiel mehr beikommt. Er entspricht dem Risiko der Selbstbegegnung, die nie mehr rückgängig zu machen ist. Von hier aus gewinnt das bucklicht Männlein noch eine weitere Bedeutung: die des Menschlichen als des Todverfallenen und Leidenden, Deformierten und Gezeichneten. Diese Moral von Wolfgang Weyrauchs Gedicht notierte schon der bucklige Lichtenberg: »Solange wir nicht unser Leben beschreiben, alle Schwachheiten aufzeichnen, von denen des Ehrgeizes bis zum geheimsten Laster, so werden wir einander nie lieben lernen.«

ALBRECHT GOES
EINEM, DER DAVONGING, NACHGERUFEN

Hier, hier ist Mozart. Hier Zerlinens C-Dur
Und Cherubinos Lied, das Lied der Liebe,
Hier das Quintett der Trauer ohnegleichen:
Trostlosigkeit als wie Essenz des Trostes.
Pamina freilich dachte, wie du dachtest,
Und die Oboen leihen dem Verhängnis
ein Übermaß der Süße: SO WIRD RUH
IM TODE SEIN – Kam denn zu dir
Von den drei Knaben keiner, der dich aufhielt?

Du Ungeduld'ger, hier ist Mozart, hier.
Ob sie in jenem anderen Bereich
– wie manche sagen: in vollkommnem Klang –
Dergleichen spielen, ob sie dort noch gelten:
Ferrandos Glut, die Prager Sinfonie –
Das steht dahin. Hier denn, hier war dein Platz.
Hier war's, daß einer, dieser Eine nur,
Bei angelehnter Tür, in Abschiedskraft,
Das Leben wußte – dennoch – hoch zu rühmen,
Zu bleiben einlud, einem Boten gleichend –

Wie, daß du aufstandst und zur Tür hinausgingst?

GERT UEDING
LEBENSLUST UND TODESERNST

In Albrecht Goes' Leben und Werk kommen vielleicht die schönsten Leitmotive aus Mozarts Musik. Er hat es selber gesagt: »Bach ist der Himmel, Mozart das Paradies.« Aber ein gar nicht jenseitiges Paradies, sondern Seligkeit aus Lebensfülle und Daseinsfreude, in welcher Leichtigkeit und Ernst so selbstverständlich und absichtslos zusammenstimmen. Wenn er visuelle Entsprechungen zu Mozarts Musik sucht, fällt Goes immer die Grundfarbe Blau ein. Für Goes und alle, die Mozart lieben, changiert sie zwischen dem zärtlichen Blau aus Mädchenaugen und dem prächtig leuchtenden Blau der venezianischen Malerei, zwischen Cherubinos Liebeslied aus »Figaros Hochzeit« und der Begegnung Paminas und Taminos vor dem Tempeltor: »Wohl dir, nun kann sie mit dir gehn, / Nun trennet euch kein Schicksal mehr, / Wenn auch der Tod beschieden wär'!«

Aber solche Analogien sind immer mißlich. Albrecht Goes weiß das und bekennt sich zugleich dazu. Wir sind zur Gleichnisrede ja verurteilt, weil die Sprache die Musik noch nicht erreicht, und selbst wenn sie, wie in der Oper, im Lied, zusammengehen, ziehen die Töne immer weit voraus. Die Musik ist der Triumph der sinnlichen Erkenntnis und zugleich ihr Überstieg, diejenige Mozarts in besonderer Weise. Womit ich den eigentlichen Gegenstand dieses Gedichts schon mehr als berührt habe. »Hier, hier ist Mozart«, aus dieser Anfangswendung entwickelt sich durch thematische Erweiterung, durch Wiederholung und Variation das ganze Stück. Die unaufhörliche Gegenwärtigkeit des Vollkommenen ist der Sinn, daß wir mitten im Leben doch schon im Paradiese wandeln und es nicht woanders suchen müssen. Womit wir aber nicht auf eitel Freude und Sonnenschein rechnen dürfen. Auch die Trauer ist einbezogen, doch verwandelt; nicht desperat und aussichtslos, sondern – das g-Moll-Quintett von 1787 ist gemeint – durch Schönheit intensiviert und aufgelöst.

Vom – nun freilich verstörenden – Überschreiten einer anderen Grenze, der zum Tode hin, geht in dem Gedicht hauptsächlich die Rede. Denn die Hymne auf Mozarts Kunst ist zugleich Klagegedicht um einen, der sich davon nicht halten ließ und damit ja den irdisch möglichen Inbegriff des Vollendeten in Frage stellte. So hat er Unsicherheit und Erschütterung hinterlassen, die im beschwörenden Unterton des Leit-Themas spürbar sind. Auf sie antwortet, um Fassung bemüht, der Dichter, bekräftigt sein Credo für Mozart, für Kunst und Musik und bezweifelt nun seinerseits, was ihn zuvor angefochten.

Aber findet sich nicht jener vermeintliche schlimme Ausweg sogar in Mozarts Werk selber? In Paminas Verzweiflung, als sie glaubt, den Geliebten verloren zu haben: »Lieber durch dies Eisen sterben, / als durch Liebesgram verderben?« Aber da kommen ja schon die drei Knaben – »Mädchen, willst du mit uns gehn?« – und führen sie, die kurz zuvor noch Ruh im Tode suchte, ins Leben zurück: »Zwei Herzen, die von Liebe brennen, / Kann Menschenohnmacht niemals trennen.«

Kann es denn überhaupt einen vollkommeneren Klang »in jenem anderen Bereich«, jenseits des Lebens, geben, wenn

vollendete Kunst, wie bei Mozart, gerade wesentlich gewordenes Leben ist? Was bleibt von den Entzückungen der Sinnlichkeit (»Ferrandos Glut« in Cosi fan tutte), von Lebenslust und Todesernst, wie sie in höchst gesteigertem Gegensatz die Prager Sinfonie erklingen läßt, wenn man das Irdische von ihnen abzieht, das sie so vollendet tönen lassen wie eine endgültig gestillte Sehnsucht?
Schließlich, als letzter Vergewisserungsversuch, der Hinweis auf den Schöpfer dieser »Lebensmusik, Liebesmusik« (wie Goes sie an anderer Stelle nennt). Ein Grenzüberschreiter auch er, doch Bote, der ins Zentrum der Welt, nicht aus ihr hinausführt, der sich hineingeschrieben hat in seine Botschaft mit aller Kraft des Heimwehs nach dem Leben. Doch diese Antworten, die Zweifel und Vermutungen lösen das als so paradox empfundene Rätsel nicht, das die Frage des letzten Verses noch einmal bohrend stellt. Es liegt dem Gedicht vorher wie das Negativ dem Positiv und wird von ihm nur in faßlicher Form widergespiegelt, so daß ein tief irritierendes Licht von vornherein über allen Vergewisserungsversuchen liegt: Der Tod könnte auch dieses Paradies zuschanden machen.

ALBRECHT GOES
MOTETTE

»Denn in ihrem Frieden wird euch Frieden sein.«
Jeremia 29,7   Übersetzt von Martin Buber

Liegen ungebunden auf der Erde
Fremde, Feindschaft und der schwarze Streit.
Mächte suchen Macht, und Macht will Beute,
Und wer mag, wird unrecht Gut gewinnen.
Du nicht, du. Es sollen diese Siege
Dir nicht Siege sein.

Such ihn nicht, den Schlaf des Ganz-Vergessens,
Träum ihn nicht, den fahlen Traum Vorbei.
Wohl, die Tür ist offen – und es winken
Die Befreiten dir, die Frühentfernten.
Steh! Kehr um! Es sollen ihre Schatten
Dir nicht Schatten sein.

Wags, zu wachen! Sprich den Unerlösten
Deinen Gruß nur zu, nur dies: ich weiß.
Liebe findet. Und die alten Zeichen
– Himmelswolke, Herzschlag des Vertrauens,
Blaues Waldgebirg und Kinderlachen –
Dein sind sie – und sieh: in ihrem Frieden
wird dein Frieden sein.

RENATE SCHOSTACK
GEIST DES PROTESTANTISMUS

Man kann diese Motette, die ihren Ursprung in einem *mot*, einem Wort der Bibel hat, als erbauliche Predigt lesen. Das Motto und die beiden ersten Verse deuten auf die Quellen, aus denen der evangelische Pfarrer und *poeta doctus* Goes schöpft: die Bibel und die Antike. Der »schwarze Streit«, das ist die Eris Homers, die Schwester des Kriegsgottes Ares, die mit ihrem Zankapfel den Trojanischen Krieg ausgelöst hat. Daß »Fremde« – ich lese das als Fremdsein, Entfremdung –, Krieg und Zwietracht nicht an der Kette liegen, das ist wahrlich heute so aktuell wie 1977, als das Gedicht entstand. »Gebunden« aber wird die alte Schlange, der Satan, so steht es in der Apokalypse, erst am Ende der Zeit.

Angesichts dieses Zustands gibt es zwei weltliche Verlockungen: mitzuheulen oder auszusteigen. Der Tod – mehr antik als christlich gesehen – ist ohne Schrecken; die Toten sind die »Befreiten«. Doch da regt sich das protestantische Gewissen, der Bußruf erschallt: »Kehr um!« Die griechische Totenvorstellung, das Bild der Schatten, wird verworfen. Der Angeredete soll sich nicht von der Welt abkehren, nicht in ihr aufgehen. Seine Aufgabe ist das Wächteramt, die Einmischung. Den im Machtstreben Befangenen, den von Todessehnsucht Getriebenen soll gesagt werden, daß man um ihren Zustand weiß. Weiß, daß sie der Erlösung bedürftig sind. Deutlicher wird die Christlichkeit dieses Gedichtes nicht. Liebe findet, was die Macht und Tod Suchenden nicht finden. Dem, der sich so verhält, wird menschliche Nähe und Teilhabe an der Natur zugesprochen.

Indes, soll dieser matte Lohn, dieser Rückzug in die Innerlichkeit – eine der den Protestantismus stets begleitenden Gefahren – wirklich die Botschaft des Gedichtes sein? Wer es so liest, läßt den Sprachduktus der Verse, den suggestiven, mitreißenden, von den Ausrufen gestauten Rhythmus, der die Polyphonie der freien Verse seinem Gesetz unterwirft, außer acht; übersieht das dichte Netz der Querverweise und Korrespondenzen (Liebe, Herz, Lachen als Gegenbegriffe zu Fremde, Feindschaft, Streit; das Finden gegen das Suchen; der Friede gegen die nichtigen Siege und Schatten des Todes; die Steigerung der Farben hin zum Blau der Romantiker); übersieht die Wucht der imperativen Aufrufe.

Ich lese das Gedicht deshalb als Selbstbeschwörung, als das Sich-zur-Ordnung-Rufen eines gefährdeten Ichs. Die Todessehnsucht ist seine stärkste Verlockung; in der zweiten Strophe stehen die lieblichsten Wörter, die meisten Imperative. Der Rückzug auf das Fundament positiver Werte, auf Religion, Kunst, menschliche Nähe in der dritten Strophe, die dem Getriebe der Welt entgegengehalten werden, ist für den vom Todesverlangen Gefährdeten eine notwendige Selbstvergewisserung.

Der Rückzug wird schließlich durch das Motto diskret pariert. Es ist einem Aufruf des Propheten Jeremia an das in der babylonischen Gefangenschaft lebende Volk Israel entnommen. »Suchet der Stadt Bestes«, heißt es dort in der Übersetzung Luthers, »denn wenn's ihr wohl geht, geht's euch auch wohl.« Der Friede, von dem Buber spricht, ist nicht der Seelenfriede, sondern der politische

Frieden der Stadt, das Gegenteil der *discordia*, des bürgerlichen Zwists, des »schwarzen Streits«. Ihn zu vermeiden ist ebenfalls Sinn des Wächteramts, das sich nicht in Friedensgrüßen erschöpfen darf. Wahrhaftig: ein Gedicht aus dem Geist des Protestantismus!

ALBRECHT GOES
ÜBER EINER TODESNACHRICHT

Fühlt es das Weltherz denn nicht,
Wenn so viel Liebeskraft stirbt?
Wiegt ihm ein Leben so leicht,
Weiß es so eilig Ersatz?
Wir, ach, wissen ihn nicht,
Und heißen wohl unersetzlich,
Was unsrem Herzen entreißt
Der großmächtige Tod.
Wege, ihr oftmals begangnen,
Wie endet ihr plötzlich im Dickicht!
Stimme, du zwiesprachvertraute,
Einsame, fürchtest du dich?

Sie freilich, die er uns nahm,
Der geheime Verwandler,
Schweigen sie dunkelen Schlaf,
Lauschen sie fernem Gesang?
Oder wärs, daß sie wirklich
Leicht nur ans Gitter gelehnt
Nachbar noch hießen und Freund
Jeglichem Lassen und Tun?
Wärs, daß wir rufen, und sie
Kommen, die selig Befreiten,
Wärs – und sie blieben für immer
Liebend auf unserer Bahn?

ECKART KLESSMANN
IM JAHR STALINGRADS

Bei manchen Gedichten tut man gut, sich ihres Entstehungsjahrs zu erinnern. Dieses wurde im Jahr Stalingrads und der Ausrufung des »totalen Kriegs« geschrieben: 1943. Fast scheint das widersinnig: Wer 1943 in Deutschland eine Zeitung aufschlug, der konnte sie nicht übersehen, diese aneinandergereihten Todesanzeigen, die mit dem Zeichen des Eisernen Kreuzes versehen waren. Sie meldeten den »Heldentod«, so hieß das damals, des Vaters, des Bruders, des Sohnes, des Ehemannes – »gefallen für Führer und Reich«.

Manchmal lasen wir in solcher Anzeige, daß nun der letzte von drei Söhnen »für Deutschland sein Leben gegeben« habe, und neben der »stillen Trauer« stand unter anderem das so entsetzlich geschmetterte, so entsetzlich falsche »in stolzer Trauer«. Es war die Zeit des Massensterbens, an der Front und daheim, als die Bomben auf die Städte fielen. Allein in Hamburg verbrannten 1943 in einer einzigen Nacht 35 000 Menschen. Und in Auschwitz, Treblinka, Maidanek starben noch weit mehr.

Widersinnig. Damit will ich sagen, daß da einer inmitten des millionenfachen Sterbens zu fragen wagt beim Tod eines einzigen: *Fühlt es das Weltherz denn nicht, / Wenn so viel Liebeskraft stirbt?* Ein Träumer, weltfremd? Aber der Fünfunddreißigjährige, der diese Klage in klassischen Distichen schrieb, war das gewiß nicht. Er befand sich damals als Wehrmachtspfarrer an der Front in der Sowjetunion, und das Massensterben kannte er so gut wie den einsamen Tod des Deserteurs unter der Salve des Exekutionspelotons.

Weiß es so eilig Ersatz? Da wird ein Wort verwendet, das damals viel gebraucht wurde: Ersatz. Es gab ja für alles »Ersatz«, für Kaffee wie für Brotaufstrich, warum denn nicht auch für ein Menschenleben, das millionenfach auswechselbar schien? Sprach doch das Vokabular der Herrschenden unbefangen vom »Menschenmaterial«. Und wie austauschbar war der industrialisierte Massenmord in den Vernichtungslagern.

Beim Tod eines geliebten Menschen verlangt uns nach Erklärung: Warum? Und warum gerade dieser? Plötzlich wird einer von unserer Seite gerissen – aber wir hatten noch gestern mit ihm gesprochen, ihm geschrieben, an ihn gedacht. Warum? Was geschieht mit uns nach dem Tod? Ist es das Auslöschen einer Existenz für alle Ewigkeit? Oder kommt etwas danach?

Für diesen Dichter ist der Tod *der geheime Verwandler,* nicht der feindliche Vernichter. »Der Tod tröstet«, heißt ein Blatt von Käthe Kollwitz. Das erinnert an »Bin Freund und komme nicht zu strafen« – die Worte des Todes (»Freund Hein«) bei Matthias Claudius im Gedicht »Der Tod und das Mädchen«. Ich erinnere mich noch gut, daß damals – 1943/44 – am sogenannten »Heldengedenktag« im März das Radio stets Schuberts gleichnamiges Streichquartett übertrug, eine jener Perversitäten, in denen das Mörderregime nicht zu übertreffen war.

Hier nun wird nicht der Tod »Freund« genannt, sondern jene, die er aus der Welt genommen hat. Sie begleiten unsern Weg, sie existieren von uns getrennt – *leicht nur ans Gitter gelehnt* – liebend und schützend. Wohl, in den zwei

Strophen stehen jeweils drei Fragezeichen. Aber der Fragende weiß und bejaht, auch wenn er das behutsame *wärs* setzt, sonst spräche er nicht von *selig Befreiten*.

In den 45 Jahren, in denen dieses Gedicht nun da ist und auf uns wirkt, haben seine Verse ihre Bewährung vor dem Leben bestanden, haben wir ihre Wahrhaftigkeit erfahren. Vielleicht sind diese zwei Strophen darum so überzeugend, weil sie geschrieben wurden gegen die Lüge im verlogenen Geschrei, gegen den Massenmord und seine Heldenmaske, gegen die moralische Zerstörung des Menschen. Mitten im Jahr Stalingrads und der Gaskammern hat ein junger Dichter den Mut gehabt, ein Wort zu wagen für die täglich geschändete Menschlichkeit, von nichts anderem beschützt als von Wahrhaftigkeit und Liebe.

FRANZ BAERMANN STEINER
ELEFANTENFANG

Die zahmen tiere drohten schweigend,
Köpfe gesenkt vor schwarzem meer,
Das rastlos mahlte in der friedung,
Gellte, schnob.

Doch als die wildlinge, bemeistert
Von hungertagen und verschnürter Welt,
Nicht kraft mehr fanden, alte angst verstanden,
Ließ man die zahmen zu.

Die schlugen ein mit rüsseln und mit zähnen.
Erbarmungslos der wohlgenährten haß
Dem waldruch galt, dem fernherkommen:
Strafte mit lust.

MICHAEL HAMBURGER
DAS ERNSTE SPIEL MIT DEN WÖRTERN

Der Autor dieses Gedichts gehört nicht zu den Verschollenen und Vergessenen dieses Jahrhunderts, sondern zu den niemals anwesenden, ganz wahrgenommenen Dichtern; und zwar nicht nur, weil sein reifes Werk in der Emigration entstand und erst nach seinem Tode zum Teil veröffentlicht wurde, sondern auch weil er ein gelehrter Dichter, ein *poeta doctus,* war. Seine Spezialkenntnisse als Anthropologe, die sich von der griechisch-römischen Kultur zur jüdisch-arabischen und zur indianischen erstreckten, trugen nicht weniger zu seiner Lyrik bei als das Studium der deutschen Literatur und der deutschen Mystik.

Unter den deutschen Vorbildern war für ihn die Lyrik der Barockzeit ganz besonders wichtig; unter anderem wohl, weil in dieser Zeit der *poeta doctus* nicht als Ausnahme, sondern als die Regel galt und in Dichtung noch Geistlichkeit und Weltlichkeit, Leidenschaft und Witz, Ernst und Spiel, *engagement* und Artistik nicht als sich gegenseitig ausschließende Alternativen empfunden wurden. Als notwendige Spannungen wirkten sie innerhalb des Gedichts. Erst seit dem 18. Jahrhundert wurde die barbarische Alternative formuliert – als ob *homo sapiens* nicht zugleich *homo ludens,* dazu übrigens noch *homo ignorans* und vor allem *homo quaerens* sein könne und sein müsse, wenn er sich nicht programmatisch verstümmeln will.

In der Kunst Steiners wie in jener der Barockzeit fehlt die nun herrschende Spezialisierung der Mittel. Das Unerwartete, Unerhörte ergibt sich zwar aus der Erfindung, der Improvisation, der Suche nach der angemessenen Form, auch aus der Spannung zwischen den Gegensätzen; aber Steiner ging es eher darum, seine Individualität ins Gedicht zu versenken, als sie als Kennzeichen (oder auch Warenmarke) des Autors zur Schau zu tragen. Trotz der in seinem Werk auffallenden Verschiedenheit der Gedichtformen und Gedichtarten blieb seine Virtuosität immer eine angewandte. Bekenntnis und Gesellschaftskritik werden durch eine subtile und diskrete Formkunst ebenso realisiert wie die rein ästhetischen Zwecke, die Freude am gekonnten Spiel.

Auch *Elefantenfang* zeichnet sich durch Knappheit, Schlichtheit und Sachlichkeit der Darstellung aus. Die Stilmittel sind von einer fast klassischen Unpersönlichkeit. Daß es sich aber trotz des überwiegend jambischen, fast glatten Rhythmus um keine übernommene Gedichtform, sondern um eine frei erfundene, dem Thema genau angemessene handelt, ist für diesen Dichter charakteristisch.

Ein einziger Reim, innerhalb der siebten Zeile, deutet eine psychische Entsprechung zwischen dem Kraftverlust und der alten Angst an. Jede Variation in der Zeilenlänge und im Rhythmus erschüttert das prekäre Gleichgewicht des Gedichts. Hinter der sachlichen Beobachtung des zoologischen Vorgangs verbergen sich eine schwer leidende, schwer verwundete Sensibilität und der verschwiegene Vergleich mit dem *zoon politikon*.

Das Gedicht gibt sich nicht zeitgemäß, ist es aber – immer noch; schon dadurch, daß es das spätexpressionistische

Aufschreien überholte und sich in der härteren Zeit durch eine leise, aber harte Sprache bewährte.

ERNST MEISTER
GEDENKEN V

Grün nun
des ersten Frühlings:
ein Blatt
scheidet die Lippen ...
Wer ist tot, wer
lebt von uns zweien?

Einer ist da,
einer kommt.
Das Blatt zwischen uns,
Wie es duftet!

Grün ist das Schwarze
der langwährenden Zeit,
schwarz ist das Grüne.
Auf singender
wie verwesender Zunge
schläft
des Lebens Warum.

HANS-GEORG GADAMER
DAS BLATT ZWISCHEN UNS

Das letzte Gedicht einer Folge, die dem Gedenken an jemanden gewidmet wird, der dahingegangen ist. Ein Abschluß – vielleicht eine Bilanz? Ein Ende und Anfang? Wie jedes Ende ein Anfang?
Gewiß auch ein Anfang. Denn das erste Wort dieses Gedichts ist »Grün«, das Grün des ersten Frühlings. Doch zeigt sich, daß dieses Gedicht etwas ganz anderes sagen will. Das Grün spricht nicht wie ein erstes Versprechen, mehr wie eine Frage: was nun? Wie soll das »nun« bestanden werden, das als das erste Entfalten eines Blattes kommt? Es »scheidet die Lippen«. Das erste Grün ist wie ein Öffnen der Lippen für ein Wort, das mir etwas sagen will. Aber nun ist die ganze Antwort des Gedichtes, die anhebt: es gibt nicht einfach nur den Überlebenden. »Wer ist tot, wer lebt von uns zweien?« Die einfältige Eindeutigkeit des Am-Leben-Seins hält vor der Frage des neuen Hoffnungsgrüns nicht stand. Gewiß, man ist am Leben. Aber woran ist der, der am Leben ist? Ist er nicht einfach »dran«, ohne zu wollen, ohne ja zu sagen?
So scheint es zu sein. Die zweite Strophe spricht es aus: »Einer ist da, einer kommt.« Es heißt nicht: einer ging, einer kommt. Es ist eine Aussage, die uns alle umfaßt, uns allen gemäß ist. Beides, Dasein und Kommen, meint das »Da«. Aber was ist das Da? Ist es wirklich das, wovon der, der gegangen ist, ganz und gar abgeschieden ist, wie durch das erste Wort des Frühlings, das Blatt zwischen uns?

Was so die Lippen scheidet, ist jetzt anders gesehen. Es ist zwischen uns da. Mochte das »einer-einer« einen jeden von uns, uns alle, uns Menschen überhaupt meinen: das Blatt zwischen uns meint mich und dich. Aber es ist nicht länger nur das die Lippen scheidende, das sich entfaltende Blatt, das nur mich meint und nicht dich. Es ist da als Duft. Aber der Duft ist nicht des Blattes allein. Er ist in das »Da« verteilt, verbindend und nicht scheidend. Dieser Duft ist so sehr da, daß er alles verbindet und einhüllt, selbst das, das nicht mehr da ist. Eine intime Affinität verbindet Duft und Spur, Duft und Gedächtnis. Duft, das Flüchtigste, das uns entgegenweht und so rasch verweht ist wie wir, ist in das Da verteilt.

So kehrt die letzte Strophe die Frage zur Antwort um. Das Grün ist nicht länger das Dieshier des neu sich entfaltenden Blattes, das das Schwarzgrau der winterlichen Äste belebt, und auch nicht das Grün der Hoffnung, das sachte das Schwarz der Trauer überwächst. Der Beginn der Strophe mit dem gleichen Wort »Grün«, mit dem die erste anhob, ist wie der Anfang einer Berichtigung. Es ist nicht länger das Grün, das über das Schwarz siegt. Grün und Schwarz sind, wie tot oder lebendig, Hoffnung oder Trauer, Sein und Nichts, ineinandergespiegelt und ununterscheidbar.

Das »Schwarze – der langwährenden Zeit« – der Zeit, in der auf nichts gehofft wird, in der sich nichts als Grün der Hoffnung abhebt, ein dichtes, unartikuliertes Schwarz – ist selber grün, aber nicht grün wie alles Grüne ist. Denn »schwarz ist das Grüne«. Der Rhythmus dieser spekulativen Identität von Grün und Schwarz läßt die Antithese ganz und gar hinter sich. »Da« ist nicht länger das Da dessen, der da ist, dessen, der sich weiß und im Da hält. Keiner weiß sich. Auch die singende Zunge, die von der verwesenden Zunge, der zum Lob des Da nicht mehr fähigen Zunge, ganz geschieden scheint, weiß nicht, weiß keine Antwort auf »des Lebens Warum«.

Warum das ein gutes Gedicht ist? Oh, vielleicht, weil es so viel wegläßt und doch eindeutig ist. Oder vielleicht, weil es das fast erschreckend Abstrakte des letzten Wortes, das »Warum«, so einfach hinsagen darf und so, daß man versteht: Es heißt »warum« und nicht »wozu«. Man muß all die vielen Warumfragen mithören, die die Kinder fragen. Auch auf die Frage nach des Lebens Warum, diese Frage aller Fragen, kann keine Antwort genügen.

ERNST MEISTER

Langsame Zeit,
Zeitlangsamkeit,
Wortlangsamkeit,
langsam, ich sage
ein Zeitwort,
ich sage es dir
zum Vertraun,
es ist
Sterben darin,
Mond und Sonne,
die Glut,
die Häuser anzündet,
Glocken auch,
daß sie schimmern.

Ein Jahr
ist kein Glück,
die Toten
sind keine Helfer.
Darum
komme von deiner Seite
mir der Bescheid
irgendwie, wie
es weitergeh'
und so weiter
zuletzt.

WALTER HELMUT FRITZ
DOPPELGESICHT

Obwohl er während der vergangenen zwanzig Jahre in regelmäßigen Abständen Lyriksammlungen veröffentlichte, obwohl Kollegen immer wieder auf ihn aufmerksam machten, obwohl er eine Reihe von Preisen erhielt, hat der jetzt fünfundsechzigjährige Ernst Meister bis heute vergleichsweise wenig Echo gefunden.
Er arbeitet an einem strengen Werk, das dem Leser freilich nicht sehr entgegenkommt, sich auf weite Strecken eher zu verschließen scheint. Auch äußert er sich selten theoretisch zu dem, was er macht. Rudolf Hartung hat im Zusammenhang mit seinen Büchern von produktiver Unbestimmtheit gesprochen, Karl Krolow von darin sichtbar werdenden kryptischen Zügen, Walter Jens von Anspielungsreichtum, Otto Knörrich (in seiner Untersuchung »Die deutsche Lyrik der Gegenwart«) von einem hieroglyphischen Zeichensystem.
Auch das nebenstehende Gedicht ist – zumindest auf den ersten Blick – von der angedeuteten Undurchlässigkeit. Es hat – wie die (mit einer Ausnahme) anderen Stücke des Bandes »Sage vom Ganzen den Satz« – keine Überschrift, sondern ist Teil einer Suite. Kennzeichnend ist der hohe Ton, wie er Meisters Lyrik überhaupt eignet, ein Ton, der – nach dem Tod von Nelly Sachs und Paul Celan – bei uns selten geworden ist, der leicht Mißverständnissen ausgesetzt ist, da wir uns auf das in erster Linie lakonische Sprechen der

zeitgenössischen deutschsprachigen Lyrik eingehört haben.
Liest man die erste Strophe von Meisters Gedicht, so ist man möglicherweise zunächst irritiert, weil man nicht gleich sieht, welches »Zeitwort« (im Sinn des grammatischen Begriffs) gemeint sein könnte. Bis man merkt, daß Meister das Wort »langsam« als Zeitwort (im inhaltlichen Sinn) versteht, als Wort, das in diesen Versen mit Altwerden und Tod zu tun hat, auch mit dem Altern der Gestirne, mit der Zeit, der »listigen Totschlägerin«, wie sie in einem weiteren Gedicht des Bandes genannt wird.
Die beiden Strophen sind möglicherweise auch ein – sehr diskretes – Liebesgedicht (seine in dem 1970 erschienenen Buch »Es kam die Nachricht« enthaltenen Liebesgedichte sind übrigens die unmittelbarsten, am meisten gelösten Gedichte, die Meister geschrieben hat). Darauf deutet unter Umständen – nach der Feststellung, daß die Toten keine »Helfer« sind – die Bitte an ein Du um »Bescheid«, wie es »weitergeh'«. Aber auf alle Fälle ist das menschliche Gegenüber von großer Bedeutung. Beunruhigende Fragen, Lebens- und Todesangst, Ratlosigkeit werden in den letzten Versen spürbar.
Ein Gedicht also, das manches in der Schwebe läßt, sich nicht durchweg in Eindeutigkeit zwingen lassen will, »Doppelgesicht« ist, Chiffre, gedanklich bestimmt, von einer Gedanklichkeit aber, die innerhalb der Imagination bleibt. Ein intensives, weitgehend hermetisches, der elliptischen Andeutung, der Formel, der Suggestion vertrauendes, auch ein einsames Gedicht.
Ein Gedicht zudem, in welchem – wie in vielen anderen Stücken Meisters – das Licht eine Rolle spielt: als Mond und Sonne, Glut und Schimmer. Einmal findet man die

vor allem durch ihre Anschaulichkeit überzeugenden Zeilen: »Tellerrund / und von Äpfeln / und Birnen schwer / ist das Licht«. Eins der Gedichte des Bandes gilt einem Besuch am Grab Paul Valérys in Sète an der französischen Mittelmeerküste, eines Dichters, für dessen Poesie das Licht besonders wichtig war.

ERNST MEISTER
UTOPISCHE FAHRT

Des Motors Mondgebrumm.
Am Volant, einer schwarzen Schlange
Gewundenheit,
die Glacéhand von Madame.
Die hungrige Meilenkatze
in ihrem knisternden Haar
putzt sich nach jedem weißen Stein
den Bart.
Madame muß sehr weit fahren.
Es regnet eine Symphonie,
und einer grauen Taube Flügel wischt
von der Scheibe
Scherzo, Andante, Allegro
permanent.
Die Sanduhr rieselt geschwind
neben dem Tachometer.
Über die kühlen Brüste, die
duftenden Schultern von Madame
schießt mit dem Fahrtwind
die Zeit.
Madame muß fahren
fahren –
zu den Lenden des Zeus ist es weit.

EGON SCHWARZ
MADAME EUROPA

Ausdrücke wie »Motor« und »Scheibe« machen klar, daß es sich um eine Autofahrt handelt. Am Steuer sitzt eine offenbar elegante, gepflegte und gebildete Frau. Die Reise ist nicht nur weit, sondern steht auch unter einem unausweichlichen Zwang, den das »muß« in der ersten Strophe, seine Wiederholung und die inständige Verdopplung des »fahren« in der letzten suggerieren.

Beim zweiten Lesen entdeckt man neben dieser Schicht noch eine andere, durch die eine starke Ambivalenz erzeugt wird: Die mondänen, dem Maschinenzeitalter zugehörigen Aspekte stehen im Gegensatz zu urtümlichen, zeitlosen, die mechanischen zu biologischen. Schon die erste Zeile enthält einen solchen Kontrast: »Motor« und »Mond«. Die Alliteration, die beide zunächst zu verbinden scheint, macht auf ihre Unzusammengehörigkeit aufmerksam. Der Technik ist etwas Kosmisches, vielleicht Magisches, dem Neuzeitlichen etwas Ewiges zu- beziehungsweise entgegengeordnet.

Dieses Prinzip kann man im ganzen Gedicht beobachten. Neben »Volant« steht »Schlange« (wenn auch nur als Metapher für Hand), der Scheibenwischer wird mit dem Flügel einer Taube verglichen, dem Tachometer ist die altertümliche Sanduhr beigegeben. Bis in die phonetische Sphäre läßt sich diese Gegensätzlichkeit hineinverfolgen. Besonders in der ersten Strophe, der längsten, ist sie zu spüren: Den Assonanzen »Schlange«, »Madame«,

»Katze«, »fahren«, den a-Lauten »Haar« und »Bart« klingen die ei-Laute von »-heit« und »weißen Stein« quer dazwischen, zum Zeichen, daß nicht alles einhellig ist.
Mit den letzten Zeilen bricht in die bisher eher gedämpften Spannungen das völlig heterogene Bild des Zeus wie eine blendende Epiphanie ein. Die heraufbeschworene Sexualität des Gottes, auf die man freilich durch die weiblichen Brüste in der Strophe davor ein wenig vorbereitet war, überstrahlt die ohnehin schon in Frage gestellte Mechanik der Reise, indem sie sich triumphierend den biologischen und kosmischen zugesellt.
Auf welche Mythe wird hier angespielt, welche Geliebte des Zeus ist gemeint? Es kommt nur die phönizische Königstochter Europa in Frage, die dem Kontinent den Namen gegeben hat. Zwei Dinge berechtigen zu dieser Annahme: die Wahl des Fahrzeugs für die mythische Fahrt und die verwendeten Gallizismen. So wie das Automobil von seinem Aufkommen an zum Sinnbild der technischen Zivilisation wurde, die man die europäische nennt, so galt und gilt wohl noch immer die französische Kultur als repräsentativ für Europa. Die Ausdrücke »Volant«, »Glacéhand«, »Madame« sind zu auffallend, als daß sie zufällig sein könnten. Durch sie wird die Zentralgestalt zur Allegorie Europas. Die gräzisierende Vokabel »Tachometer«, die italienischen Bezeichnungen »Scherzo«, »Andante«, »Allegro« und das deutschsprachige Gedicht selbst vervollständigen das europäische Konzert. Technifizierung, Eile, modische Aufmachung sind seine dominanten, die Gegenkräfte Magie, Musik und Erotik seine unterschwelligen Erscheinungsformen.
Der Titel ist für die Interpretation unentbehrlich. Ihm verdankt der Leser die Einsicht, daß es hier um die Fortbe-

wegung Europas durch die Geschichte geht. Utopisch ist diese Fahrt, weil sie »permanent« ist, nie ans Ziel gelangt; utopisch ist sie ferner, weil sie ohne dieses Beiwort sinnlos wäre. Der Name Zeus am Ende steht für die griechischen Ursprünge, denen diese Kultur entstammt, und er steht für das Göttliche, mit dem sie sich wieder zu vereinigen bestrebt ist. Die erotische Sehnsucht nach einem die Gegenwart, das Gegebene transzendierenden Ziel ist das eigentlich Utopische. Ohne sie wäre die Fahrt ein mechanischer Leerlauf, ein geschichtlicher Unfug.

ERNST MEISTER
ZU WEM

Kein
Besinnen. Der
Drossel Gleichton
schwingt
so bald nach der Nacht, und

wie es kaum graut, so
hungerts die Feuer,
die Vögel.

Zu wem, wenn
also es
Tag wird
ums Leidenshaus, der
blinkende
Tau seinen Tod
eräugt

sage ich
Herrscher und Herr?

EVA ZELLER
ZWISCHEN NACHT UND TAG

In der Festschrift zu seinem sechzigsten Geburtstag hat Ernst Meister von seiner lyrischen Arbeit gesagt, es gelte für ihn, »des Werdecharakters von allem inne zu sein und überdies auf Totalität erpicht zu sein«. Die »reine Milieubezogenheit« bleibe für ihn »eine Befangenheit und Begriffslosigkeit«.
Vom Innewerden eines Wechsels spricht das Gedicht. Im Werden begriffen ist der Tag. Der Wechsel von der Nacht zum Tag aber ereignet sich so unbegreiflich rasch, daß dem lyrischen Ich (das sich erst in der vorletzten Gedichtzeile als Ich zu Wort meldet) »kein Besinnen« bleibt. So bald nach der Nacht schwingt »der Drossel Gleichton«, übergangslos mit dem Licht kommen die Vogelstimmen. Die Pünktlichkeit des Lichts und der Vogelstimmen versetzen den Dichter ins Staunen.
Diese vehemente Beziehung von Licht und Laut wird mit dem naturhaften Wort »hungern« hergestellt: »wie es kaum graut, so / hungerts die Feuer, / die Vögel.« Die Gleichsetzung Feuer/Vögel signalisiert die Lebendigkeit des jähen Vorgangs. Der morgendliche Vogelchor ist so gewaltig, daß er dem Element Feuer zugeschrieben wird.
Bis hierher ist der Leser eingestimmt ins Natursein. Etwas im wahrsten Wortsinn Alltägliches, Tag-tägliches (falls es dem Menschen von heute noch vergönnt ist, Vogelstimmen am Morgen zu vernehmen) wird Ereignis in der lyri-

schen Beschwörung: »wie es kaum graut«, wie das Auge kaum etwas wahrnimmt, wird dem Erwachenden der andere Sinn, wird ihm das Ohr geweckt.

Die dritte Strophe beginnt mit einer Frage (»Zu wem ...«) und kommt erst am Gedichtende in einem einzigen, großbogigen Satz zum Stimmeheben. Das Licht ist erschienen, die universale Vogelantwort setzt ein. »Zu wem, wenn / also es / Tag wird ...«, das unentbehrliche »also« besagt staunendes Hiersein, staunendes Sichvorfinden, aber wo? Im »Leidenshaus«.

Hier – also – ist der Ort, an dem der, der eben der Frühe inne ward, sich wahrnimmt. Meister gehört nicht zu den Autoren, die den sogenannten Nihilismus literarisch längst untergebracht haben, denen er zur Attitüde geriet, nicht zu den absichtsvollen, eifrigen Verweigerern jedweder Antworten und Verherrlichern des Sinnlosen, sondern zu den bohrenden Fragern, der »gekrümmt / zwischen zwei Nichtsen ... / Hier, auf dem / Zufallskreisel ...« noch Fragen hat. In Meisters Werk ist die Grundbefindlichkeit des Menschen als eines Leidenden der Preis für sein Bewußtsein, das betrachtete Leben ist tragisch zwischen Sein und Nichtsein.

Ehe die begonnene Frage des Gedichts zu Ende kommt, wird noch ein Meister-hafter Satz eingeschoben: »Wenn ... der / blinkende / Tau seinen Tod / eräugt«, ein Vers, ein Zerstörungsblitz, es braucht nicht ausgedeutet zu werden, wie auch diese sphärischen Augen des Taus ihren Tod eräugen. Das oft als hermetisch abgewehrte Werk Ernst Meisters erschließt sich dem unangestrengten Staunen. »Zu wem ... / sage ich / Herrscher und Herr?« Zur Nacht oder zum Licht? so muß die poetische Logik folgern. In diesen »spannungsvollen, negativen Advent« (Ernst Meister über sich) wird der Leser versetzt.

Weshalb ich dieses Meister-Gedicht gewählt habe? Seiner unaufwendigen Gewalt wegen, und weil der Anspruch, mit dem hier gefragt wird, so unerfüllbar wie unaufgebbar ist.

HILDE DOMIN
BITTE

Wir werden eingetaucht
und mit dem Wasser der Sintflut gewaschen,
wir werden durchnäßt
bis auf die Herzhaut.

Der Wunsch nach der Landschaft
diesseits der Tränengrenze
taugt nicht,
der Wunsch, den Blütenfrühling zu halten,
der Wunsch, verschont zu bleiben,
taugt nicht.

Es taugt die Bitte,
daß bei Sonnenaufgang die Taube
den Zweig vom Ölbaum bringe.
Daß die Frucht so bunt wie die Blüte sei,
daß noch die Blätter der Rose am Boden
eine leuchtende Krone bilden.

Und daß wir aus der Flut,
daß wir aus der Löwengrube und dem feurigen Ofen
immer versehrter und immer heiler
stets von neuem
zu uns selbst
entlassen werden.

ELISABETH NOELLE-NEUMANN
GEBET IN DER LÖWENGRUBE

Wo sind wir? Wir sehen in die Zukunft. Die Prüfungen liegen noch vor uns. Wir werden eingetaucht, durchnäßt, wir werden in die Löwengrube gestoßen werden, in den feurigen Ofen. So weit sieht das Gedicht in die Zukunft, daß die Dichterin selbst es nicht erkannte. Wahrscheinlich hielt sie es für einen Blick in die Vergangenheit, kein Wunder bei einer Vergangenheit, die erst wenige Jahre hinter ihr lag, als dieses Gedicht entstand, wahrscheinlich 1957 in Spanien in der »VERDAD« bei Malaga. Im April 1959 erschien es im »Hochland«. In ihre erste Gedichtsammlung im Herbst 1959 »Nur eine Rose als Stütze« schloß sie es nicht ein und in keine der folgenden, bis es endlich in die »Gesammelten Gedichte« zu ihrem 75. Geburtstag 1987 von ihr aufgenommen wurde. Da war diese Zukunft schon so nahe herangerückt, daß sie es plötzlich erkannte und als Weihnachtskarte 1990 verschickte und erschrocken handschriftlich hinzusetzte: »Wie entsetzlich aktuell ...« Die Katastrophen sind nicht vorbei, wie so viele denken. Gerade darum muß man dieses Gedicht jetzt auswendig lernen, um es immer bei sich zu führen und sich aufsagen zu können, wenn man Hilfe braucht.
Die erste Strophe enthält die Weissagung: Wir werden, wir werden ... wir werden eingetaucht, gewaschen, durchnäßt bis auf die Herzhaut. Wir werden überwältigt von der Katastrophe. Die passive Form legt sich über uns, wir müssen es erleiden. Was soll man tun, wie verhält man

sich? Die Dichterin antwortet aus der Erfahrung eines Leidensweges durch unser Jahrhundert. Die zweite und dritte Strophe sprechen von Wünschen und von Bitten. Streng ist der Tonfall. Wir werden belehrt. Aber selbst im Strengen noch anmutig, poetisch: »Der Wunsch nach der Landschaft diesseits der Tränengrenze taugt nicht ...« Die Bequemlichkeit, die Feigheit, der Opportunismus, das Mitmachen, die Gleichgültigkeit, die Hoffnung, verschont zu bleiben – sie werden gegeißelt, mitten im Poetischen. Der Wunsch, den Blütenfrühling zu halten, sich der Katastrophe zu verweigern, wird verworfen. Aber noch mehr: er taugt auch nicht. Auf diesem Weg findet man keine Hilfe.
Die dritte Strophe sagt: Man muß bitten. Vor unserem inneren Auge steigt auf das Bild der Arche Noah. Sie wird nicht benannt, aber wir selbst stehen auf der Arche Noah und sehen bei Sonnenaufgang die Taube, die den Zweig vom Ölbaum bringt. Wie werden wir diese Zukunft erleben? So stark, daß die Frucht so bunt wie die Blüte ist, die wir fahrenlassen mußten mit dem Blütenfrühling? Werden wir erleben, daß noch die Blätter der Rose am Boden eine leuchtende Krone bilden, ein Zeichen des Sieges, des Triumphes?
Die vierte Strophe führt uns zum zweiten Mal durch die Erfahrung der »weißen schwärze« (Stefan George, zitiert in einem Aufsatz von Ulla Hahn über Hilde Domin). Noch einmal die Prüfungen in der Sprache des Alten Testaments. Wir erkennen, daß die Bitte ein Gebet ist, ein Gebet in der Löwengrube, im feurigen Ofen. Ein Gebet um Gnade; denn auch wenn wir versuchen, alle Prüfungen zu bestehen, tapfer zu sein, das Training in Wahrhaftigkeit auf uns nehmen, die Meinung der Dichterin bedenken:

»Der Mensch muß solidarisch sein mit seinem Schicksal« – so ist es ja keineswegs ausgemacht, daß auch für uns gilt: versehrter werden – heiler werden. Es ist eine Hoffnung, aber die einzige, die es gibt: stets von neuem zu uns selbst entlassen zu werden.

HILDE DOMIN
BRENNENDE STADT
(BEIRUT)

Die brennende Stadt
brennt lautlos
Ich sehe sie jeden Abend
mit immer neuen Namen
der Ansager
vorläufig
sagt Abend für Abend den einen
Ich kann das abstellen
vorläufig
Zumindest im Wachen

ERICH FRIED
VON FERNE GESEHEN

Dies ist eines von zwei Gedichten, die Hilde Domin »Fernsehgedichte« nennt. (Das andere heißt »Napalm-Lazarett«.) Was sie da sieht, hat ihr offenbar der Bildschirm gezeigt. Daher kein Lärm, kein Krachen: »Die brennende Stadt brennt lautlos«. Sie sieht sie jeden Abend, aber ihr fallen dabei immer andere Städte ein, die gebrannt haben, die brennen könnten oder – wer weiß? – brennen werden. Deshalb sieht sie die Stadt mit immer neuen Namen brennen. Deshalb steht der Stadtname Beirut nur in Klammern.

Gewiß, der Ansager sagt nur den einen Namen. Aber Hilde Domin schiebt zwischen Subjekt (Ansager) und Prädikat (sagt) fast gewaltsam das Wort »vorläufig« ein: Es muß nicht nur die eine Stadt bleiben, die da brennt.

Qualvolle Einsicht und Aussicht. Die Dichterin sagt in der nächsten Zeile kunstlos einfach: »Ich kann das abstellen«. Natürlich, sie kann die lautlos brennende Stadt auf dem Bildschirm abstellen, auch den vom Ansager allabendlich quälend wiederholten Stadtnamen Beirut, womöglich auch das unerträgliche Denken an die vorläufig weit entfernte Zerstörung. Die Zerstörung selbst kann sie nicht abstellen, kann ihr kein Ende bereiten. Nur dem Bild, dem Denken, dem Mitfühlen kann sie entrinnen, indem sie »das« abstellt.

Aber auch das nur »vorläufig«. Sie gebraucht das Wort zum zweiten Mal. Wieder, wie vor drei Zeilen, steht es

allein in einer Zeile, so daß man wieder vorher und nachher eine kleine Pause machen muß. Und dann kommt die letzte Zeile, mit großem Anfangsbuchstaben, also stark abgesetzt: »Zumindest im Wachen«. Die verdrängten Bilder konnten also nicht ganz und gar abgestellt werden. Nicht im Traum, vielleicht nicht einmal im Tagtraum, der ihr andere Stadtnamen brennend in den Sinn kommen läßt.
Nur diese drei letzten Worte »Zumindest im Wachen« kommen zur Aussage hinzu, daß »es«, also das ganze Grauen, auf dem Bildschirm – nur auf ihm! – abstellbar ist. Aber diese kurze, unpathetische Einschränkung macht alle Hoffnung, dem Unerträglichen zu entrinnen, zunichte. Nicht nur der Brand von Beirut wird damit unentrinnbar, nein, auch der Brand jeder anderen Stadt, auch der, in der die Dichterin wohnt, auch der, in der wir oder unsere Kinder wohnen.
All dies in einem Gedicht von zehn Zeilen; davon hat eine sechs Worte, eine fünf, alle anderen noch weniger. Zwei bestehen nur aus dem Wort »vorläufig«.
Hilde Domin schreibt meistens kurze Gedichte. Ihre Form ist einfach, die Aussagen sind sehr klar, eindringlich, ohne je aufdringlich zu sein. Nicht durch überladene Worte, sondern durch dringende und drängende Bilder und Gedanken. Die Bilder sind alltäglich oder befremdlich und originell, furchtbar oder zart. Zuweilen erinnert die Offenheit und Eigenwilligkeit dieser Gedichte an Else Lasker-Schüler, aber sie kommen ohne deren Aufwand aus. Immer wieder, mit den Jahren in immer knapperen Aussagen, geben sie auch Auskunft von dem, was die Verfasserin gelitten hat. Dann schmerzen sie oft, aber sie sind nie wehleidig.

HILDE DOMIN
AUS: DREI ARTEN
GEDICHTE AUFZUSCHREIBEN

Kleine Buchstaben
genaue
damit die Worte leise kommen
damit die Worte sich einschleichen
damit man hingehen muß
zu den Worten
sie suchen in dem weißen
Papier
leise
man merkt nicht wie sie eintreten
durch die Poren
Schweiß der nach innen rinnt
Angst
meine
unsere
und das Dennoch jedes Buchstabens

KARL KROLOW
ZIVILCOURAGE DES WORTES

Das Gedicht ist das Mittelstück eines Triptychons. Hilde Domin schrieb es in den Jahren 1967/1968, und die Texte sind in ihrem letzten Gedichtband »ich will dich« enthalten. Unter den drei Annäherungen an den Prozeß des Gedichteschreibens hebt sich dieses Gedicht durch seine Behutsamkeit, durch die Zurückhaltung ab, durch die Stille und Unmerklichkeit, die Unauffälligkeit, die über den Worten liegt.

Diese Handvoll Worte ohne Aufwand bringen dennoch vieles und Unterschiedliches zur Sprache. Einmal jenes Unaufdringliche und Leise, mit dem die Dichterin auf den Vorgang des Worte-Machens verweist. Die kleinen, aber genauen Buchstaben, die gesetzt werden, machen die »leisen Worte« möglich, eröffnen sie. Es sind Worte, die sich einschleichen, die plötzlich da sind, durchaus unvorhergesehen und unvorhersehbar, so scheint es. *Mehr* noch: die Worte stellen sich nicht lediglich einschleichend ein. Man muß sich um sie bemühen. Man muß sie nicht bloß unerwartet finden, um sich – vielleicht – bald schon mit ihnen abgefunden zu haben.

Hilde Domin wünscht und fordert dazu auf, daß man zu diesen Worten hingehe, sie suche »in dem weißen Papier«. Auch dies wiederum, diese notwendige Aktivität, wird »leise« genannt. Man setzt sich auf diese diskrete Weise zu ihnen in Beziehung, und die Worte wiederum kommen – einschleichend – entgegen: »man merkt nicht wie sie ein-

treten/durch die Poren«. Derart heimlich, aber auch derart selbstverständlich können die Worte – von sich aus – erwidern, die Beziehung bestätigen.
Der für sie Empfängliche, sie Aufsuchende wird von ihnen durchdrungen werden. Sie kommen nahe, körpernahe. Sie gehen gewissermaßen unter die Haut. Die Beziehung zu den Worten des entstehenden und Kontakt suchenden Gedichts ist denkbar intensiv. »Schweiß der nach innen rinnt.« Diese leise redenden, sich einschleichend artikulierenden Worte können Schweiß kosten, Angstschweiß zum Beispiel – »Angst/meine/unsere« – wie es andeutend heißt.
Die Worte Hilde Domins, so behutsam und mit kleinen, genauen Buchstaben gesetzt, wie sie sind, so leise sie formuliert sind, formulieren sich doch nicht leicht. Sie schonen nicht. Sie erregen etwas. Angst wird erregt oder doch erkannt: die eigene Angst und die gemeinsame Angst, die Angst der anderen, Angst des Am-Leben-Seins und Angst vor Verfolgung, vor Nachstellung. Auch den Worten, den Worten des Gedichts, wird auf diese vielleicht kaum merkliche Weise nachgestellt. Sie bekommen ihr Dasein zu spüren wie der Leser, der sie wahrnimmt und aufnimmt. Aber das kleine, behutsame, das überaus zurückhaltende Gedicht schließt nicht mit dem Angstwahrnehmen. Es verwahrt sich eher ihm gegenüber, indem es nochmals auf das zurückkommt, mit dem es begann: auf die Buchstaben, aus denen die Worte gebildet sind, die Buchstaben, die das alles erst ermöglichten, diese Voraussetzungen zum Wortemachen: »und das Dennoch jedes Buchstabens« behält das letzte Wort, und mit dem letzten Wort, der letzten Gedicht-Zeile das Widerstandleisten der Worte, die behutsame Kraft, die stille Renitenz. Jeder ein-

zelne Buchstabe wird zählen bei solchem Widerstandleisten.

Im letzten Gedicht des kleinen Zyklus »Drei Arten Gedichte aufzuschreiben« wird vom Menschen als vom »Tier das Zivilcourage hat« gesprochen. Im vorangehenden Gedicht hier ist das bereits vorbereitet. Denn das »Dennoch jedes Buchstabens« hat bereits mit der Zivilcourage des einzelnen Wortes zu tun.

HILDE DOMIN
KÖLN

Die versunkene Stadt
für mich
allein
versunken.

Ich schwimme
in diesen Straßen.
Andere gehn.

Die alten Häuser
haben neue große Türen
aus Glas.

Die Toten und ich
wir schwimmen
durch die neuen Türen
unserer alten Häuser.

WALTER HINCK
RÜCKKEHR NACH VINETA

Sie sind uns aus der Sage bekannt, die versunkene Insel und die versunkene Stadt: das geheimnisvolle Atlantis der Antike und Vineta, das spätere Wollin, in Ostpommern. An Vineta, die von den Wellen verschlungene Handelsstadt, mag man bei diesem Köln-Gedicht noch am ehesten denken. Auch das heutige Köln erhebt sich über einer versunkenen, allerdings unter den Gesteins- und Bauschichten der Jahrhunderte begrabenen Stadt: der römischen Colonia Agrippinensis.

Aber nicht diese auf dem Grund der Geschichte liegende römische Kaiserresidenz ist im Gedicht gemeint. »Für mich/ allein/ versunken«, sagt Hilde Domin von der Stadt, in der sie am 27. Juli 1912 geboren wurde. Und doch kann der Leser den Gedanken an ein anderes versunkenes Köln nicht abwehren: an die im letzten Krieg durch die Flächenbombardements zerstörte Stadt, aus deren Schutt wie ein mahnender Finger nur noch die gotische Kathedrale hervorragte.

Denn zwischen der Einebnung ganzer Straßenzüge und dem Versunkensein der Stadt, von dem im Gedicht die Rede ist, besteht ein unmittelbarer geschichtlicher Zusammenhang. Für Hilde Domin und ihre jüdische Familie ging die Stätte der Kindheit schon in jener antisemitischen Sturmflut unter, die 1933 in Deutschland zu wüten begann. Der Vater, ein Jurist, entwich mit der Mutter heimlich über die belgische Grenze, nachdem man jüdische

Rechtsanwälte auf Lastwagen mit Spott und Schimpf durch die Straßen Kölns gefahren hatte. Hilde Domin selbst ging nach Italien ins Exil, später mit ihrem Mann über England in die Dominikanische Republik.
Die aus dem Exil Zurückgekehrte hat der Stadt Köln ihre Verstoßung nie mit Groll vergolten, und sie hat hier als Dichterin neue Freunde gewonnen. Aber unter dem neuen Köln-Wollin liegt für sie immer noch das Köln-Vineta, der verlorene Ort der Kindheit, einer wahrhaft glücklichen Kindheit, in der fast kein Wunsch unerfüllt blieb. In ihrem autobiographischen Bericht »Mein Vater« erinnert sie sich an die Straßen, die Ahornbäume des Hansarings, die väterliche Führung durchs Wallraf-Richartz-Museum und das gemeinsame Schwimmen in der Badeanstalt am Rhein.
Das »Schwimmen« im Gedicht ist nicht mehr ein realer, sondern ein bildlicher Vorgang, zugehörig zur Metapher der vom Meer überspülten Stadt. Beide sind sie für die Dichterin da: die gegenwärtige, die neu erbaute Stadt, in deren Straßen leibhaftige Passanten gehen, vorbei an modernen Häusern mit großen Glastüren, und jene vergangene Welt, die sie nur mit den Toten teilt, mit den Eltern und anderen Nächsten: ihr »Vineta«. In den »neuen Türen« und den »alten Häusern« werden beide noch einmal verbunden.
Entscheidend im Bild der letzten Strophe ist für mich die Bewegung: die Dichterin »schwimmt« mit den Toten durch die »neuen Türen« hindurch. Das neue Köln hat sich ihr und dem Angedenken an die Toten nicht verschlossen, sie sich nicht ihm. Die Zurückgekehrte ist wieder aufgenommen, und sie hat Köln wieder angenommen.

HILDE DOMIN
LINKE KOPFHÄLFTE

In dieser kleinen Halbkugel
auf der mein Haar grau wird
wohnen die Wörter
dies Wörternest

Meine Hand
nimmt das Nest in die Hand

Die rechte sagt man
ist leer von Worten

Auslauf für das unbenutzte
Vokabular
der Erinnerung

GERTRUD FUSSENEGGER
VERWUNDERUNG ÜBER SICH SELBST

Von Hilde Domins gesammelten Gedichten ist mir der Text »Linke Kopfhälfte« besonders lieb geworden, er ist mir, wie man so sagt, besonders unter die Haut gegangen. Warum wohl? Das Gedicht ist – neben so vielen anderen glänzenderen, einladenderen – eher unscheinbar, leise, skeptisch: und sehr persönlich. Vielleicht ist es jüngeren Menschen fremd; älteren und alten dürfte es wohl einleuchten.

Das Gedicht geht von einer einfachen körperlichen Erfahrung aus: Die Hand tastet über die »kleine Halbkugel«, auf der »das Haar grau wird«, und erfährt dabei den eigenen Kopf wie ein neues, noch nie erfahrenes Ding, als »Nest«. Und schon beginnt das Hirn sich selbst zu denken; man hat ihm gesagt: In der linken Hälfte »wohnen die Wörter«, während die rechte »leer von Worten« sei. So denkt sich das Hirn als Zweigeteiltes: als sprachmächtig und sprachlos, redend und stumm, als dichtend und jeden Diktums bar. Das lyrische Ich erfährt das als Rätsel. Wie ist es möglich, daß ein Ort in ihm ist, der nichts von Sprache weiß, nichts von dem, worin es sich selbst begreift und immer begriffen hat?!

Da aber kommt ihm ein Bild zu Hilfe: das Bild des Nestes. Das ist etwas Dichtes, Warmes, Fruchtbares, die fast lebenslange Selbstinnewerdung in Sprache und Werk. Doch dieses Bild evoziert ein anderes: »Auslauf«. Was kann das heißen? Wer selbst einmal Geflügel gezogen hat, weiß, daß es Auslauf braucht. Wenn es vom Nest kommt, vom Gelege, braucht es einen Freiraum zum Ausschwärmen und Scharren, zum Picken und Flügelschlagen.

»Auslauf für das unbenutzte / Vokabular / der Erinnerung« – So wird die rechte, die sprachlose Hälfte unseres Ich als Freiraum erkannt. Hier tummeln sich die Erinnerungen, die niemals Wort wurden; hier schwärmen sie aus, verlieren sich im Irgendwo, eine Masse gelebten Lebens, die sprachlos und ungestaltet bleibt.

Hilde Domin stellt in ihrem Gedicht die Frage nach der Gespaltenheit unserer Existenz, die Frage nach dem, dessen wir habhaft werden können, und nach dem, was sich von uns für immer »unbenutzt« verliert. Daß sie dabei die Bilder von Nest und Auslauf ins Spiel bringt, verleiht dem Text poetische Prägung. Doch der Ausgangspunkt bleibt das menschlich ergreifende Bild der Alternden, die sich in nachtastender Selbstbegegnung in die Vorbedingungen der eigenen Existenz versenkt.

HILDE DOMIN
TOKAIDOEXPRESS

Wie ein Tokaidoexpreß
sind wir durch die Geschichte gefahren
und kaum noch zu sehen
Ich rede in der Vergangenheitsform
während ich atme sehe ich mir nach
ich bin das Rücklicht
Als Rücklicht
leuchte ich vor euch her
euch Dichtern eines vielleicht zweifachen
Zuhauses
des Bodens auf dem ihr bleiben dürft
euer Land wird immer größer werden
wenn die Erdoberfläche sich zusammenzieht
und die Grenzen zurückweichen
unter den Flügeln der Menschen
ihr könnt gehen und doch bleiben
und im Worte wohnen
vielleicht im Worte vieler Sprachen zugleich
doch im deutschen zuerst
im deutschen
an dem wir uns festhielten
Ich der letzte
kämpfe für euch alle
um den Stempel in diesem Paß
um unsern Wohnsitz im deutschen
Wort

HELMUT KOOPMANN
DAS LEBENSZENTRUM DER SPRACHE

Das Erlebnis der Hochgeschwindigkeit war ursprünglich ein Eisenbahnerlebnis. »Die vorüberjagenden Landschaften«, das Durcheinanderrütteln der Welt, »die eigentlich nur noch aus Bahnhöfen besteht«: Das alles verband sich mit den modernen Expreßzügen. Aber es ist nicht erst eine Erfahrung unserer Zeit – so hat sich Joseph von Eichendorff 1845 geäußert. Heute würde jedes Kleinmotorrad den damaligen Expreß, der solche »Vehemenz« vermittelte, lässig hinter sich lassen.
Der Tokaidoexpreß ist wesentlich schneller. Er hat noch nicht die Geschwindigkeit, die Chamisso satirisch dem »Dampfroß« zuschrieb, als er die Eisenbahn der nach Westen laufenden Zeit hinterherrasen ließ, sie überholte und gestern von Osten wieder heraufkommen sah: fünf Jahre, bevor überhaupt der erste Zug in Deutschland fuhr. Dennoch ist das, was der Tokaidoexpreß dem Reisenden vermittelt, gar nicht so weit entfernt von dem, was Eichendorff und Chamisso verärgert oder satirisch beschreiben. Der Weg geht zwar nicht um den Erdball, sondern durch die Geschichte. Aber das Erfahrungs-Paradox ist ähnlich.
Die Dichterin als Rücklicht, das vor anderen herleuchtet, sich als vergangen betrachtend, während sie noch atmet: kein Eisenbahnerlebnis, sondern die Selbstbeschreibung eines Menschen, der eher ein Zuviel an Geschichte erfahren hat als ein Zuwenig. Und diese Geschichte war keine

sehr freundliche. Sie, durch die die Dichterin so rasend hindurchgefahren ist, war eine ihr aufgezwungene. Sie hielt etwas bereit, was in der Regel Verlust, Tod und Untergang bedeuten konnte: Vertreibung, Flucht, Exil. Eine der großen leidvollen Erfahrungen unseres Jahrhunderts bestimmt auch das Gedicht vom Tokaidoexpreß.
Hilde Domin hat viele Gedichte über das Exil geschrieben, über das Fremdsein und über das Weggehenmüssen. »Der Wandrer / von Tag zu Tag / und von Land zu Land, / an dem das Wort / von der Flüchtigkeit / allen Hierseins / Fleisch ward«, heißt es in dem Gedicht »Apfelbaum und Olive«. »Fremder«, »Mit leichtem Gepäck«, »Vaterländer«, »Rückwanderung« – die Gedichttitel sprechen ihre eigene Sprache. Was blieb, war die Sprache, dieses eine Vaterland, das mitgenommen werden konnte und das das andere mitersetzen mußte.
Von Elias Canetti wissen wir, daß er im Londoner Exil Wortlisten anlegte, nur um nichts von der deutschen Sprache zu verlieren. Sprachverlust ist die vielleicht schlimmste Form des Exils. »Mein Geist fühlt sich in Frankreich exiliert, in eine fremde Sprache verbannt«, schrieb Heinrich Heine nach Jahren in seinem Pariser Exil. Aber Hilde Domin, die ein schlimmeres Exil durchmachte, hat die wirkliche Verbannung triumphal überwunden – mit Hilfe der Sprache. In einem offenen Brief an Nelly Sachs 1966 heißt es: »Da wird einer verstoßen und verfolgt, ausgeschlossen von einer Gemeinschaft, und in der Verzweiflung ergreift er das Wort und erneuert es, macht das Wort lebendig, das Wort, das zugleich das Seine ist und das der Verfolger.«
Dieses Lebenszentrum der Sprache blieb, und niemand weiß genauer um dessen Bedeutung als der, der nur noch

jenen einen Wohnsitz hat, den »im deutschen Wort«. Wer so über die Sprache denkt, so mit ihr lebt und sie so braucht, für den gibt es keine Sprachschludereien. Für den kann das Gedicht sogar mehr sein als das Leben, nämlich »die Essenz des Gelebten: exemplarisch und vollziehbar gemacht«. Auch das steht im Brief an Nelly Sachs und ein Satz, der uns sagt, warum die Gedichte, die vom Exil handeln, nicht verlorengehen dürfen. Er lautet: »Die Sprache ist das Gedächtnis der Menschheit.« Mag der Tokaidoexpreß auch vorübergejagt sein, dieses Gedächtnis bleibt. Hilde Domin hat für alle Verfolgten gesprochen, stellvertretend und beispielhaft.

HILDE DOMIN
WER ES KÖNNTE

Wer es könnte
die Welt
hochwerfen
daß der Wind
hindurchfährt.

WALTER HELMUT FRITZ
DIE WELT HOCHWERFEN

Einige Worte, und schon wieder Stille. Früher hätte am Anfang der Zeilen vielleicht ein »ach« gestanden. Hilde Domin läßt es weg. Aber es ist mitgedacht.
Ein Gedicht, das offen ist für die Assoziationen, Gefühle, Gedanken von Menschen, die sich mit etwas herumschlagen, mit dem sie nicht fertig werden; die die Sehnsucht haben, daß etwas in Sicht kommt; die eine Besserung erwarten; hoffen, daß eine Erstarrung weicht. Mit einem Wort: die die Welt »hochwerfen«, das Unmögliche möglich machen möchten.
Hochwerfen: was für ein Wunsch; was für ein Anspruch; welch ungeheuerliche Hoffnung. Die Welt nicht nur aus den Angeln »heben«. Sie hochwerfen als Ball. Wie – vergleichsweise – bescheiden war der Versuch des Archimedes.
Das Wort »hochwerfen« bildet die Mitte des Gedichts. Davor, dahinter, symmetrisch dazu »Welt« und »Wind«: das Schwere und das Leichte, das Verharrende und das Bewegliche, das Massive und das Durchsichtige. Die Welt hochwerfen, damit der Wind die Möglichkeit hat, sie leicht, beweglich, durchsichtig zu machen.
Ein Gedicht, das sehr direkt spricht; direkter als manche der früheren Arbeiten aus den Bänden »Nur eine Rose als Stütze« und »Rückkehr der Schiffe«, in denen die Metapher die Zeilen gelegentlich nachdrücklicher bestimmte. Das heißt aber nicht, daß es weniger »poe-

tisch« ist. Denn es kommt aus einer starken Einbildungskraft.

Es ist zugleich lakonisch und »übermütig«. Es ist – so formuliert es Hilde Domin im Nachwort zu ihrer Anthologie »Nachkrieg und Unfrieden« im Hinblick auf das Wesen des Gedichts überhaupt – ein »gefrorener Augenblick, den jeder Leser sich wieder ins Fließen, in sein Hier und Jetzt bringt«. Es zeigt, daß die Strophen dieser Autorin auf ihrem Weg von dem Gedicht »Wen es trifft« (1953) bis zu »Abel steht auf« (1970) »Zurufe« geblieben sind, einfache, unverfälschte Worte.

Ist es unmöglich, die Welt hochzuwerfen? (Wer es könnte: er hätte die Lösung gefunden.) Möglich ist es zumindest im Gedicht.

MASCHA KALÉKO
IM EXIL

Ich hatte einst ein schönes Vaterland –
so sang schon der Flüchtling Heine.
Das seine stand am Rheine,
das meine auf märkischem Sand.

Wir alle hatten einst ein (siehe oben!).
Das fraß die Pest, das ist im Sturz zerstoben.
O Röslein auf der Heide,
dich brach die Kraftdurchfreude.

Die Nachtigallen wurden stumm,
sahn sich nach sicherm Wohnsitz um,
und nur die Geier schreien
hoch über Gräberreihen.

Das wird nie wieder, wie es war,
wenn es auch anders wird.
Auch, wenn das liebe Glöcklein tönt,
auch wenn kein Schwert mehr klirrt.

Mir ist zuweilen so, als ob
das Herz in mir zerbrach.
Ich habe manchmal Heimweh.
Ich weiß nur nicht, wonach.

BEATE PINKERNEIL
REISEN NACH NIRGENDLAND

Sie war von jenem Baum, der ewig zweigte und nie Wurzeln schlug. Ein Leben lang hoffte sie auf Wunder und hielt die Koffer stets bereit. Die Notwendigkeit eines jähen Aufbruchs hatte ihre Kindheitsjahre geprägt. Aus dem galizischen Schidlow, wo die Jüdin Mascha Kaléko 1907 zur Welt kam, während des Ersten Weltkriegs verbannt, vollzog sie für den Rest ihres Lebens die Einübung ins unglückliche Bewußtsein, nirgendwo heimisch, überall ein Fremdling zu sein. »Wohin ich immer reise, / ich fahr nach Nirgendland. / (...) Die Wälder sind verschwunden, / die Häuser sind verbrannt. / Hab' keinen mehr gefunden. / Hat keiner mich erkannt«, schrieb sie in ihrem Lebensrückblick »Kein Kinderlied«. Daß die Wunde ihres frühen, unfreiwilligen Exils nicht vernarbte, machte sie zur Dichterin. Vaterlandslos geboren, schuf sie sich im Gedicht, in der Sprache ihr eigenes Vaterland. Es besaß den unschätzbaren Vorteil, transportabel zu sein, sie konnte es überallhin mitnehmen.

Im Berlin der ausgehenden zwanziger Jahre hatte sie zu schreiben angefangen. Eines ihrer ersten Gedichte mit dem Titel »Kassen-Patienten« erschien 1930 in der »Weltbühne«: eine unsentimentale, unerbittlich genaue Momentaufnahme menschlicher Schicksale in kahlen großstädtischen Wartezimmern. Da hockten sie, die vereinsamten Kranken, blätterten in welken Illustrierten und tauschten – echt berlinerisch – die Erfahrungen ihres

medizinischen Nummerndaseins aus: »Det weeß keen Doktor, wat uns richtich fehlt.«
Mit diesen und anderen lyrischen Tableaus aus dem Alltagsleben, in der Vossischen Zeitung und im Berliner Tageblatt abgedruckt, bewies die damals Dreiundzwanzigjährige, daß sie zu keiner literarischen Schule gehörte; auch wenn ihre Texte, zwischen salopper Selbstironie und wehmütiger Skepsis, zwischen Spottlust und heimlicher Trauer oszillierend, manchmal an Tucholsky und Kästner, Morgenstern und Ringelnatz denken ließen. Wer den eigenwilligen Ton dieser Lyrikerin instinktiv erfaßte, war Ernst Rowohlt. Als die junge Mascha Kaléko 1933 mit ihrem ersten Manuskript »Das lyrische Stenogrammheft« zu ihm kam, verlegte er es noch im selben Jahr. Der unscheinbare Band wurde zwar ein Erfolg, hatte aber – wie die kurz danach folgenden Gedichte »Kleines Lesebuch für Große« – keine Wirkung mehr. Die Nazis setzten beide Veröffentlichungen auf ihre Liste verbotener Schriften. Bei der großen Bücherverbrennung gingen sie mit in Flammen auf.
Mascha Kaléko konnte gerade noch rechtzeitig in die Vereinigten Staaten flüchten. Das New Yorker Künstlerviertel Greenwich Village wurde die nächste Station erzwungener Wanderschaft. Ein Zufluchtsort gewiß, aber mehr nicht. Sie litt an chronischer Sehnsucht nach Deutschland, nach seiner alten Reichshauptstadt »auf märkischem Sand«. In ihrem Heimweh versuchte sie heimisch zu werden, wie ihr »Exil«-Gedicht zeigt. Sie bewohnte künftig kein Land mehr, sondern bewanderte die Straßen dieser Welt: Minetta Street, New York, King George Street, Jerusalem, wohin sie 1966 mit ihrem zweiten Mann, dem chassidischen Musiker Chemjo Vinaver übergesiedelt war.
Was sie in jener Zeit bis zu ihrem Tod 1975 dichtete, kreiste

um den eigenen Schatten der Vergangenheit, um das unbarmherzige »Gewesen«. Den »Flüchtling Heine« nahm sie sich zum Wahlverwandten. Wie dieser empfand sie sich als Zeugin und Opfer ihrer Epoche, als ein »enfant perdu«; so der Titel des Gedichts aus Heines letzten Lebensjahren. Auf dessen Schlußzeilen »Doch fall ich unbesiegt, und meine Waffen / Sind nicht gebrochen – Nur mein Herze brach«, entgegnete Mascha Kaléko nach mehr als einem Jahrhundert: »Mir ist zuweilen so, als ob / das Herz in mir zerbrach.« Auf ihrer ersten Deutschland-Reise im Heine-Jahr 1956 setzte sie den Dialog mit dem Toten fort, im Gedicht »Deutschland, ein Kindermärchen«, ihre Antwort auf Heines satirisches Versepos »Deutschland. Ein Wintermärchen«.

Während freilich Heines Platz im Kapitel deutsch-jüdischer Geistesgeschichte gesichert ist, findet sich der Name Mascha Kalékos bis heute in keiner unserer Literaturgeschichten verzeichnet. Sie zählt immer noch zu den Unbekannten, obwohl ihr »Lyrisches Stenogrammheft« das hundertste Tausend längst überschritten hat.

MASCHA KALÉKO
KLEINE HAVEL-ANSICHTSKARTE

Der Mond hängt wie ein Kitsch-Lampion
Am märkschen Firmament.
Ein Dampfer namens »Pavillon«
Kehrt heim vom Wochenend.

Ein Chor klingt in die Nacht hinein,
Da schweigt die Havel stumm.
– Vor einem Herren-Gesangsverein
Kehrt manche Krähe um.

Vom Schanktisch schwankt der letzte Gast,
Verschwimmt der letzte Ton.
Im Kaffeegarten »Waldesrast«
Plärrt nur das Grammophon.

Das Tanzlokal liegt leer und grau.
(Man zählt den Überschuß.)
Jetzt macht selbst die Rotundenfrau
Schon Schluß.

Von Booten flüstert's hier und dort.
Die Pärchen ziehn nach Haus.
– Es artet jeder Wassersport
Zumeist in Liebe aus.

Noch nicken Föhren leis im Wald.
Der Sonntag ist vertan.
Und langsam grüßt der Stadtasphalt
Die erste Straßenbahn ...

HORST KRÜGER
BERLINER AUGENBLICK

Gewiß, ein großes klassisches Stück deutscher Lyrik ist das nicht. Und eigentlich gibt es hier auch kaum etwas zu interpretieren. Form und Inhalt sind eindeutig; alles liegt direkt auf der Hand, meint das, was es sagt. Hier ist gar nichts zu entziffern. Und doch liebe ich diese Verse, halte sie für bemerkens- und bewahrenswert; denn hier ist die Zeit eingefangen: Berliner Augenblick.
Ein Stück deutscher Geschichte wurde dingfest gemacht: ein Zeitgedicht. So konnte, so mußte man einmal schreiben, und so schrieb man damals eben, wenn man begabt und empfindlich war: Tucholsky, Kästner, Ringelnatz und eben auch diese Mascha Kaléko: Berlin. Anfang der Dreißiger, halb Kabarettext, halb Leierkastensong: romantische Ironie mit Schnoddrigkeit. Natürlich, auch Brecht, auch Heine stehen im Hintergrund.
»Kleine Havel-Ansichtskarte« wurde vor gut vierzig Jahren geschrieben. Es stand 1933 im ersten Lyrikband einer jungen Frau, die damals nach Einzelveröffentlichungen in der »Vossischen Zeitung« und im »Berliner Tageblatt« plötzlich wie ein neuer Stern am Berliner Literatenhimmel aufging; aufzugehen schien, muß man nachträglich sagen. Rowohlt hatte sich ihrer erfolgreich angenommen, in Romanischem Café rezitierte sie abends umjubelt. Hermann Hesse und Thomas Mann feierten sie als »Dichterin der Großstadt«. Doch war sie Jüdin. Damit ist alles gesagt: ein Aufbruch brach ab. Mascha Kaléko mußte emigrieren.

»Das Lyrische Stenogrammheft« wurde mit auf den großen Scheiterhaufen der Nazis geworfen. Verbrannte es ganz?
Ich meine nicht. Aber vielleicht muß man gebürtiger Berliner sein, um heute, vierzig Jahre später, zu spüren, wie genau und treffsicher im Ton dieses Gedicht das Lebensgefühl in der damaligen Reichshauptstadt kurz vor Hitler fixiert: Melancholie und schöne Selbstverletzung, spöttische Sentimentalität. Heute müßte man eine Berlin-Ansichtskarte durchaus anders schreiben. Jürgen Becker hat es getan, aber damals? »Der Mond hängt wie ein Kitsch-Lampion / Am märkschen Firmament«; das ist genau jener Berliner Sarkasmus, der eingeborene Gefühligkeit keß kaschiert, also sagbar machte, damals. Zarte Bosheit, die soziale Trivialitäten anerkennt und zugleich verhöhnt: »Ein Chor klingt in die Nacht hinein / Da schweigt die Havel stumm.« Und gleich darauf, noch frecher: »Vor einem Herren-Gesangsverein / Kehrt manche Krähe um.«
Die beiden letzten Verse scheinen mir die gelungensten. Leicht, schwebend, durchaus impressionistisch wird dieser Abend draußen am Wannsee durchgebildet, aber plötzlich wird das Verspielte ernst, beinahe sentenzhaft grundsätzlich: »Die Pärchen ziehn nach Haus. / Es artet jeder Wassersport / Zumeist in Liebe aus.« Ein schöner, runder, durchaus klassischer Satz, in dem pralle Sinnlichkeit lebt: Großstadt-Eros. Dann verschwebt das wieder. Dann löst sich so unbestreitbare Lebenswahrheit wieder im Ungefähren und doch Genauen auf: »Noch nicken Föhren leis im Wald. Der Sonntag ist vertan.« Man weiß schon, was kommt; weil es aber bewußt ironisch eingesetzt ist, ist seine Trivialität: »Stadtasphalt grüßt die erste

Straßenbahn« im doppelten Wortsinn schon wieder aufgehoben: vernichtet und zugleich bewahrt.

Möglich, daß man in einem Land, das das Schwere, Tiefe und Dunkle vorzüglich liebt, über diese Verse die Nase rümpft. Aber wenn, wie man heute gern sagt, Literatur Gesellschaft reflektieren soll, so sind die Verse dieser sensiblen und stillen Frau in ihrer Art hochliterarisch: ein Zeitgedicht, das Auskunft gibt, das also bleibt.

FRITZ GRASSHOFF
BLUES

Rosa nasses Löschpapier
zerrissen –
keiner sucht es
keiner wird's vermissen.
Laßt es liegen, Kinder,
laßt es liegen.
Löschpapier ist überall zu kriegen.

Seht, zwei Tintenkleckse
blaß zerronnen:
Säuferaugen
tote Whiskysonnen.
Laßt sie schwimmen, Kinder,
laßt sie laufen.
Tinte gibt es überall zu kaufen.

Wenn der Regen kommt,
der große Regen,
wird er's sicher
in den Gully fegen.
Wird's durchlöchern, Kinder,
wird's durchsieben –
Löschpapier mit mir beschrieben.

EVA DEMSKI
TROTZ ALLEM UND JETZT GRADE

Einst war sie ein Bestseller, die »Große Halunkenpostille« des Fritz Graßhoff, aus der dieser Blues stammt. Über achtzigtausendmal verkauft in einer Zeit, da Deutschland noch mager und gottlob geschlagen war und wo das Leben sich in den Kellern regte, genährt und beflügelt von amerikanischen Zigaretten und geschmuggeltem Schnaps.
Dazu haben sie gepaßt, die melancholisch-schnoddrigen Texte des Quedlinburgers Graßhoff, der ebenso bitter wie lebenssüchtig aus dem Krieg zurückgekommen war, geographisch gesehen in Arno Schmidts Nachbarschaft, nach Celle – aber in Deutschland war es ihm zu eng und die Luft dick von Geschichte. Also raus, nach Schweden, sechs Jahre in den Fünfzigern, Bellman übersetzt, und vielleicht ein wenig vom Ton seiner Stimme angenommen. Nach Deutschland zurück – aber da war alles gleich geblieben, nur lauter und reicher geworden. Und irgendwie hatte man den Dichter, Songschreiber und Romancier Fritz Graßhoff vergessen.
Wer wird es vermissen, das Löschpapier, auf dem die Buchstaben verlaufen?
Es gab immer Dichter, die auf dem Zeitgeist zu reiten verstanden wie die Hexen auf dem Besen, es gab sie immer, die Igel der Literatur, die »ich bin schon da« schrien – er, Graßhoff, war das Gegenteil und ist es bis zum heutigen Tag geblieben.
Keiner weiß, wessen Texte er mitsummt, wenn in der

Evergreen-Sendung »Nimm mich mit, Kapitän, auf die Reise« gespielt wird oder die »Kleine weiße Möwe« – es sind seine. Von so was kann man leben, wenn es mit der Dichterei nicht hinhaut. Blaßblaue Innerlichkeit, lyrische Zähren über die Herbheit der Welt und insbesondere der Literaturkritiker waren seine Sache nicht. Denn man beachte die Farbe des Löschpapiers, jenes Symbols für die Vergeblichkeit alles dichterischen Tuns – es ist rosa! Die Farbe der Morgenröte, eine Trotzdem-Farbe, Zuckerstangen sind rosa und Mädchenwäsche – es ist eine lebenszugewandte Farbe, dieses Rosa, und immerhin geht's darauf nicht nur um Tinte, sondern auch um Whisky.
Wenn schon alles für die Katz ist, wollen wir doch, bis uns der Teufel holt, ein bißchen Spaß haben.
1980 erschien sein Roman »Der Blaue Heinrich« – die Geschichte einer Straße und einer Kindheit, vom Krieg erzählt Graßhoff, und wieder hat er diesen fast heiseren Ton von Trotz allem und Jetzt grade, auch wenn *sub specie aeternitatis* sowieso alles egal ist. Das aber wollten die Leute am Beginn der achtziger Jahre wohl nicht mehr lesen. Und Graßhoff, in seinem schönen Haus, weit weg vom stickigen Europa, Hudson/Quebec, mit einem weiten Blick über den Fluß, der so breit ist, daß man das andere Ufer nicht sehen kann, sagt: »Da hab ich Weltliteratur gemacht. Es hat nur keiner gemerkt.«
Jetzt, mit achtzig Jahren, groß, weißhaarig und einäugig wie ein Pirat, macht ihm das alles nichts mehr aus. Hier in Kanada lebt er nun schon viele Jahre, amüsiert sich aus sicherer Entfernung über den Literaturbetrieb, ist erstaunlich gut informiert. Literaturpreise? Fehlanzeige. Die Bilder aber, die er seit vielen Jahren malt, schöne, verschrobene, wilde Bilder mit Teufeln, Ratten, Bäumen und

Dichtern drauf, werden ausgestellt. Nicht alles wird der große Regen in den Gully fegen, und wenn er es doch tut, dann ist es eben so – Tinte gibt es überall zu kaufen.

HERMANN LENZ
REGEN

Nun der Regen strömt und rinnt,
Rauch ich meine Pfeife.
Keiner ist mir wohlgesinnt,
Was ich gut begreife.

Frierend wart ich, doch es kommt
Nichts, und nichts wird besser.
Rußlands Nordwind, der mir frommt,
Schneidet mit dem Messer.

Darum mach ich einen Biß
In das Brot, das kalte.
Meine Pfeife mit dem Riß
Knistert: Bleib der Alte.

JOCHEN HIEBER
DIE ANGST AUSHALTEN

Der Mann, dem seine lädierte Tabakspfeife zuknistert, er solle »der Alte« bleiben, ist noch keine dreißig. Seit gut zwei Jahren dient er in Hitlers Krieg als Gefreiter der Wehrmacht – Offizier zu werden wie sein Vater, lehnt er ab, sonst aber paßt er sich den Umständen an und muckt nicht auf. 1942 hat es ihn mit seiner Kompanie aus dem südlichen Frankreich in den Nordwesten Rußlands verschlagen, in die Nähe von Narwa am Finnischen Meerbusen: »Der Leerlauf dieses Stellungskriegs, dieses Warten«, das die Kameraden zermürbt, ist ihm gerade recht.

In dem 1975 erschienenen Roman »Neue Zeit« hat Hermann Lenz sein Leben während der Nazizeit beschrieben, hat erzählt, wie aus dem eleganten und nicht eben sehr ehrgeizigen Studenten der Kunstgeschichte, der indes als Dichter erste Erfolge erntet, ein Soldat wurde und ein Scharfschütze. Freilich einer, der seinen Auftrag auch an der russischen Front auf höchst eigene Weise zu erfüllen gedenkt: »Bis heute«, sagt Eugen Rapp, das *Alter ego* des Hermann Lenz, im Roman zu sich selbst, »hast du Glück gehabt und niemand umgebracht; und hoffentlich mußt du das nie.«

Ein klein bißchen Schwejk, ein wenig Simplizius: durch den Krieg jedoch bringt den stillen Lenz vor allem sein schwäbisch-gediegener Sinn für die jeweilige Situation. Und um dem Krieg standzuhalten, dem Grauenhaften ebenso wie dem grauen Alltag, flüchtet er sich ganz be-

wußt in die Vergangenheit.«»Du ertrügest nicht die neue Zeit ohne Erinnerung an die alte«, meint Lenz mit Rapp. Er erfindet Geschichten, die im Wien der Jahrhundertwende spielen. Er liest Mörike und schreibt über dessen Leben. Er verfaßt, »damit du deine Angst aushalten kannst«, eigene Gedichte, von denen sein väterlicher Lehrmeister Georg von der Vring 1943 einige in der Anthologie »Die junge Front« veröffentlichen wird.
»Regen« gehört nicht dazu. Aber wie die anderen Poeme aus jenen Jahren ist auch dieses mit Bedacht ein »altes« Gedicht, traditionell und schlicht in der Form, fast bieder erscheinend in der Wahl von Szene und Stoff. Es sind die unmittelbaren Umstände seines Entstehens, die es zu einem literarischen Zeitdokument machen.
Ein versprengter russischer Offizier aus der Wlassow-Armee ist erschossen worden. Zusammen mit einem Kameraden erhält Hermann Lenz den Befehl, ihn mitten im Sumpf zu »beerdigen«. Sie werfen den Leichnam in einen Tümpel, aber er geht nicht unter. Sie beschweren ihn, »doch immer wieder drängten die Füße herauf... Da gingen sie beiseite und ließen alles liegen, wie es war«.
»Keiner ist mir wohlgesinnt, / Was ich gut begreife«, heißt es im Gedicht »Regen«, das sogleich nach der Rückkehr in die Stellung geschrieben wird. Aber der einzige, der dem »gutmütigen Kameraden« Hermann Lenz alias Eugen Rapp in diesem Augenblick nicht wohlgesonnen sein kann, ist, was man gut begreift: er selbst. »Vielleicht verachtenswert«, notiert er im Roman und meint das Schreiben des Gedichts. Es ist jedoch zugleich eine »Schutzschicht«, die ihn »von der Verzweiflung trennt«.
Der Romancier Hermann Lenz, dessen umfangreiches erzählerisches Werk in den vergangenen fünfzehn Jahren die

verdiente Anerkennung fand, hat zeitlebens, aber gleichsam *en passant* auch Gedichte geschrieben. Über ganz wenige hat er dabei soviel Auskunft gegeben wie über den »Regen«. Der Gegensatz zwischen dem äußeren Anlaß, dem es sich ›verdankt‹, und der inneren Hinwendung zum alten Leben, zu der des Dichters Pfeife rät, mag fast unerträglich sein, ist aber alles andere als verachtenswert. Im Gegenteil: mir ist »Regen« gerade deshalb das kostbarste Gedicht von Hermann Lenz.

CHRISTINE BUSTA
AM RANDE

Manchmal auf einer Schwelle sitzen,
ausruhn vom Gehn, das nicht ankommt,
die Tür hinter dir und nicht klopfen.

Alle Geräusche wahrnehmen
und keines verursachen.
Das Leben, das dich nicht annimmt, erhören:
im Haus, auf der Straße,
das Herz der Maus und des Motors,
die Stimmen von Luft und Wasser,
die Schritte des Menschen, der Sterne,
das Seufzen von Erde und Stein.

Manchmal setzt sich das Licht zu dir
und manchmal der Schatten,
treue Geschwister.
Staub will nisten auf dir
und unbetretbarer Schnee.

Langsam unter der Zunge
wärmt sich dein letztes Wort.

GERTRUD FUSSENEGGER
RAST AUF DER SCHWELLE

Ein leiser Text, ein Text der Stille, doch keinesfalls der Sprachlosigkeit, die sich heute paradoxerweise so oft wortreich literarisch formuliert und als Anzeichen innerer Wüstung verstanden sein will. Die Stille in diesem Gedicht lebt, sie ist die flüsternde Fülle des vorkreativen und dann des kreativen Augenblicks.

Da ist das lyrische Ich, das sich zuerst nur mit einem Wunsch in Form eines elliptischen Infinitivs zu Worte meldet: »Manchmal auf einer Schwelle sitzen, / ausruhn...« Wer kennt diesen Wunsch nicht? Man ist stundenlang unterwegs gewesen, man sehnt sich nach einem Rastplatz, und wäre er auch nur eine Treppenstufe, eine Schwelle, da könnte man »ausruhn vom Gehn, das nicht ankommt«, denn man will ja gleich weiter. Die Tür soll geschlossen bleiben, man klopft nicht an, will nicht bemerkt werden, denn – kaum hat man sich der sanften Wohltat der Rast überlassen, sammelt sich die eigene Aufmerksamkeit auf »das Leben, das dich nicht annimmt«, das es dennoch zu »erhören« gilt.

Erhören? Das kann hier zweierlei bedeuten: er-hören im Sinne von erlauschen, dann aber auch im Sinn barmherziger Zuwendung. Es scheint, daß dem lyrischen Ich eins ins andere verschmilzt und verschmelzen soll, und auch dieser Wunsch wird von einem elliptischen Infinitiv transportiert, die in diesem Fall wohl zarteste Form, ein Streben auszudrücken.

Dieses Streben ist, wie ich zu erraten glaube, das noch schwankende Um-sich-Tasten und Sehnen, das jedem kreativen Prozeß vorausgeht. Es greift sich dies und das: Haus, Straße, Ticken des Mäuseherzens, Grummeln eines Motors, Stimmen von Luft, Wasser, Stein ... Dann – in neuer Strophe – bricht es zu indikativischer Aussage durch; Lebenserfahrung wird resümiert: »Manchmal setzt sich das Licht zu dir / und manchmal der Schatten ...« Das ist schön gesagt; noch schöner: »Staub will nisten auf dir / und unbetretbarer Schnee.« Staub – das heißt wohl Mühsal, Enttäuschung, Alltags-Banalität. Dann aber: »unbetretbarer Schnee«. Dieses Bild kann nichts anderes signalisieren als die metaphysische Kategorie, das Gipfellicht, dessen Widerschein auf der Stirn des denkenden, fühlenden, des betenden Menschen aufstrahlt.

In den nächsten zwei Zeilen erfolgt ein unerwarteter, ein rätselhafter Schluß. Was sich da »langsam unter der Zunge / wärmt ...«, soll es uns an den Kieselstein erinnern, mit dessen Hilfe Demosthenes gegen die Brandung ansprechen lernte? Oder an die Münze, die man den Toten unter die Zunge schob, damit sie die Überfuhr ins Schattenreich bezahlen konnten? Oder ist hier einfach nur ein Noch-Ungesagtes angedeutet, das als Rest bleibt? (Das Rätsel ebendieser Zeile hat mich an dem Gedicht fasziniert.)

Noch eins fiel mir auf: dieser Text, der doch nichts anderes als ein Selbstgespräch enthält, sagt nie *ich*. Er bewegt sich zuerst im Infiniten, dann wendet er sich an ein *du*. In dieser sanften Spaltung gibt sich weibliche Gemütsart kund, vorfeministische.

CHRISTINE BUSTA
SIGNALE

Damals, um zwei Uhr nachts
im Bahnhof von Nürnberg:

niemand stieg aus oder zu,
man hat nur die Post verladen,
Botschaft von Schläfern für Schläfer.

Zwischen Gleisen und Weichen
eine verirrte Grille
schrie und schrillte und schrie.

HEINZ PIONTEK
EINER MUSS WACHEN

Wodurch mir Christine Busta schon früh auffiel, ist ihre Unbeirrbarkeit gewesen. Gewiß, damit kann man es sich leicht machen, einfach nicht nach rechts und links sehen, nichts von dem, was sich verändert, zur Kenntnis nehmen, allen Fragen und Irritationen ausweichen. Doch was wäre das für ein Lyriker, der sich so ängstlich oder so ungerührt verhielte! Christine Busta hat die Entwicklungen, Moden, Trends sehr wohl verfolgt, aber ihr Talent nicht hierhin und dorthin gehetzt, sondern – angesichts der Veränderungen – an sich selbst weitergearbeitet.

Jetzt gelingen der sechzigjährigen Wienerin Gebilde von großer Schlichtheit und Ausgewogenheit. Dabei sind sie alles andere als wohltemperiert. Eines der Gedichte, das »Signale« heißt, kann als Beispiel dienen. Die Busta begnügt sich hier mit ganzen acht Versen, die in drei Strophen gegliedert sind. Kein Reim, kein Metrum, allenfalls ein Anklang von Daktylen – dennoch der Eindruck von etwas Festgefügtem, das durch Satzbau und Semantik strukturiert ist.

»Damals, um zwei Uhr nachts / im Bahnhof von Nürnberg:« Der Auftakt des Gedichts scheint zunächst nichts weiter als eine Orts- und Zeitangabe, aber mit dem Stabreim »nachts« und »Nürnberg« schlagen die beiden Verse einen Ton an, der merkwürdig beklommen macht. Obwohl nächtliches Reisen für viele zur Selbstverständlich-

keit geworden ist, kann uns bei einem Blick durchs Zugfenster in eine halbdunkle leere Bahnhofshalle nach Mitternacht plötzlich unsere Vereinzelung zu Bewußtsein kommen, bis zur Bangigkeit. Wie verloren jene wenigen, die dem Schlaf nicht nachgeben; wie riesig ihnen gegenüber die Zahl derer, die sich zwischen ihren Bettpfosten ausgestreckt haben, wie betäubt daliegen! »Niemand stieg aus oder zu, / man hat nur die Post verladen...«
Während wir die nächtlichen Bilder von Öde, Vereinzelung, Ungeschütztheit noch auf uns wirken lassen, Menschenleere in ihrer Tristheit bis in die Eingeweide empfinden, nimmt das Gedicht eine Wendung, indem es uns eine neue, eine »poetische« Einsicht eröffnet. Das ab- und zugeladene Postgut »entpuppt« sich als »Botschaft von Schläfern für Schläfer«. Jetzt, spüren wir, ist nicht länger mehr von zufällig Wachenden und zufällig Schlafenden die Rede; Wachen und Schlafen erscheinen als diametrale, äußerste Zustände des Bewußtseins. Menschen können sich auch tagsüber wie Schläfer verhalten, so dahindämmern, während umgekehrt andere, immer hellwach, selbst nachts kaum Schlaf finden. »Eine verirrte Grille / schrie, schrillte und schrie.« So wird ein einzelnes Insekt zum Inbild. Der Schmerz der Schlaflosigkeit und der Schmerz über das, was schlaflos macht, geht in diesem feinen hartnäckigen Schreien ineinander über.
Doch da das Gedicht »Signale« heißt, sollten wir auch an das Wachen aus Wachsamkeit denken. Grillengesang ist nicht wohltuend, eher schrill, alarmierend. Vielleicht ein Warnsignal? »Einer muß wachen«, heißt es bei Kafka, »einer muß da sein«. Es ist der, der uns warnen kann, wenn

wir schlafen. Und sollten wir wach sein wie er, mitten in der Nacht, so wird uns der Ton seiner Stimme bedeuten, daß wir nicht allein sind.

STEPHAN HERMLIN
TERZINEN

Die Worte warten. Keiner spricht sie aus:
Auf ihren Lidern eine Handvoll Nacht,
Ihr Haar wärmt Nest und Brut der Wintermaus.

Aus ihrem Säumnis ist mein Traum gemacht,
Mein langer Tag aus ihrer Endlichkeit.
Die Schwalben sind vom Winde überdacht.

Nur sie sind ganz allein im Fluß der Zeit,
Die Uhren schlagen ihre Namen fort,
Vermächtnis, Schwur und Mahnmal ungeweiht.

Der Regen wäscht aus Tafeln Wort um Wort,
Rinnt auf Mont-Valérien und Plötzensee.
Die Schwalben liegen in der Hand des Nord.

Ich weiß noch, wenn ich dann im Dunkel steh:
Den Blick voll Bläue, Hand und Atemzug,
Die Abende von lauem Gold wie Tee.

Die Unerschrockenheit, die sich betrug,
Als sei die nächste Woche schon gewiß,
Die Stadt erfüllt mit Geisterfahnenflug,

Mit Fahnen, die der Wind der Zukunft spliß.
Geknebelt mit Gesängen gingen sie
Dahin. Jetzt schmilzt ihr Fleisch vom Rattenbiß

Sechs Fuß tief in des Wartens Euphorie,
Wenn sich die Regensäulen auf sie lehnen.
Der Schwalbensturz allein vergißt sie nie,

Die langsam treiben unter den Moränen.

ELISABETH ENDRES
EINE TOTENKLAGE

Diese Verse schrieb Stephan Hermlin im Jahre 1946; ein deutscher Dichter jüdischer Abstammung, seiner Konfession nach Kommunist. Er hatte Deutschland verlassen müssen, hatte in Palästina, Ägypten und England gelebt. Er war mit den Antifaschisten verbündet in einem Frankreich, das die Nazi-Truppen besetzt hatten. Er floh in die Schweiz, kam in das besiegte Deutschland zurück, nach Frankfurt am Main. 1947, ein Jahr nachdem dies Gedicht entstand, ging er in die sowjetische Zone. Er lebt in Ost-Berlin. Ein DDR-Dichter also? Gewiß. Man liest in den letzten Jahren viel über Hermlin hier, bei uns im Westen. Er protestierte gegen die Ausbürgerung Wolf Biermanns, er hielt vor dem Schriftstellerverband der DDR eine Rede, in der er sich für die lebendige Kultur einsetzte und ihre Freiheit.
Stephan Hermlin ist ein deutscher Dichter: Er versteht sich auf die List, die Wahrheit zu sagen. Man soll bei aller Bewunderung für diese List nicht vergessen, daß er Kunst geschaffen, neben wichtiger Prosa Gedichte geschrieben hat, die vielleicht gerade durch die Ungewöhnlichkeit ihres Stils faszinieren.
Die Gedichte der vierziger Jahre sind zu einem großen Teil eine lyrische Hommage für die Toten. Für die von den Nazis hingerichteten, ermordeten Menschen, für das Stück Glück, für das Stück Sehnsucht, das in jedem einzelnen dieser Individuen vorhanden war, das durch den Tod ganz und gar niedergebrannt wurde.

Ein Dichter schreibt Terzinen. Er übernimmt eine kunstvoll verschlungene Reimordnung, die Dante für seine »Divina Commedia« benutzt, die Hofmannsthal verwendet hatte. Er verbindet damit ihre kühne Metaphorik, in deren surrealen Reiz man sich verlieren möchte. »Ihr Haar wärmt Nest und Brut der Wintermaus«. Es gibt keine Wintermaus. Aber sie lebt in unserem Geist, wenn man sich ihr Nest am Körper des Toten vorstellt, der ausgeliefert wurde der Kälte und den Tieren, die in die Erde ihre Löcher graben. Es ist etwas Tröstliches dabei. Das Haar des Vernichteten wird zum Haus für eine frierende Brut. Die Toten haben ihr Stück Hoffnung bei sich. Neben dem Rattenbiß auch »des Wartens Euphorie«.

Die Lebenden vernehmen die Zwischentöne. Manche Verse berichten von den Unerschrockenheiten, von »Fahnen, die der Wind der Zukunft spliß«. Hermlin mag hier an Freunde gedacht haben, die an Fahnen und an die Zukunft glaubten. Wenn sie recht behalten hätten, wäre alles mühelos verlaufen. Aber hätte der Dichter dieser Nuancen der Klage bedurft, wenn sie recht behalten hätten? Hätte er sich dann nicht auf Fanfarentöne verlassen können? Er zieht das komplizierte Naturbild vor, übersetzt die Totenklage in eine andere Welt: Da sind Schwalben, sie sind überdacht ..., sie werden vom Nordwind getragen ..., der Schwalbensturz wird zum Symbol für das Nichtvergessen.

Der Dichter beschwört ein bißchen Schönheit; das Gold der späten Abende wird mit Tee verglichen. Die Privatheit dieser Impression hat ihren Grund. Die Verse sind von vornherein relativiert. Die erste Zeile lautet: »Die Worte warten. Keiner spricht sie aus:« Der Doppelpunkt widerspricht der Aussage. Einer redet, einer beschwört die Toten. Aber genügt das? Zumal, wenn es sich auch hier um einen Betroffenen handelt, also um einen, von dem gerade nicht letztendlich die erlösenden Worte stammen sollten. Er kann surreal schreiben, er kann realistisch schreiben, Mont-Valérien nennen und Plötzensee, die Hinrichtungsstätten von Paris und Berlin. Schließlich wird er nur klagen können über den Regen, der die Namen langsam unleserlich macht.

HANS PETER KELLER
FOLGE

I

der triftige Grund

weswegen Fallschirme
　in die Luft hängen –?

(so
aufgeblasene
Munterkeit)

die Aufenthalte sind unsicher

ein
Schritt in das
Bodenlose

– schon angekommen

II

du

lehne dich an mich und
ich
habe Halt

solang wir fallen sind
wir
nicht unten

HILDE DOMIN
REISEBERICHT

Diese Gedichtfolge von Hans Peter Keller halte ich für sehr heutig in ihrem heiklen Lebensgefühl und für sehr charakteristisch für das Werk dieses Lyrikers. Knapper geht es nicht mehr.
Gerade schreibt mir eine Studentin: »Was die Wirkung von Gedichten angeht ... Sensibilisierung vielleicht. Und wenn sie eintritt, gehen die Menschen daran kaputt, in dieser unserer Umgebung. Nervenklinik, Alkohol, Valium.« Hans Peter Keller diagnostiziert die Lage ähnlich wie diese Studentin. Aber er zeigt, wie man in dieser kaputten Welt die eigene Hilflosigkeit weglacht.
Um den Hintergrund zu geben, auf dem ein Gedicht wie diese Folge gelesen werden muß, zitiere ich aus Kellers »Turmluke«. »Nicht hinauslehnen«, heißt es da, »die Luft ist voll Schwindel ... Taubendreck, Atemnot.« Und in der letzten Zeile fordert der Autor sich auf: »Komm ins Parterre.« Keller, der jetzt, am 11. März, seinen 60. Geburtstag feiert, ist also ein sehr solider Mann, der sich selbst zu relativieren imstande ist, ein Realist, ein Luftikus nur der Sprache, obwohl er oft über seine »Begegnung mit der Luft« schreibt.
Wenn wir einmal beim Fallen sind, denn vom Fallen handeln diese Gedichte, so stellt sich als erstes für einen solchen Mann die Frage nach einer unbeschädigten Landung. Die möglichen »Fallschirme« sieht der Autor optisch: etwas »Munteres«; fast ein Volksvergnügen. Kurz: etwas

Unnützes. Wer sie »in die Luft hängen« könnte – vermutlich man selbst –, das wird nicht gesagt, nur auf das Fragwürdige einer solchen Rettungs- und Aufhalteaktion hingewiesen. Die »Aufenthalte«, die »unsicher« sind, könnte der Leser sowohl auf die Aufenthalte im Fallen, direkter wohl auf die Aufenthalte des Menschen auf Erden beziehen: übrigens ein theologisches Konzept. – Wo der Boden aufhört, da ist »Ankommen« kein Problem. Das Bodenlose wird zum Ziel, das man nicht verfehlt, »ein Schritt – schon angekommen«. Die sprachliche Umwertung des Erleichterungsseufzers, dieses »schon angekommen«, in sein Gegenteil, in die Bruch- und Zerbrechlandung, wird noch weiter getrieben in der das débacle persiflierenden Überschrift. »Der triftige Grund« ist der absolut zwingende, dem man nicht durch Ausreden entkommt. Der Grund also, in diesem Falle auch im wörtlichen Sinne, auf dem der ins Bodenlose Gestürzte zerschellt: eine »Trift« zugleich, weit unten, unabweisbar, auf der dies beklagenswerte »Angekommensein« stattfindet.

Dagegen gibt es nur einen Trost: die Gemeinsamkeit in der fatalen Lebenslage. Das »Ich« gibt noch im Fallen dem »Du« eine Stütze. In dieser prekären Hilfeleistung wird das »Ich« zum »Wir« und gewinnt eine illusorische Festigkeit, den »Halt«, den der Fallschirm nicht bietet. – Hinzuweisen wäre noch auf die den Text ironisierenden Zeilenbrüche. Die Zäsuren in diesem kurzen Gedicht, das fast aus seinen Atempausen besteht, verzögern sozusagen phonetisch und als Schriftbild das Fallen. Sie sind, wenn man so will, die »Fallschirme«, die der Autor in seinen luftigen Text hängt. So hält das Fallen dieses »Wir« etwas vor, unaufhaltsam, wie es doch ist; es wird geradezu als ein Aufschub genossen. Dieser »Genuß« liegt nicht nur im

Faktum der Zweisamkeit, er liegt mindestens so sehr im Spaß an der souveränen Formulierung seiner Paradoxe.

So wäre an diesen Gedichten von Hans Peter Keller der sich vor Sensibilisierung ängstigenden Gedichteleserin vielleicht gezeigt, wie das Gedicht zugleich befreit von der Bedrückung, die es artikuliert. Eine Befreiung, die immer für beide gilt, für den Autor wie für den Leser.

KARL KROLOW
ARIEL

Auf irgendwas
ein Gedicht, wie wenig,
denkt man, und turnt
den Handstand im Wind
aus anderer Richtung.
Die Zehen tragen den Himmel,
die Wolke wie Frauenhaar
weht durch die Luft, und so froh
bleibt ein kleiner Engel.
Sein Bilderbuch hält er
mir vor. Meine Übung
macht müde, am Ende
kommt man doch wieder
auf seinen Füßen zu stehn.
Irgendwas
ließ ich aus, vielleicht nur,
wie zwischen den Beinen
die akrobatische Landschaft
ganz oben ist, dauernd
zu hoch.

PETER HÄRTLING
IM HANDSTAND

Woran erinnert sich dieser Ariel? In welcher Verfassung befindet er sich? Nein, in welcher Fassung? Er nimmt sich, scheint es, leicht. Außerdem gäbe es ihn sowieso nicht ohne Wörter und ohne Wind. Also eine in jeder Hinsicht windige Existenz.
Das war nicht immer so. Anfangs tritt der Geist fest auf als ein biblischer Held, ein Löwe. Und in einer mythischen Metapher wird er sogar zu Stein, zu einer Stadt. Von Hesekiel wird er vermessen, »zwölf Ellen lang und zwölf Ellen breit im Geviert«, und dient als »Gottesherd«, als Altar. Bei Jesaja wächst er sich zur Stadt aus, zur hochgebauten: »Weh Ariel, Ariel, du Stadt, wo David lagerte.«
Wie, in welchen Anrufungen und Gesichten hat er sich hernach aus dem Stein destilliert und verflüchtigt? Diese arielischen Kapitel sind wohl noch nicht geschrieben oder wurden wieder vergessen. Den Ariel Krolows ficht das nicht an. Er nimmt seine Geschichte locker: »Auf irgendwas / ein Gedicht, wie wenig, / denkt man«. Daß dieses Irgendwas doch mehr bedeutet, führt uns der Poet im Handstand vor. Doch ehe wir ihn und den Luftgeist dabei beobachten, möchten wir an jene arielischen Zustände erinnern, ohne die die spätere Akrobatik gar nicht möglich ist. An den Ariel in Shakespeares »Sturm« und an den in Goethes »Faust«. In beiden Versionen tritt der Luftgeist als Mittler zwischen Natur und Mensch auf, er dient für die Dauer eines Spiels Prospero und »weckt« Faust.

Von solcher Macht ist dem Ariel des Gedichts wenig geblieben. Er versteckt sich erst einmal zehn Zeilen lang in seinem Autor, in dem formelhaften Kürzel »man«. Was »man« da denkt, hört sich beiläufig an und verrät gleichwohl ein Stück der Krolowschen Poetologie: »Auf *irgendwas* ein Gedicht.« Dazu turnt man den Handstand im Wind / aus anderer Richtung«. Ganz und gar spielerisch drückt sich hier Renitenz aus. Der Widerstand wird zum Kunststück.
Noch hat sich der Dichter nicht entschieden, Ariel zu sein. Er übt ihn, läßt offen, was aus dem Gedicht wird und damit auch aus Ariel. Immerhin steht er verkehrt und im »Wind aus anderer Richtung«. Ist ein Luftgeist dazu imstande? Oder macht ihn das Dagegen womöglich erst sichtbar, läßt ihn erst sein? »Man« hält diese Fragen offen – sie könnten das Gedicht beschweren. Vor allem aber dem lästig werden, der auf den Händen steht und mit den Zehen den Himmel trägt! Die arielischen Zehen reichen. Es braucht keinen Atlas.
Um die bodenlose Leichtigkeit oder gar Leichtfertigkeit dieser Anstrengung zu verdeutlichen, geraten die Verse nun ins Rokoko. Eine Wolke löst sich in Frauenhaar auf. Ein Engel mit Bilderbuch entert die neunte Zeile. Das ohne Zweifel nicht nur »froh«, sondern mit Bedacht. Er schafft es nämlich, daß aus dem Amalgam von Poet und Geschöpf sich für einen Moment einer löst – Ariel *oder* der Dichter. Auf alle Fälle einer, der sagen kann: »Sein Bilderbuch hält er / *mir* vor.« Das genügt schon. Das ist schon zuviel. Einen Vers darauf gibt das Ich sein Kunststück von vorher auf, verliert der Dichter die arielische Kraft. Wer redet nun, Ariel oder sein Poet? »Meine Übung / macht müde, am Ende / kommt *man* doch wieder / auf seinen

Füßen zu stehn.« Vielleicht sollten wir den Schluß des Gedichtes ganz einfach zweistimmig hören.

Der wieder auf den Füßen steht, kann nicht davon lassen, im Handstand zu denken. Noch einmal simuliert er ihn, in einem »Vielleicht nur ...« Da sieht das Ich – wer? der Poet? Ariel? – zwischen den Beinen die »akrobatische«, die verkehrte Landschaft und muß vergnügt feststellen, daß sie »dauernd zu hoch« sei. Worauf der Dichter und Ariel sich endgültig vereinen, zu einer dauerhaften wie windigen Existenz.

Karl Krolow schrieb das Gedicht 1964, vor sechsundzwanzig Jahren. Der nun Fünfundsiebzigjährige ist dem Geist Ariels so zugetan wie je.

KARL KROLOW
DER NÄCHTLICHE

Für Friedrich Rasche

Zwischen meinen wilden Haaren
Hängt das Licht.
Schlafwind ist hindurchgefahren,
Mondtier lauerte im Klaren,
Stürzte sich ins Angesicht.

Ist mir übern Rock gekrochen
Kalt ins Tuch,
Hat nach Mädesüß gerochen,
Trocknem Quendel, den seit Wochen
Überall die Wiese trug.

Hab im Ohr die feinen Stimmen
Aus dem Laub.
Seh im Fluß die Ratte schwimmen
Und das Schilficht rötlich glimmen
Unterm feuchten Sternenstaub.

Mir im Nacken Wolken fliegen.
Und ich fühl
Sich im Napf die Eichel biegen,
Aron seine Früchte wiegen,
Von der Nacht geschwärzt und kühl.

Spür die Leimkrautblüte offen.
Ungehemmt
Hat ihr Atem mich getroffen,
Mischt sich mit den dunklen Stoffen
Um mich her und wird mir fremd.

Will mit krummen Fingern schreiben
In die Luft,
Mit der Erdenkälte treiben.
Und es soll von mir nichts bleiben
Als ein kurzer Windhalmduft.

DIETER KÜHN
HIER IST EIN GEDICHT

Dies ist nicht mein »Leibgedicht«, aber einer der wenigen lyrischen Texte, die mir – bewußt oder halbbewußt – über einen langen Zeitraum hinweg präsent geblieben sind. Alle paar Jahre habe ich es wieder einmal gelesen – auch, um kritische Distanz zu gewinnen?
Ich lese dieses Gedicht nun anders als der gleichnamige, kaum noch mit mir identische Leser früher Lyrikbände Krolows. Aber: was ich hier mit neuen Augen lese, mit neuen Ohren höre, das verstärkt und bestätigt die Resonanz, die von Anfang an da war.
Hinzugekommen ist nun Bewunderung für das Handwerkliche. Seit ich für die Biographie eines Liedermachers eine Reihe von Liedtexten übersetzte, weiß ich, wieviel Detailarbeit notwendig ist, um ein Gedicht zu schreiben in einem Strophe für Strophe taktgleichen Schema, in einem konsequent durchgeführten Reimschema.
Was heute vorherrscht, ist (auch bei Krolow) das knappe, dichte Parlando – eine kunstvolle Einfachheit. Verglichen damit ist »Der Nächtliche« ein fast altmodischer Text, der unablässig signalisiert: Hier ist ein Gedicht! Vielleicht aber ist dieser Text Vorbote (wieder) kommender lyrischer Texte: Gedichte auch als *Klanggebilde!*
Selbst wenn man den Inhalt dieses Gedichts vergißt – es kann sich als Ohrwurm im Gedächtnis einbohren. Da können rhythmische Sequenzen dieses Gedichts auftauchen – wie Figurationen einer Komposition. Mit diesen

Taktfolgen können Formulierungen, ja, Zeilen auftauchen dieses suggestiven Gesangs: »Mondtier lauerte im Klaren, / Stürzte sich ins Angesicht.«
Eigentlich habe ich wenig Sinn für Naturmagie; bei manchen Formulierungen solcher Gedichte schüttle ich den Kopf. Aber: hier ist etwas, das vorher nicht in der Sprache, im Bewußtsein war: Schlafwind, Mondtier ... Und solche Einzelfunde, Einzelerfindungen in einem zwingenden Kontext.
Krolow hat dieses Gedicht 1944 geschrieben – der zweite seiner lyrischen Texte, die er in seine Gesammelten Gedichte aufnahm. Als Krolow, damals 29 Jahre alt, diesen Text schrieb, war an eine Publikation nicht zu denken – dieses Gedicht lag außerhalb der Normen des von Nationalsozialisten besetzten, beherrschten Sprachraums. Ein Text, der sich den politischen Vorgängen jener Zeit verschloß – und zwar hermetisch! Ein Text zugleich, der sich der allgemeinen Sprachregelung konkret widersetzte. Krolow hat ihn erst 1948 veröffentlicht.
Ein mittlerweile schon historisches Gedicht. Zugleich ein Gedicht, so scheint mir, das gegenwärtig geblieben ist: in der lapidar knappen Intonation, im bezwingenden Rhythmus, in der Suggestivität der *Bilder* wie des *Sprachklangs*.

KARL KROLOW
DIE GOLDENE WOLKE

In goldner Wolke – sieh, der Intellekt
oder ein andres Wort Latein versteckt
die Liebenden in der Mythologie.

Am liebsten ließe man im Konjunktiv
auf sich beruhen, was wie Liebe lief:
entrückt, als Möglichkeit. Doch denkt man nie,

daß, was in jener Wolke rasch verschwindet,
vergoldet zwar, plötzlich direkter ist,
und Intellekt und Mythos nur als List
dienen für etwas, das zusammenfindet

sich mit Haut und Haar und liebt
besessen ohne alles Denken, ohne
Besinnung auch. Darum verschone

die Liebenden, die es doch wirklich gibt.
Laß ihnen Obsession und laß zum Lohne
die Möglichkeit, daß man in Wolken wohne.

GERT UEDING
WUNSCHBILD UND WIRKLICHKEIT

In der Mythologie der Liebe spielen die Wolken eine wichtige Rolle, nicht allein als Projektionsfläche weithin ziehender, sehnsüchtiger Wünsche und Träume, so daß vom sicheren Lager zwischen Gras und Blumen sich die Blicke nicht ins Blaue hinein verlieren, sondern in der Höhe zusammentreffen und dort das zaubrisch schwanke Werk der Phantasie aus den weißen Quellgebilden errichten. Liebende, sagt man, schweben auf rosaroten Wolken, und meint damit, daß sie die Wirklichkeit über der reinen Möglichkeit ihrer Hoffnungen vergessen, vielleicht gänzlich realitätsblind werden. Die Redensart hat ihren Ursprung aber nicht in der Umgangssprache, in ihr hallen vielmehr Bedeutungen aus ganz anderer, gleichsam höhergelegener Gegend wider, und von ihnen handelt Krolows Gedicht recht eigentlich. Es korrigiert nämlich die Vorstellung von den Wolken als dem Reich des Unwirklichen, Phantastischen, das gegenüber der Erde, dem festen Grund des Wirklichen, keinerlei konkreten Gehalt besitze.

Dabei werden die vielen Bilder, die Kunst und Mythos von den weichen, vollgerundeten oder bizarr verwobenen Liebeswolken sich abgemalt haben, nur ein wenig angespielt. Das Wolkenversteck benutzten den Sagen nach die Götter, wenn sie sich den Menschen näherten, entzogen darin sich selbst und ihre Schützlinge der Nachstellung neugieriger oder neidischer Blicke. Auch wurde die Wolkenburg selber als Sitz der Götter vorgestellt, und Wolkenführer oder Wolkenversammler lautet ein Beiname des Zeus in der Odyssee; wenn sich der oberste der Götter auf dem Olymp niederließ, breiteten sich Wolken darüber aus. Doch waren sie ihm auch sonst zu seinen eher frivolen Zwecken behilflich: in Gestalt eines Goldregens näherte sich Zeus der schönen Danae, und auch Jo überwältigte er in einen Wolkenmantel gehüllt; in dem Zyklus »Die Liebschaften des Zeus« hat Correggio diese mythologischen Szenen mit schönster Delikatesse ausgemalt. Ist das alles nur ein schöner Schein, in dem die Menschen ihre irrealen Wünsche ausfabulierten und damit ihre prosaischen Erfahrungen vergoldeten?

»Doch denkt man nie...« – man könnte fast eine Schopenhauersche Wendung vermuten, die hier kurz vor der Mitte des Gedichts einsetzt. Freilich nicht in jenem kruden Sinne, daß der unbewußte Zweck dieser ganzen Liebesidolaterie bloß im Lebenswillen des neuen Individuums zu suchen wäre, auf das es der Geschlechtstrieb angeblich nur abgesehen hat. Die Phantasie der Liebeswolke, dieses Produkts aus Intellekt und Mythos, ist alles andere als eine Chimäre, sie ist das Medium, in dem die Liebenden zueinanderfinden; gleichsam eine List der Poesie, die eine eigene Unmittelbarkeit und Realität erlangt: »besessen ohne alles Denken, ohne/Besinnung auch.«
Beide gehören zusammen: die Obsession und das Wolkenheim; da wird nichts an den Himmel verschleudert, was nicht zuvor irdisch genossen wurde, und da gibt es keine Wirklichkeit, die nicht im Wunschbild überstiegen würde, um in ihm erst ihren eigentlichen goldenen Horizont zu finden. Der Dichter, der sich hier, wie immer schon in der Geschichte, zum Anwalt der Liebenden ge-

gen eine prosaische Welt macht, weiß, wovon er redet: auch für ihn ist ja das riesige Feld der Möglichkeit die wahre Heimstatt und der Konjunktiv die Weise, in der er davon zu reden vermag; das Gedicht selber, mit seinem Wechsel von Indikativ und Konjunktiv, liefert dafür das nächste Exempel. Es ist ein Hochzeitslied, in dem das Greifbare und das Traumwesen der Liebe zusammengeführt werden. Von ferne vernimmt man das Echo anderer Verse, und man kann Krolows Gedicht auch als eine Antwort darauf lesen, denn es ergänzt sie um jene irdische Dimension, ohne die alle Liebeswolken nur Himmelsschemen bleiben: »O Lieb', o Liebe,/So golden schön/ Wie Morgenwolken/Auf jenen Höhn.«

KARL KROLOW
DIESE ALTEN MÄNNER

Diese alten Männer, die niemand
mehr ansieht, Hausierer mit Phantasie,
reale Nullen, bei Abschaffung ihres Lebens,
unter Bäumen im Park wartend
auf nichts anderes als auf Vergangenheit –
eine Landkarte aus Staub.
Versteckte Sätze leben in ihnen weiter
im trockenen Mund.
Einige haben ein schönes Gesicht
für Augenblicke. Beinahe körperlos,
sagt man. Wer weiß etwas
von diesen schmalen Figuren,
die sich entfernen?

SARAH KIRSCH
WERMUTENGEL

Das Gedicht setzt mit einem Vorwurf, nahezu einer Beschimpfung ein, den Leser geneigt zu machen. Gewöhnlich entziehen die Beschworenen sich allgemeiner Betrachtung, sind lange ins Abseits gedrängt, eine Randerscheinung im Park der Gesellschaft. Sie geben den unästhetischen Gegenpol ab für »jene jungen Mädchen«, von denen wir gemeinhin freudiger hören. »Diese alten Männer, die niemand«, Zeilenschluß, Seufzer, Schnappatem wie kurz vorm Ersticken, »mehr ansieht« – Erleichterung, Enttäuschung aber auch ob des niederen Gedichtgegenstands.

Doch einer ist nicht niemand, der Dichter hat sie erblickt, jene Alten, deren einziger Überfluß Phantasie ist, die er ihnen gleich pfundweise zugesteht als Kollege sicher auf diesem Gebiet. Wenn das Wort Hausierer noch fällt, ist endgültig klar, daß nicht von Rentnern die Rede ist, die sich eben mal sonnen, sondern von Profis auf dem Wege nach Glockenreich hin, Stadt- und Landstreichern niedrigster Ränge. Weil der Leser mit ihnen tatsächlich kaum rechnet und sie ihm vollkommen als Nullen erscheinen, wird er dem Dichter weiter gern folgen über die Anfütterung hin.

Obgleich in der Überzahl durch ungerecht höhere Lebenserwartung, aber weil sie sich gewöhnlich ordentlich führen, wirbeln alte Frauen weniger Staub auf als diese obszönen Gestrüppe. Wie sie dort springen und lachen,

nicht in Pflegeanstalten zu halten und munter damit befaßt, die Abschaffung eigenen Lebens tätig voranzutreiben.
Neid kann aufkommen bei jemand, der nicht so erfolgreich bei diesem Geschäft ist und anstatt der Bäume im Park ein langwieriges Dach überm Kopf hat, manche eigentümliche Verpflichtung. Die dort sind frei wie ein beliebiger Vogel, sie fallen durch die großzügigen Maschen versicherten Sozialnetzes und können richtig aus dem vollen sterben, verschwenderisch, ausschweifend.
Bevor aus der Gegenwart Vergangenheit wird oder die Zukunft so heißt, wovor der schmale Gedankenstrich beiläufig umsonst warnt, ohne Geschütze aufzufahren, deren Standort wir kennen. Was sie sagen und denken, diese alten Männer, wir werden es nie erfahren wegen vorherrschender großer Entfernung, so nah der Chronist sie noch zu bringen sich müht.
Zum Schluß macht er aus diesen Wermutbrüdern gotische Engel. Ausgeflippte Gestalten ohne Erdenschwere, pünktliche Mahlzeit. Schmale Figuren, leicht übersehbare Seelen unter den schönen, noch haltbaren Bäumen des Sommers. Die sich im Gegensatz befinden zu anderen alten Männern, nicht solchen Nullen, aus einem zweiten Gedicht gleichen Anfanges. Das nicht unbedingt neu geschrieben werden muß, weil es in unserem zwischen den Zeilen schon steckt.
Ein knapper Text von denen, die Furcht einjagen, wenn sie aus ihren Ländern strahlend in unsere Zimmer steigen von den Mattscheiben her.

KARL KROLOW
ES WAR DIE NACHT

Es war die Nacht, in der sie nicht mehr lachten,
die Nacht, in der sie miteinander sprachen
wie vor dem Abschied und in der sie dachten,
daß sie sich heimlich aus dem Staube machten,
die Nacht, in der sie schweigend miteinander brachen.

Es war die Nacht, in der nichts übrig blieb
von Liebe und von allen Liebesstimmen
im Laub und in der Luft. Wie durch ein Sieb
fielen Gefühle: niemandem mehr lieb
und nur noch Schemen, die in Nacht verschwimmen.

Es war die Nacht, in der man sagt: gestehe,
was mit uns war. Ist es zu fassen?
Was bleibt uns künftig von der heißen Nähe
der Körper? Es wird kalt. Ich sehe,
wie über Nacht wir voneinander lassen.

WERNER FULD
ENDE EINER LIEBE

Das liest sich zunächst einfach: Dreimal fünf Zeilen, dreimal die Anfangsworte wiederholt zu einer beschwörenden Feststellung, zu einem Festhalten der Zeit, die schon Vergangenheit ist. Wenn eine Liebe zerfällt, bleibt oft die Frage, wann man es hätte merken können. Ohne Antwort wird sie zur Selbstqual, weil sie stets mit der Illusion verknüpft sein wird, man hätte zum gewußten Zeitpunkt noch alles ändern können. Hier ist exakt von jener entscheidenden Spanne die Rede, und am Ende, wenn die Szene wieder in die erinnerte Gegenwart zurückgeholt ist, wird dem noch nicht distanzierten Beobachter deutlich: Es läßt sich nichts ändern.
Die Erinnerung vereint die Zeitebenen. Das »nicht mehr« der ersten Zeile schließt selbstverständlich ein, daß die Liebenden in ihren Nächten zuvor miteinander lachen konnten; welch sanfte Weisheit zeigt Krolow, daß er das Ende einer Liebe mit dem Verlust gerade dieser Gemeinsamkeit beginnen läßt. Nun sprechen sie zwar noch miteinander, aber nicht mehr in rückhaltlosem Vertrauen, sondern die Vorteile abschätzend, um vor den drohenden Abstürzen den eigenen schmerzlosen Rückzug zu sichern. Die gemeinsam erlebten Tage und das fraglose Glück, das für diese Liebenden als Widerschein ihrer Gefühle sogar in der Natur sichtbar war – all dies wird zerstört, weil die Worte jener letzten Nacht ihre unverwechselbaren, nur einem einzigen Paar verständlichen Zwischentöne verlo-

ren haben. Man spricht, doch man sagt sich nichts mehr. In diesem Verschweigen stürzen alle bisherigen Gewißheiten zusammen.

Nicht nur im übertragenen Sinn des Verstehens, sondern ganz wörtlich drückt die Frage »Ist es zu fassen?« tiefste Hilflosigkeit aus, denn dem Verlassenen bleibt nichts mehr in Händen; übrig sind »nur noch Schemen, die in Nacht verschwimmen«. Was war, ist entwertet. Eine Liebe ist zu Ende, in der stets gewinnt, wer als erster geht und ein Stück Leben mitnimmt. Eine alltägliche Geschichte also, die durch Krolows Kunst hier in drei Strophen so endgültig verdichtet erscheint, daß man sich fragen muß, was umfangreiche und hochgerühmte Liebesromane eigentlich mehr erzählen.

Doch zur komplexen Einfachheit dieses Gedichtes gehört, daß die Schwierigkeit seines Aufbaus übersehen wird. Karl Krolow hat nämlich eine ungewöhnliche Versordnung gewählt. Schon die fünfzeilige Strophe ist nicht üblich: Ein Vers bleibt übrig. Krolow nimmt diese überzählige fünfte Zeile ins Gedicht hinein, indem er sie mit der jeweils zweiten Zeile zusammenschließt. Man könnte das Gedicht auch ohne diese dreimal zwei Zeilen lesen, dann bleiben nur noch gleiche Reime, die zusammen mit den wiederholten Anfangsworten wie eine Litanei wirken. Erst das scheinbar Überständige »von Liebe und von allen Liebesstimmen« gibt dem Gedicht den Tiefenraum der Erinnerung, »was mit uns war«. Nur durch solche erinnerte Gemeinsamkeit ist das »wir« in der letzten Zeile wieder möglich. Es ist ein Liebesgedicht, nach dem Ende.

KARL KROLOW
FÜR ALLE ZEIT

Hat man genug getan?
Weiß man Bescheid?
Es krähte nach mir kein Hahn. –
Für lange Zeit

trieb mich ein Leben um,
das wie Papier
raschelte, ging Gesumm
von Namen mir

nicht aus dem Kopf, bis ich
in meinem Kopf genug
hatte und über mich
zog als ein dunkles Tuch,

namenlos und befreit:
Tun oder nicht getan.
Man gab für alle Zeit
niemals genug Bescheid.
Kräht nach mir erst der Hahn,
ist es soweit.

GERHARD SCHULZ
UMSONST VERSCHWIEGEN

»Alles ist ganz eitel«, sagt der Prediger Salomo, denn »was hat der Mensch für Gewinn von all seiner Mühe, die er hat unter der Sonne?« Was bringt es, das Tun? Was nutzt es, das Wissen? Weiß man wirklich mehr seit den Tagen, da nach einem kein Hahn krähte und da man anfing nachzudenken und aufzuschreiben? Hat man am Ende wirklich genug getan? Und was heißt überhaupt genug? Die Fragen sind alt und ungelöst.

Kein Prediger freilich spricht im Gedicht, sondern ein Poet, ein Wortkünstler. Nur hat auch er erkannt, wie sehr sein Leben im Dienst der Eitelkeit stand, ist sie doch eine Erbsünde jener Dichterei, die das Privateste öffentlich ausstellt und intimste Dinge sagt um der Aufmerksamkeit und des Beifalls der Welt willen. So ist Dichterleben ein Leben auf dem Papier und für das Papier. Auf Papier stehen die eigenen Worte, und auf ihm stehen die fremden Worte über die eigenen, die man geschmeichelt für reine Wahrheit nimmt, wenn sie Freundliches sagen, oder für blassen Neid und böse Feindschaft hält, wenn sie Mißfallen äußern.

Wie lange treibt man ernsthaft das Spiel solcher Dichterei? Nicht jedem ist gegeben, von sich und seinem Tun zurückzutreten und um diesen Preis wissender zu werden im Laufe der Jahre. Die Fähigkeit, sich nicht zu wiederholen, sich zu wandeln, ohne sich aufzugeben, ist selten. In jedem Fall schließt sie das Bewußtsein des Altwerdens ein.

Lebensüberschau entsteht, Weisheit, auch Skepsis, wie sie das Jahrhundert gebietet. Die Philologie spricht dann gewöhnlich von Altersstil. Bei Goethe, dem Meister des Sich-Wandelns, bedeutet er über alles Sprachliche hinaus zunehmendes Nachdenken über das Dichten im Gedicht.
Gleiches geschieht in Karl Krolows Versen. Ohne Schnörkel stehen sie da, einfach in den Worten, Bildern, im Metrum und in den Reimen, ohne Affektation, klar, vernünftig und doch im einzelnen »ein bißchen unvernünftig«, wie Goethe es von allem Lyrischen erwartete. Denn dies erst ist es, was sich festhakt in den Köpfen der Lesenden und dort weiterwirkt.
»Für *lange* Zeit« also war man bemüht, etwas »für *alle* Zeit« zu tun. Umtriebig blieb dieses Tun und ohne Resultat, weshalb denn der Weg zur Freiheit des Stillseins führte im Reime von »genug« und »Tuch«, einem Reim, der entweder norddeutsches Relikt oder hessische Konzession des in Darmstadt lebenden Hannoveraners ist. Man möchte Ironie herauslesen, denn für so arglos wie Gretchen, die ihr »Ach neige / Du Schmerzensreiche« betet, will man den wissenden Autor nicht halten.
Ein bißchen »unvernünftig« ist zudem das metaphorische Spiel mit den Hähnen, die als zwei sehr verschiedene Hähne krähen. Der Herr des Hühnerhofes ist Richter über das Bedeutende und Unbedeutende. Derjenige zählt nicht, nach dem er nicht kräht. Aber auch Zeitmesser ist er in der Morgenfrühe, Verkünder des nahen Sonnenaufgangs. Ein neuer Tag demnach, wenn es am Ende soweit ist? Heißt das womöglich gar, daß jenseits aller Skepsis der Schimmer der Erwartung aufleuchtet? Ist also tatsächlich alles so eitel, wie es scheint? Ist da kein Gewinn, keine

Erkenntnis aus allem Lernen und Tun? Fragen über Fragen, die ein Gedicht stellt, ohne sie zu beantworten, es sei denn durch sein reines Dasein.

Denn schließlich steht es eben auf Papier im Widerspruch zur Erkenntnis, die es verkündet. Aporie nennen die Philosophen die Unmöglichkeit, ein Problem aufzulösen, weil in der Sache und den Begriffen selbst Widersprüche liegen. »Dichter ist umsonst verschwiegen. / Dichten selbst ist schon Verrat«, läßt statt dessen Goethe seinen Hatem sagen. Solche Aporie im Gedicht auszudrücken verlangt nach Kunst und Altersweisheit in einem. Karl Krolow ist die Verbindung auf eine Weise gelungen, die des Bezugs zu dem Weimarer Kollegen von einst würdig ist.

KARL KROLOW
MIT FEUCHTEN HÄNDEN

In Badehäusern errät man
alle Möglichkeiten
der Wasserlust.
Aurora malt
mit abgebrochenem Buntstift
eine Himbeerstadt,
ehe es zu heiß ist
und die Thermometer zerbrechen.
Mit weißer Binde
vor den Augen
ruht höhere Bildung.
Die Ideale
bekommen feuchte Hände
im prallen Sonnenland.

REINHOLD GRIMM
IN DER WOLLUST DES SOMMERS

Lyrik, schrieb Brecht einmal, sei dazu da, »unseren Lebensgenuß zu erhöhen«. Sie schärfe die Sinne und verwandle selbst die Schmerzen in Genuß.
Karl Krolow gehört zu den wenigen, die das bis heute beherzigt haben. Auch in diesem Gedicht ist etwas davon spürbar. Freilich »errät man« zugleich einiges andere. Denn Krolows Verse scheinen zwar lediglich eine hochsommerliche Miniatur zu entwerfen, reduziert auf Hitze und Horizontales, auf ein paar Striche unter der gleißenden Helle aus »Wasserlust« und »prallem Sonnenland«. Doch schon die seltsam anmutende »Himbeerstadt«, die mit dickem Farbstift mitten in diese Idylle gemalt wird, verändert das Bild. Sie fügt ihm nicht nur ihre grelle Buntheit ein, sondern, zeitweilig jedenfalls, das Element des Vertikalen, das übrigens spielerisch auch in den »Thermometern« auftaucht. Als typisch Krolowsches *Concetto* verwandelt sie die ursprüngliche Skizze, ohne deren Grundstimmung aufzuheben.
Viel über die »Möglichkeiten« sommerlicher Lust verraten in den »Badehäusern« auch die obszönen *Sgraffiti*, die man an den Bretterwänden studieren kann. Darauf verweist noch nachträglich, mit einem Sinn-Enjambement gewissermaßen, jenes Malen des zweiten Satzes, dessen »Witz« nicht zuletzt in einer unverkennbaren Doppeldeutigkeit besteht. »Aurora« ist ja nicht bloß mythologische Figur, sondern auch Name: einer Frau; genauer: eines

kleinen Mädchens. Einerseits »malt« Aurora konkret »mit abgebrochenem Buntstift« ihre kindliche Phantasiestadt. Andererseits aber, als preziöse Bezeichnung der Morgenröte, nimmt sie ihre Malerei am Himmel vor. Dort, wo Hölderlin einst »unzählig die Rosen« erblühen sah, erscheint nun, in bewußter Verschränkung von Naturhaftem und Künstlichem, Krolows *Concetto*. Verknüpft mit der Zeile »ehe es zu heiß ist«, ergibt sich dabei zusätzlich eine zeitliche Bewegung, die jedoch bald in der Glut und panischen Stille des Mittags zur Ruhe kommt. Unnachahmlich, mit zarter Heiterkeit, ist dann das auf den Stränden ausgelegte Fleisch in seiner dumpfen Indolenz ins Bild gefaßt. Der Schluß wirkt wiederum mehrdeutig: die »feuchten Hände« rühren ebenso von der Hitze her wie vom allmählichen Erschlaffen der »Ideale«, dem trägen Brüten der Begierden in den hingebreiteten Körpern.

Der eigentliche Reiz dieser Verse erwächst aber daraus, daß sie nicht nur zu erhöhtem Genuß befähigen, sondern daß sie – Brechts Diktum umkehrend, doch gerade dadurch bestätigend – in solchem Genuß noch den Schmerz zu vergegenwärtigen wissen. Ihre lässige Nonchalance ist in zweifachem Sinne fragil. Bereits das wiederholte Motiv des Zerbrechens läßt – rein assoziativ – Bedrohung, selbst Scheitern ahnen. Auch die »Binde vor den Augen« derer, die sich hier in so manchem sonnen, ist mehr als Scherz, ist halblaute Warnung vor blindem Vergessen. Ja, sogar jener vergänglichen »Himbeerstadt« eignet, trotz aller Verspieltheit, etwas süßlich Synthetisches, ein banal, aber ungut Chemisches, das mit seiner falschen Buntheit die arglosen Dinge überspinnt. Überall meldet sich, zierlich verzerrt, ein leises Schmerzgefühl. »Mit feuchten Händen« (nicht umsonst stehen sie im Titel) atmet und

schreibt daher auch der Dichter: Angst, zumindest einen Herzschlag lang, spricht aus diesen beziehungsreichen Worten. Dem Schreibenden bangt, mitten in der Wollust des Sommers, daß nicht allein die Kunst, sondern das Allereinfachste gefährdet sei: *Nichts weiter als Leben.*
Mit sparsamsten Mitteln setzt Karl Krolow solche Zeichen. »Luftlinien«, »Horizonte«, »Perspektiven«: so lauten, in anderen Gedichten, seine Schlüsselbegriffe. Eine fast geometrische Kargheit. Dennoch errät man aus ihr noch immer fast alle Möglichkeiten moderner Lyrik.

KARL KROLOW
NOCH EINMAL

Ein trockner Wind geht, steigert die Geräusche.
Die morschen Türen drehn sich in den Angeln.
Ich möchte, daß ich mich noch einmal täusche.
So denke ich, es wird an nichts mir mangeln.

Ich täusch mich gern. Ich sehe, wie ein junger
zu einem alten Mann wird, unerfahren
noch immer, ahn den wahren Liebeshunger
der Welt, der sich nicht ändert mit den Jahren.

Ich hör den Wind als Sturm. Es trifft ein kalter
Atem nun meinen Nacken. – Wird sich zeigen,
was Leben war und wie es war im Alter
und wie man sich verhielt zu Scham und Schweigen?

LUDWIG HARIG
TÄUSCHUNGSLUST

Die Nackenschläge beginnen um die sechzig. Es können Stiche, können Hiebe, können Schüsse sein: Hexenschüsse, die ins innerste Mark treffen. Karl Krolows Gedicht las ich, als ich in der Klinik lag, der kalte Atem, von dem er spricht, hatte in meinem Kreuz eine Ischialgie hervorgerufen, sie zeigte an, wie die morschen Türen des Körpers in den Angeln zu knirschen beginnen. Soll ich schamhaft davon schweigen? Soll ich freimütig darüber sprechen? Krolows Gedicht jedenfalls hat mich nicht nur getröstet, es hat mir eine Erfahrung bestätigt: Neugier hält jung. Er möchte, daß er sich noch einmal täusche, sagt er; über die pure Neugier hinaus zeigt er seine Lust an, Befriedigung als Täuschung, vielleicht als anregendes Phantasiestück zu erleben, das immer neue Interessen weckt.
Karl Krolow ist ein Radikaler. Ein Leben lang hat er Hand an sich gelegt, ist er sich an die Wurzel gegangen. Nicht mit dem Messer hat er es getan, sondern mit dem Wort im Gedicht, von dem Wolfgang Weyrauch zu Anfang der fünfziger Jahre behauptet hat, es sei sein Messer. »Ich darf nicht stumpf werden«, sagt er. Es sind Messer, die Matrosen »nach dem Vorhang Nacht« werfen, wie es in Krolows Gedicht »Verlassene Küste« aus den späten vierziger Jahren heißt, dem ersten Gedicht, das ich von ihm gelesen und bis heute nicht vergessen habe. Diese Messer sind mir im Gedächtnis geblieben als Waffen, mit deren Hilfe man den Vorhang zerschneiden kann, der das Wissen um die

Welt und ihre Zusammenhänge verbirgt, aber auch als Wörter des Dichters, die es noch am ehesten vermögen. Doch die Messer »wurden scharfig in dem scharfen Wind der Ewigkeit, die wacht«, endet das Gedicht. Es gibt keine Gewißheit, alles bleibt zweifelhaft, fraglich, umstritten: »Wenn man es recht besieht, so ist überall Schiffbruch«, lautet das Motto von Petronius, das Krolow seinem Gedicht mitgegeben hat.

So hat er in Gedichten, Betrachtungen, Romanen unaufhörlich von seinen Schwächen, seinen Verlusten, seinen Täuschungen gesprochen und sich zu ihnen bekannt. Nur daß es dem Ende entgegengehe, sei sicher, »den Bach hinunter«, wie es in einem anderen Gedicht von Karl Krolow heißt. Diesen Feststellungen lausche ich, aber auch den Einwürfen meines Neurochirurgen, der den »aufrechten Gang«, diese vielgepriesene und -strapazierte Seinsmetapher, ins Spiel brachte. »Ohne Kenntnis des scharfen Knicks zwischen Kreuzbein und Lendenwirbeln haben sich Philosophen und Soziologen mit dem aufrechten Gang beschäftigt«, sagte er zu mir, und viel zu lange hätten Orthopäden und Neurochirurgen ihnen dieses heikle Feld überlassen. Der Dichter nimmt sich dieser Defekte und Debakel auf seine Weise an, doch er, der Ratlose, der Irrende, der sich Täuschende, prahlt nicht, als wüßte er um die Beschaffenheit der menschlichen Natur und ihrer heiklen Reflexe Bescheid. Nein, er ahnt, und er fragt. Er fragt: Wird es sich einmal zeigen? Der Dichter bleibt neugierig.

Karl Krolows Gedicht, auch wenn es ein Abgesang zu sein scheint, ist alles andere als pessimistisch: Es ist ein Lied, in dem sich die Lüste des Menschen aussprechen, die, wie der Hunger, universal sind und unaufhörlich nach Sättigung verlangen. So verstanden, ist es auch ein Gedicht gegen das Sterben, gegen den Tod: Solange man sich den Rätseln, den Verlockungen, den Täuschungen nicht verschließt, lebt man. Und man lebt wahrhaftiger als die Selbstsicheren, die nach Widerspruchsfreiheit drängen und sich dabei mit falschen Gewißheiten belügen. Nur die Befunde der Wahrnehmungen sind die Gewißheiten, von denen der Dichter spricht, die Folgerungen bleiben Fragen, weisen ins Offene.

Mir gefällt diese schöne Ambivalenz zwischen Täuschung und Sicherheit, zwischen Ahnung und Wissen, aber auch zwischen Diagnose und Spekulation, philosophischer Theorie und neurochirurgischer Praxis. Nichts ist realistischer als das Paradoxe, nichts natürlicher als Täuschungslust.

KARL KROLOW
SIEH DIR DAS AN

Sieh dir das an, das könnte
einer sein, der einfach weg geht
aus seinem weltlichen Leben,
nachdem er sich mit einem Rest
Saint Emilion den Mund gespült hatte,
der höflich verschwindet, ohne Panik
seinen Abgang voraussah, als er sich
zum erstenmal fragte, was er hier solle
unter anderen, die das alles
ganz selbstverständlich hinkriegen.
Niemand gab ihm Feuer fürs Weiterleben,
und die sinnliche Revolution
verschaffte keine Erleichterung.
Von diesem Augenblick an
fiel es ihm nicht mehr schwer,
sich zu sagen, daß es
ziemlich gleichgültig sein müsse,
in welche Richtung man sich
entferne.

GABRIELE WOHMANN
DIE LETZTE PARTY

Ein Mann hat es eilig, aber er sagt es in gelassener Ruhe. Kein melodramatisches Tremolo drückt auf das gleichwohl wie in einem Reisefieber vibrierende Vorhaben: nichts wie weg, auf und davon. Noch tarnt er das schwerwiegende Denkspiel im leichten Konjunktiv, als sei Direktheit ihm zu rücksichtslos. Der Mann, der einfach wegwill, bevorzugt die Diskretion. Wenn aber ebenso *cool* wie beiläufig gestreift wird, wie unverlockend die ausprobierten Bedingungen des Lebens sind, was sollte, gegenüber dem Verschwinden, für das Bleiben sprechen? Dieser Reisefertige ist auf dem Sprung. Ein letzter Schluck St. Emilion: schön elitär und etwas, das zu den wenigen lohnenden Angeboten dieses »weltlichen« Lebens gehört hat (als Doppelkorn-Konsument hielte er es ganz gut immer weiter aus).

Ich stelle ihn mir am Rande einer Geselligkeit vor, längst zur endgültigen Distanz entschlossen, doch wird er den anderen Gästen seine persönliche Ich-habe-genug-Arie nicht vortragen. Einen wie ihn trennt von den plump-vertraulichen Durchdiskutierern eine Art Aristokratie des altmodisch-höflichen Verschweigens. Gedankenlose Lebensgeduld hat zu seinem Stil gehört, er nimmt das gerade noch mit wie eine Party, diesen Rest, während er sich die Vollstreckung ohne Wehmut vorflüstert: Behende wird er sich davonmachen, wortlos, ein französischer Abschied.

Er ist einer, der weder in Sentimentalität noch in Panik gerät, wenn er nicht erkennen kann, *was er hier solle*. Es deprimiert ihn nicht, eher, mit einem Überlegenheitsgefühl, amüsiert es ihn, daß er ein Fremder ist zwischen den *anderen, die das alles/ganz selbstverständlich hinkriegen*.
So Folgenschweres wie die Trennung von der Welt, worüber gewöhnlich vor Schmerzen gestöhnt und Tränen vergossen werden, scheint bei Krolow leger als Schnappschuß auf, als sei ihm die Großaufnahme seines Gemütszustands nicht der Mühe wert, und diese spröde Zurückhaltung unterstützt die Aussage: Gar nichts mehr ist ihm der Mühe wert. Ein veritables St.-Emilion-Adieu. Die elegante Arroganz dieses Abwinkens bedeutet für jene, die alles hinkriegen, eine saftige existentielle Kränkung. Den Weiterwuselnden und leicht Zufriedenzustellenden muß die Mir-genügt's-und-hat-doch-nie-genügt-Haltung als verletzender Hochmut erscheinen. Mir tut sie gut. Sie behauptet ihren Anspruch auf Einzelgängerstolz inmitten heruntergewirtschafteter Solidaritätsheucheleien. Das Tempo des Gedichts, gleichzeitig ruhig und ungeduldig, nimmt Takt und doch Entschiedenheit des Wegstrebenden auf. Aufputsch- und Beruhigungsmittel in einem Schluck, Gas geben und bremsen zugleich: So geht man geschickt mit seiner letzten Party um.
Nicht Gefühle werden verhandelt, enttäuschten Hoffnungen wird nicht hinterherlamentiert. Vielmehr findet der illusionslose Überblick zum Fazit: Hier gibt's nichts mehr zu versäumen. Lakonisch zwingt Krolow unsere Menschenaufgeregtheiten auf den ziemlich beschämenden Status des Uninteressanten hinunter.
Und nun soll es auch noch *ziemlich gleichgültig sein, in*

welche Richtung man sich/entferne. Oh, ihr bedauernswerten Wegweisersucher unter den Lesern, das schlägt euch nun wirklich k. o. Kein Rat, kein Trost – welch ein Schock! Aber ihr habt überlesen, daß sich die Entfernung vom *Weltlichen* angebahnt hat. Und sie ist es, die dem Gedicht die Bodenhaftung nimmt. Krolow, ein Experte in Sachen Schwerelosigkeit, Astronaut im Umgang mit den Wörtern, muß nicht erst in einem Shuttle den Schwebezustand im Orbit üben. Das Gedicht verweigert jede Tendenz. Die Gleichgültigkeit über die Richtung, die der Weggehende einschlagen wird, läßt dem Gedicht sein Rätsel. Bestens trainiert und mit äußerstem Kunstinstinkt weiß Krolow, wovon er zu schweigen hat, nämlich erst recht auch davon, worüber man reden kann. (Reden *könnte*, hieße es bei ihm.)

KARL KROLOW
STELE FÜR CATULL

Tot in toter Sprache: –
unbeweglich
im schwarzen Zimmer Roms
perdita juventus.

Doch der Vogelflug der Worte
fällt immer wieder
aus vollem Himmel.

Ihre hellen Körper
bewegen sich in unserer Luft.
Wir legen sie ins Grab dir,
in dem du ganz allein bist
mit dem toten Sperling –

Catull, von leichten Buchstaben
der Liebe geschützt,
vom Alter jener Augen,
die sich nicht mehr schließen.

Passer mortuus est
meae puellae.
Ein Flüstern noch
in Pappeln.

ECKART KLESSMANN
IN DIE LUFT GESCHRIEBEN

Was wird einmal unsere kleine physische Existenz überdauern? Nur selten das, von dem wir es wünschen. Selbst das Werk so manches großen Poeten blieb nur sehr zufällig überliefert. Von Sappho ein paar Fragmente, kein geschlossenes Buch; von Gaius Valerius Catullus, dessen Erdenleben nur dreißig Jahre währte, immerhin mehr als hundert Gedichte, doch kaum ein paar Sätze, die seine Biographie uns erhellen. Auch kein physiognomisches Abbild.
Für den Dichter, der das Bildnis eines Poeten in Versen nachzeichnet, bedeutet das Freiheit vom Stoff, doch nicht von Stofflichkeit. Kunst will in Kunst überführt sein, so wie es die Komponisten hielten, die musikalische Nekrologe verfaßten, etwa Maurice Ravel in »Tombeau de Couperin«, an dessen wohllautendluftige Grazie mich diese Strophen erinnern.
Kein Wort über eine lateinisch-antike Dichterexistenz zwischen 80 und 50 vor Christus, nur das Zitat, »passer mortuus est meae puellae«, der dritte Vers des dritten Catull-Gedichts. Auch dies ein Nekrolog: Auf den toten Sperling seiner Geliebten (»meae puellae« – wie zärtlich kann das Lateinische sein), nur die weichen vokalgesättigten Jamben des Originals haben den deutschen Dichter zweitausend Jahre später inspiriert. Kein Monument des erzenen Worts, eher dies »Flüstern noch / in Pappeln« über dem Grab des Poeten, der so genau den »Vogelflug

der Worte« gekannt hat, der zärtlichen, klagenden, lüsternen, haßgeschüttelten, die sich durch die Zeiten hindurch immer wieder »aus vollem Himmel« niedergelassen haben in der Dichtung des Abendlands.

Nach dem Glauben der frommen alten Ägypter war niemand tot, solange sein Name im Mund und Gedächtnis der Nachgeborenen blieb. Tot die physische Existenz des jungen Veronesers Catull, tot seine Sprache, aber gelesen, gesprochen, geliebt noch heute »in unserer Luft« und darum noch immer lebendig.

Was dieses Gedicht so kostbar macht, ist seine vollkommene Mischung aus Totenbeschwörung mit ganz leiser Stimme und unausgesetztem Gespräch, aus statuarischer Festigkeit – »vom Alter jener Augen, / die sich nicht mehr schließen« – und verhaltenem Flüstern im Blattwerk: Das in die Luft Geschriebene tönt.

Was es sonst noch gibt in den Versen Catulls, die lateinischen Phrasen der Schmähung und der Verwünschung, diese Hagelschauer des Hasses, das wird auch weiterhin die Philologen beschäftigen. Dem Dichter aber, der dem Frühverstorbenen nachsinnt, bleiben jene Verse Teil seines Selbst, in denen ein Dasein »von leichten Buchstaben / der Liebe geschützt« ist, zart wie der Flaum eines Sperlings.

CHRISTINE LAVANT
SEIT HEUTE, ABER FÜR IMMER

Seit heute, aber für immer,
weiß ich: Die Erde ist wirklich warm –;
ich gebe der Nessel den Brand zurück
und dem Igel die Stacheln.

Seit heute ist alles mein Schutzpatron
und die ganze Welt eine Weidenwiege,
darin uns der Windstoß zusammenschaukelt
und unsren Atem verknotet.

HANS MAIER
WIE AUF AUSGESPANNTEN FLÜGELN

Unter den Gedichten der Christine Lavant sind viele, die vor Zorn und Empörung beben, die wie Fluchgebete klingen: Schreie einer Kranken, zeitlebens von Schlaflosigkeit Gepeinigten; Aufschreie vor Gott und gegen Gott; Lästerungen und Loblieder.
Unverkennbar ist die persönliche Bildsprache, die oft das Skurrile und Gewaltsame streift: nur der Lavant gehören die beinernen Misteln und diebischen Rosenkranzbeeren, die schwankende Hirnschale, die durch Weihrauchwolken treibt, die Zungenwurzel und der Wespenkrug, die heillosen Messen mit klirrendem Brot und eisigem Wein: »in jeder Hand eine salzene Wunde, in jedem Aug eine süße Feige und die Zunge hinterm Gaumen«. Unverkennbar ist der Rhythmus, in dem, vielleicht vermittelt durch den heimischen Kärntner Dialekt, älteres Deutsch nachschwingt (so sehr die frühe Lyrik der Lavant von Rilke und Trakl »erweckt« wurde): ich wüßte für diesen manchmal assoziativ gleitenden, manchmal dumpf gleichmütig pochenden Rhythmus nur ein Gegenstück in unserer Literatur: die Parzivalstrophe Wolframs.
Hier nun, in diesem kleinen Gedicht, ist nichts von dem Dumpfen, Drängenden, Kataraktischen typischer Lavant-Strophen. Ausgeglichen, beruhigt, wie auf ausgespannten Flügeln kommen die Verse daher. Wirkt sonst das kleine zitternde Ich wie ausgeliefert an die Natur (»fremdblütig im Herzen der Nacht, staubtrocken unter

dem Regen«), erscheinen die Spuren Gottes »hinter siebenmal Nebel« für diese gläubige Christin »verweint und verweht und vernesselt«, so sind diese beiden Vierzeiler durchlichtet von Zuversicht: Sicherer geworden, lächelnd und gelassen schaut das Ich in die Welt, verkostet ihre Wärme, gibt der Nessel den Brand, dem Igel die Stacheln zurück.

»Kunst wie meine, ist nur verstümmeltes Leben, eine Sünde wider den Geist, unverzeihbar. Das Leben ist so heilig, vielleicht wissen Gesunde das nicht. Ich weiß es ganz. Deshalb werde ich mich vermutlich nie umbringen. Ich hab ja auch Zeiten, wo ich grundlos glücklich bin« (an Gerhard Deesen, 27. März 1962). Grundloses Glück – es spiegelt sich in diesem scheuen Liebes-, ja Ehegedicht (»seit heute, aber für immer«), das man in Christine Lavants Werk fast übersieht, weil es so empörungslos gelassen, so selbstverständlich zustimmend dasteht.

Ein schwankendes Glück freilich – aus Weide, Atem und Wind geflochten. Die starken Farben, die harten Töne, die bohrende Rhythmik – sie sind auch im Werk dieser gläubigen Magd und guten Sünderin dem täglichen Inferno, der pünktlich wiederkehrenden Verzweiflung vorbehalten. Und nur vor diesem Hintergrund gewinnen diese Verse das Lichte, Schwebende, Kaum-Glaubliche, die Seligkeit und Stille, die sie unvergeßlich macht.

JOHANNES BOBROWSKI
ANRUF

Wilna, Eiche
du –
meine Birke,
Nowgorod –
einst in Wäldern aufflog
meiner Frühlinge Schrei, meiner Tage
Schritt erscholl überm Fluß.

Ach, es ist der helle
Glanz, das Sommergestirn,
fortgeschenkt, am Feuer
hockt der Märchenerzähler,
die nachtlang ihm lauschten, die Jungen
zogen davon.

Einsam wird er singen:
Über die Steppe
fahren Wölfe, der Jäger
fand ein gelbes Gestein,
aufbrannt' es im Mondlicht. –

Heiliges schwimmt,
ein Fisch,
durch die alten Täler, die waldigen
Täler noch, der Väter
Rede tönt noch herauf:
Heiß willkommen die Fremden
Du wirst ein Fremder sein. Bald.

WERNER KELLER
FRIEDLICHE LANDNAHME

Eine Liebeserklärung an zwei Städte eröffnet das Gedicht. Mit expressivem Pathos werden Jugend und Heimat erinnert, Rückkehr und Einkehr in die Geschichte des Ichs und seiner Landschaft vergegenwärtigt. Verse, wie so oft, auf der Suche nach der verlorenen Identität? Ein Blick auf die Biographie des Autors widerlegt diese Vermutung. Bobrowski wurde 1917 in Tilsit geboren und wuchs an beiden Ufern der Memel auf. Als Soldat der Wehrmacht, die am 24. Juni 1941 Wilna, am 15. August Nowgorod besetzte, betrat er russischen Boden; am heftig umkämpften Ilmensee begann er zu schreiben. Ein ergreifender Vorgang: Mitten im Krieg entdeckt ein Deutscher, unberührt von Vorurteil und Propaganda, in Feindesland seine imaginierte, doch mit der Konkretion des Erlebten wahrgenommene Heimat.

Der zweite Gedichtabschnitt, der den persönlichen Erinnerungsraum durch den Gegensatz des Einst und des Jetzt erweitert, betrauert den verlorenen »Glanz« und beklagt den vereinsamten Erzähler. Die Jahreszeiten bezeichnen Lebensstadien. Warum wurde der erfüllte Sommer verschenkt? Rief die »Jungen« der Krieg weg, oder lockte sie die geschichtslose Ferne? Erläuterungen werden hier und später ausgespart. Die Kurzverse konstatieren lediglich die Folgen und begnügen sich damit, die archaische Situation von Sagen und Mären zurückzurufen: nächtens, »am Feuer«, der Erzähler, das poetische Gedächtnis der Frühzeit.

Zunächst der reichen Jugend, dann der verarmten Gegenwart zugewandt, nimmt die Ode im dritten Abschnitt die düstere Zukunft vorweg: Der »Gesang« variiert die alte und immer neue Litanei von Raub und Jagd, von Gewalt und Widerstand. Die Wölfe »fahren« – auch wenn das Gedicht der Aktualisierung widerstrebt, deuten diese Verse an, daß Wolfszeit herrscht, von Hitlers Wolfsschanze aus dirigiert. Ist ihr der Jäger gewachsen? Sein Bernsteinfund tröstet, der Widerschein des Lichts im Dunkel der Nacht und der Geschichte.

Die entscheidenden Schlußverse verheißen, daß selbst in der Zeit des Unheils »Heiliges« anwesend ist, die hilfreiche Gegenwart der alten Natur und der Geist des Anfangs. »Heiliges schwimmt / ein Fisch«: Bobrowski bemüht altes Wissen. Aus den Einzelbuchstaben von Ichthys, dem griechischen Wort für Fisch, leiteten die Kirchenväter Christi Wesen ab. Das kühne Bild erinnert überdies an jene Legende, wonach die Ikone Nikolajs, des russischen Nationalheiligen, von Kiew nach Nowgorod schwamm.

Altrussische Frömmigkeit – »der Väter Rede« – verlangt Gastfreundschaft auch in gewalttätiger Zeit. Damit geht der »Anruf« über in einen Aufruf und schließt wie ein Nachruf auf den, den die Fremden zum Fremdling stempeln werden. Nur um den bitteren Preis des Fremdwerdens konnte ein deutscher Soldat in Nordrußland seine Heimat finden.

Die Ode, nach überlanger Inkubationszeit 1957 niedergeschrieben, irritiert durch ihren expressionistischen »Schrei«, durch die Beschwörung des Altvergangenen und der Altvorderen, und sie befremdet durch die archetypische Figuration von Erzähler und Jäger und den mystifizierten Geschichtsgang. Doch hier findet keine Spurensicherung des Archaischen um seiner selbst willen statt: Was als Flucht aus der Gegenwart erscheint, organisiert in Wahrheit den Widerstand gegen ihre Bedrohung. Das Gedicht übernimmt die Rolle des »Sängers«, der die Gegenwärtigkeit des Vergangenen vor Vergeßlichkeit und Gewalt zu retten sucht. Seine »Sarmatischen Gedichte«, die mit »Anruf« beginnen, begriff Bobrowski als individuelle Sühne für eine generelle Schuld. Er kam mit den Eroberern, doch erschloß er unserem Bewußtsein Sarmatien, für Ptolemäus das Land östlich der Weichsel, in friedlicher Landnahme.

JOHANNES BOBROWSKI
DER SAMLÄNDISCHE AUFSTAND 1525

Bauern, ein Heer, gekommen
mit Kreuzen, gerufen vom Herzog
auf das Feld Lauth, betrogen
dort im Geschwätz der Herrn, gerichtet,
heißt es, in Königsberg, in den Dörfern
Laukischken und Kaymen
und auf dem Felde Lauth.

Kaspar, Müller zu Kaymen,
über den Hügeln dein Ruf,
ein Kranich mit tropfender Schwinge,
heimisch dein Roß in Wäldern,
im Rauch der niedrigen Feuer,
die sich am Feldkreuz fanden,
nächtlich, singen: Nun bitten
wir den heiligen Geist.

Vor der Dämmerung wieder
der Himmel ein Krähenbaum.
Kaspar, schartige Frucht
dein Mund, ich find deine Hände
nicht, ich geh, sie zu suchen,
Dörfer und Weiler ab,
ich steh auf dem weißen Ufer.
Steig, schrei ich, mein Haff!

RUDOLF JÜRGEN BARTSCH
LOKALTERMIN, HISTORISCH-POETISCH

Johannes Bobrowski, der in Königsberg während seiner Gymnasialzeit vom Domorganisten Eschenbach in Harmonielehre unterwiesen wurde, wird den Tatort gekannt haben. Im sechzehnten Jahrhundert bestand Königsberg in Preußen noch aus den selbständigen Städten Kneiphof, Altstadt, Löbenicht: »der dreyen Städte Pracht« (Simon Dach in seiner Kürbishütten-Elegie). Das senkenfreie »Feld Lauth«, nordostwärts vom Kneiphof gelegen, ist mit dem späteren Devauer Feld identisch: Schauplatz königlicher Feldparaden und Flugplatz zu Bobrowskis Schulzeit.

Auf dieser offenen Ebene hatte der erste Preußen-Herzog dem Aufstand der knapp dreitausend Rebellen tückisch ein Ende bereitet (»betrogen dort im Geschwätz der Herrn«). Dreizehn Bauern ließ er gleich am Ort köpfen, die Hauptleute Kaspar und Gericke wurden in ihren Heimatdörfern hingerichtet. Denn angefangen hatte es im Kirchspiel Kaymen, einem winzigen Weiler rund zwölf Kilometer vom Kurischen Haff entfernt und wie Laukischken zum Kreis Labiau gehörend.

Warum diese Erhebung? Die freien Bauern wurden entgegen ihren verbrieften Rechten zum Hofdienst als Scharwerker herangezogen. Hinzu kam, daß der Kämmerer Andreas Rippe ein übler Leuteschinder war, was erst den Müller Kaspar – eine Mühle ist eine gute Nachrichtenbörse – zum Widerstehen herausforderte.

In der Nacht vom zweiten auf den dritten September versammelte Kaspar seine Bauern, berief sich in seiner Ansprache auf das Evangelium (»gekommen mit Kreuzen«) und erzählte ihnen die Geschichte seines Nacht für Nacht wiederkehrenden Traums. Ein alter Mann habe ihm zugerufen: »Auf, auf, Müller! Es ist nichts daran gelegen, wie gering und schwach du seyst. Nur frisch und getrost daran!« Eine männliche Jeanne aus dem alten Preußenland.
Sie stürmten die Burg, führten den Rippe als Gefangenen mit sich und zogen vor das Ordensschloß Labiau. Unterwegs hatten sie den Dorfpastor von Legitten gebeten, sie zu begleiten, um einen des Lesens Kundigen dabei zu haben. Eine Hellebarde in der Hand wie der Bischof den Krummstab (»Nun bitten / wir den heiligen Geist«), so zog Pastor Sommer ihnen voran. Nun, alle Aufenthalte der Stärkung und Verstärkung eingerechnet, werden sie morgens zeitig in Labiau eingetroffen sein. Ich kenne den Weg, bin ihn so manche Sommernacht als Halbwüchsiger mit dem Fahrrad gefahren, einen Aufruhr ganz anderer Art im Kopf.
Kurzum: Die Labiauer lieferten die geforderten Amtmänner aus, und über Tapiau ging es pregelabwärts auf die Dreistadt zu. Das Ende ist bekannt. – »Vor der Dämmerung wieder / der Himmel ein Krähenbaum.« Bei aller Bedeutungsvielfalt ist die Krähe als Todesbotin auch in Bobrowskis Versen zu erkennen. Indessen will mir »Krähenbaum« hier nicht als Nist- oder Schlafbaum des Vogels erscheinen, sondern als Metapher. Eine Wolke von schwärmenden Zugkrähen – ohnehin in diesem Landstrich heimisch – nimmt im Begriff, niederzustoßen, die Gestalt eines Baumes an. Die Unbestatteten ziehen die

Unglücksvögel an. Deshalb auch der letzte Vers: »Steig, schrei ich, mein Haff!«
Historie – kritisch gespiegelt – im Gedicht. Entstanden ist es am 27. Dezember 1956, erschienen jedoch erst im Nachlaßband, den Eberhard Haufe herausgab. Episodisch kam Johannes Bobrowski noch zweimal auf den Stoff zurück: im Roman »Litauische Claviere« und in der Erzählung »Von nachgelassenen Poesien«. Zu lesen und zu interpretieren als Variationen seines großen von ihm selbst so definierten Themas: »Die Deutschen und der europäische Osten. Eine lange Geschichte aus Unglück und Verschuldung, seit den Tagen des deutschen Ordens, die meinem Volk zu Buch steht.«

JOHANNES BOBROWSKI
DORFMUSIK

Letztes Boot darin ich fahr
keinen Hut mehr auf dem Haar
in vier Eichenbrettern weiß
mit der Handvoll Rautenreis
meine Freunde gehn umher
   einer bläst auf der Trompete
   einer bläst auf der Posaune
Boot werd mir nicht überschwer
hör die andern reden laut:
dieser hat auf Sand gebaut.

Ruft vom Brunnenbaum die Krähe
von dem ästelosen: wehe
von dem kahlen ohne Rinde:
nehmt ihm ab das Angebinde
nehmt ihm fort den Rautenast
   doch es schallet die Trompete
   doch es schallet die Posaune
keiner hat mich angefaßt
alle sagen: aus der Zeit
fährt er und er hats nicht weit

Also weiß ichs und ich fahr
keinen Hut mehr auf dem Haar
Mondenlicht um Brau und Bart
ab gelebt zuendgenarrt

lausch auch einmal in die Höhe
denn es tönet die Trompete
denn es tönet die Posaune
und von weitem ruft die Krähe
ich bin wo ich bin: im Sand
mit der Raute in der Hand

GERHARD SCHULZ
TOD UND VERKLÄRUNG?

Allein Götter und Dichter können sich über Leben und Tod erheben. Den einen sagt man nach, daß sie reale Welten erschaffen, wenngleich sie selbst nur Gebilde unserer Phantasie sind. Die anderen existieren in Fleisch und Blut unter uns, ihre Schöpfungen dagegen kommen erst in unserer Einbildungskraft zum Leben. Beide aber lassen den Menschen gelegentlich einen Blick über sich hinaus tun, damit er ein wenig besser weiß, wo er steht.
Bobrowski hat den Helden seines Gedichts ein Stück auf der Reise in jenes unentdeckte Land begleitet, von »des Bezirk«, nach Hamlets Worten, »kein Wandrer wiederkehrt«. Von der Grenze, vom sandigen Ufer des Letheflusses sozusagen, kommt dieser Bericht. Der Tote reflektiert oder – um den fremden Ausdruck beim Wort zu nehmen – er blickt zurück.
Man hat ihn in einen einfachen Sarg aus vier ungestrichenen, weißen Brettern gelegt, wie er für die armen Leute in den Dörfern des Baltenlandes üblich war; »Nasenquetscher« pflegte man so etwas im Volksmund zu nennen. Die Raute, das »Totenkraut« des Aberglaubens und übrigens auch Nationalblume von Bobrowskis poetischer Heimat Litauen, hat man ihm nicht verweigert; Schutz soll sie bieten gegen Angriffe des Bösen auf der letzten Überfahrt.
Aber würdig war er in den Augen der guten Freunde solchen Talismans und Schmuckes wohl nicht. Vom Dorf-

ziehbrunnen mit dem großen, schräg emporragenden Brunnenbaum, vom Umschlagsort gesunden Volksempfindens also, tönt der Schmähruf der Krähe, seit alten Zeiten der Lästervogel. Man hält nicht viel von dem, den man mit Musik zu Grabe trägt. Er gleicht dem törichten Manne, von dem Jesus sagte, daß er »sein Haus auf den Sand baute. Da nun ein Platzregen fiel und kam ein Gewässer und wehten die Winde und stießen an das Haus, da fiel es und tat einen großen Fall.« Und da, meint man, wird auch der Bauherr wohl liegen bleiben.

Aber was geschehen soll, geschieht nicht. Das Boot bewegt sich, ist nicht überschwer, und man läßt dem Toten auch sein Angebinde für gute Fahrt, denn etwas hat sich schützend über ihn gebreitet: Dorfmusik. Die geringen, subtilen Veränderungen im Kehrreim der drei Strophen sind der Schlüssel zu diesem Gedicht. Mit einem »doch« als Abwehr gegen Nachrede und Geschwätz erscheint der Refrain das zweite Mal, und die Musiker sind jetzt hinter der Musik verschwunden. Die aber erhält auf einmal neuen Klang und andere Kraft.

»Denn es wird die Posaune schallen, und die Toten werden auferstehen unverweslich, und wir werden verwandelt werden«, schreibt der Apostel Paulus an die Korinther. Der aus der Welt Gefahrene, der seine Bibel kennt, verspürt etwas von der Macht solcher Musik. Das Urteil der anderen gilt nicht mehr, das Schreien der Krähe verhallt allmählich, die Narrenspiele sind vorüber: Tod und Verklärung? Davon sagt dieses Gedicht nichts.

Die Grenze ist überschritten, aber der größere Teil der Reise steht noch bevor, und aus welcher Höhe die Töne tatsächlich kommen, weiß man nicht. »Iich hoa ann Gewißheet«, sagt der pietistisch fromme alte Hilse in

Hauptmanns »Webern«, als er einmal seinen Glauben bekennt. Die Gewißheit dieses Menschen hier ist die Raute, die er aus der Welt mitbringt, das »kleine Kraut aus Tränen und Küssen«, wie sie Bobrowski in einem anderen Gedicht nennt. Und es ist die verwandelte Dorfmusik, die forttönt, weiterklingt und hallt: »Denn es tönet die Posaune ...«
Eine Entscheidung darüber, ob dergleichen als Gewißheit ausreicht, ist jedermanns eigene Sache. Das Wörtchen »denn« heißt in der Grammatik eine kausale Konjunktion. Von einem Urheber der Musik, einer *causa*, ist im Gedicht nicht die Rede. Der Dichter ist kein Priester, und das Gedicht ist ganz und gar ein Kunstwerk, das in Bildern zu unserer Einbildungskraft, unserer Phantasie spricht.
Die Gewalt von Bobrowskis einfachen, klaren Metaphern ist offenbar. Ich zögere nicht, diese Verse hier eines der schönsten deutschen Gedichte unseres Jahrhunderts zu nennen.

JOHANNES BOBROWSKI
HÖLDERLIN IN TÜBINGEN

Bäume irdisch, und Licht,
darin der Kahn steht, gerufen,
die Ruderstange gegen das Ufer,
 die schöne
Neigung, vor dieser Tür
ging der Schatten, der ist
gefallen auf einen Fluß
Neckar, der grün war, Neckar,
hinausgegangen
um Wiesen und Uferweiden.

Turm,
daß er bewohnbar
sei wie ein Tag, der Mauern
Schwere, die Schwere
gegen das Grün,
Bäume und Wasser, zu wiegen
beides in einer Hand:
es läutet die Glocke herab
über die Dächer, die Uhr
rührt sich zum Drehn
der eisernen Fahnen.

HERMANN BURGER
SCHATTENRISS

Mit weichem Blei, doch mit spärlichen Strichen skizziert Johannes Bobrowski das Neckarufer und den Hölderlinturm in Tübingen. Wer den geisterhaften Kahn gerufen hat, wissen wir zunächst nicht, bis vom »Schatten« die Rede ist. Vielleicht denkt der Autor an Hölderlins Wort von den »seligen Schatten am Lethe« und sieht im Weidling mit der Stakstange Charons Hadesfähre.
Vergangenes wird gegenwärtig: Ruhelos auf und ab gehend, wartet der kranke Prophet, der Dichter des »Hyperion«, auf sein Ende, schon zu Lebzeiten nur noch ein Schemen. Sein Schatten fiel – und fällt – auf den grünen Neckar.
Bobrowski beschwört den Namen gleich zweimal, sozusagen in der Vergangenheits- und in der Gegenwartsform, denn er weiß um die Bedeutung des Fluß-Symbols in der Hochklassik.
Bei Goethe und Hölderlin wird der Strom zum Sinnbild für den schöpferischen Genius. Hier ist seine Dynamik erloschen. Ein stehendes Wasser, das an einen Böcklinschen Totenteich erinnert. Die Schlußzeile der ersten Strophe klingt an Hölderlins Ode »Der Neckar« an: »...doch weicht mir aus treuem Sinn/ Auch da mein Neckar nicht mit seinen/ Lieblichen Wiesen und Uferweiden.«
In der zweiten Strophe spielt Bobrowski auf die allgemeine Situation des Dichters an. Er meint mit dem Hölderlinturm auch den Elfenbeinturm und wünscht, daß er

bewohnbar sei »wie ein Tag«. Er setzt die Schwere der Mauern gegen das Grün des Wassers und der Bäume, die sprachliche Form gegen die fließende Zeit. Mauerwerk als Metapher für eine hermetische Kunstsprache, mit der man sich einkerkert wie der irre Hölderlin, oder aber für das transparente Wort.
Es hält den Forderungen des Tages stand: Der Turm kann ein Wachtturm sein und zur Not ein Pulverturm. Das poetische Zeichen hebt Vergangenheit und Gegenwart auf, bringt sie in eins, schafft aber auch die Balance zwischen dem Dunklen, Abgründigen und der ordnenden Kraft des Geistes: »zu wiegen/ beides in einer Hand«. In dieser zentralen Gebärde des Gedichts manifestiert sich das Gleichgewicht von Form und Inhalt.
Die Schlußverse weisen mit dem Bild der »eisernen Fahnen«, das an die klirrenden Fahnen in Hölderlins »Hälfte des Lebens« erinnert, wieder auf den Turmhäftling zurück. Auffallend ist das Nebeneinander von Glockenläuten und Wetterfahnen. Aus ihrem Quietschen glaubte Baudelaire die Stimme des Todes zu hören. Für Hölderlin war das Tote die sprachlose Welt des Winters, die in »Hälfte des Lebens« vorausgeahnte Umnachtung.
Die Glocken deuten auf das Erhabene. Doch die »Tore an Schönheit«, wie Hölderlin die Schallfenster in einem späten Fragment bezeichnet, sind für ihn nicht mehr erreichbar. In der Doppelbedeutung des Wortes »Fahne« ist der Verlust der Lebensfülle enthalten: Aus der rauschenden Festflagge wird ein metallenes Ding, das sich starr im Wind dreht.
Bobrowskis Gedicht schließt mit dieser feierlich-tödlichen Dissonanz: Das Glockengeläute und das Drehen der eisernen Fahne bedingen sich wechselseitig. Das Schöne

öffnet erst die Augen für das Vergängliche – und umgekehrt. Zu wiegen, auch da, beides in einer Hand wie in einer Nußschale, die Polarität in nuce.

Das Beeindruckende an diesem Schattenriß Hölderlins liegt darin, daß Bobrowski die literaturgeschichtlichen Elemente ohne didaktisches Forcieren vermittelt. Das Schattengedächtnis, das Andenken wird nahtlos in die Stimmung des Tübinger Sommertags eingebunden. Der Kahn liegt da, der Leser kann hinübersetzen, er kann ihn als Symbol befrachten oder für das eine konkrete Boot nehmen. Diese Freiheit entspricht der modernen lyrischen Notation in spärlichen Zeichen und freirhythmisch akzentuierten Zeilen.

JOHANNES BOBROWSKI
HOLUNDERBLÜTE

Es kommt
Babel, Isaak.
Er sagt: Bei dem Pogrom,
als ich Kind war,
meiner Taube
riß man den Kopf ab.

Häuser in hölzerner Straße,
mit Zäunen, darüber Holunder.
Weiß gescheuert die Schwelle,
die kleine Treppe hinab –
Damals, weißt du,
die Blutspur.

Leute, ihr redet: Vergessen –
Es kommen die jungen Menschen,
ihr Lachen wie Büsche Holunders.
Leute, es möcht der Holunder
sterben
an eurer Vergeßlichkeit.

WERNER KELLER
ZU TILGEN UND ZU SÜHNEN

Schon Homer und Pindar bestimmten ihre Verse dazu, Taten im Wort zu bewahren. Was für ein bedrückender Unterschied: Autoren unserer Zeit sind genötigt, Untaten beim Namen zu nennen, damit sie nicht dem Vergessen – und damit der Wiederholbarkeit – anheimfallen.
Bobrowski erinnert an den russischen Erzähler Isaak Babel, der in seiner »Geschichte meines Taubenschlags« von dem Judenpogrom in Odessa im Jahre 1905 berichtet, bei dem der Elfjährige den Großvater und seine lang ersehnte, eben erstandene Taube verlor. Seiner Miniaturtechnik gemäß erzählt Babel lakonisch, ohne zu klagen oder anzuklagen, doch der Leser der »Geschichte« ist verstört, denn es ist ein an den Rollstuhl gefesselter Kranker, der das Tier tötet, ein armer Teufel, der sich an einem anderen Armen vergeht. Bobrowski spart dies aus. An einem Kinderschicksal und in kindlicher Syntax verdeutlicht er Neid und Haß, Unrecht und Leid – an einem konkreten Vorgang, da abstrakte Statistiken wenig besagen. Er wählt bewußt ein mit uralter Bedeutung angefülltes Detail, denn die Taube verbildlicht nach 1. Mose 8,11 den Frieden und nach Matthäus 3,16 den Geist, die beide mitgeopfert werden.
Auch der zweite Abschnitt gilt der genauen, schaubaren Erinnerung, diesmal an ein dörfliches Idyll, dem alles Gewalttätige fremd zu sein scheint und das dennoch zum Schauplatz für Rassenwahn und Verbrechen wird. Der

Leser, vertraulich angesprochen, erfährt nichts vom Täter und wenig vom namenlosen Opfer, aber als Mitwisser einbezogen – »Damals, weißt du« –, kennt er die »Blutspur«, die die Geschichte unseres Jahrhunderts durchzieht.
Die geläufigen Erwartungen an ein zeitgenössisches Gedicht – als hermetisch-esoterisches Selbstgespräch – wehren die Schlußverse brüsk ab. Bobrowski, der nach der Rückkehr aus russischer Gefangenschaft in Vers und Prosa unvergleichlich viel für die Aussöhnung mit den Völkern des Ostens getan hat, tritt in direkter Anrede hervor: »Leute, ihr redet: Vergessen –.« Das »Gerede« plädiert für das Vergessen, dem es zugleich zuarbeitet; die »Leute« sprechen vom Vergessen und um zu vergessen. Die bitteren Folgen: Die Verdrängung der Älteren bedingt das Unwissen der Jungen.
Die Toten mahnen, doch die Vergeßlichkeit der Lebenden bringt sie um den einzigen Schimmer von Sinn, den ihr Opfer hat. Daran »möcht«, darüber könnte der Holunder verdorren, dessen alte Bedeutungen für den Volksglauben das Gedicht zurückruft. Mit ihm, der zur Sommersonnwende in Blüte steht, verbindet sich Liebeszauber; er ist zudem Schutzbaum, in dessen Schatten Kleists Käthchen ihr Inneres preisgibt; als unvergänglicher Lebensbaum steht er mit dem Tod in untergründiger Verbindung. Der Holunder »möchte« absterben, wenn sich Menschen der aus Leid und Schuld gebildeten Vergangenheit entziehen. Das Gedicht besteht auf Erinnerung, die den verliebten Jungen ihr Lachen beließe, doch diesem mit der Unwissenheit von seiner Oberflächlichkeit nähme.
Nietzsche statuierte, Handeln sei ohne Vergessen nicht möglich. Bobrowski widerspricht zornig aufgrund seiner und unserer Erfahrung: Das Leben benötigt – so die Logik

seiner Bildlichkeit – das Erinnern zum Überleben. Was das Gedicht einklagt, leistet es selbst vielfältig: Indem es Babels trauriger Erinnerung Raum gibt, dient es auch dem Gedenken an diesen Prosaisten, der sich der Revolution anschloß, mit Budjonnys Reiterarmee zog, im Volkskommissariat für Bildung tätig war und dennoch im März 1941 im Lager umkam.

Durch die Blutspur eines anonymen Opfers erinnert das Gedicht an alle, die im Zeitalter der Ideologien litten. Es erinnert die Alten an das getane, die Jungen an das latente Böse in uns, das in Ausnahmesituationen ausbricht; es erinnert schließlich an Bobrowski und dessen lyrische Versuche, »zu tilgen und zu sühnen«. Im September 1960 geschrieben, ist das Gedicht heute gültig wie damals.

JOHANNES BOBROWSKI
IMMER ZU BENENNEN

den Baum, den Vogel im Flug,
den rötlichen Fels, wo der Strom
zieht, grün, und den Fisch
im weißen Rauch, wenn es dunkelt
über die Wälder herab.

Zeichen, Farben, es ist
ein Spiel, ich bin bedenklich,
es möchte nicht enden
gerecht.

Und wer lehrt mich,
was ich vergaß: der Steine
Schlaf, den Schlaf
der Vögel im Flug, der Bäume
Schlaf, im Dunkel
geht ihre Rede –?

Wär da ein Gott
und im Fleisch,
und könnte mich rufen, ich würd
umhergehen, ich würd
warten ein wenig.

JÜRGEN THEOBALDY
OHNE MYTHOS

Das Gedicht steht als vorletztes in Johannes Bobrowskis zweitem Gedichtband, ein verdeckter Schluß, ein Resümee, der Lyriker gibt sich Rechenschaft über sein Projekt »Schattenland Ströme«. Der Titel des 1962 erschienenen Bandes weckt die zarte, bildlose Vorstellung eines Gleitens und Rauschens, er atmet Weite, durchzogen von den Namen osteuropäischer Dichter und Denker, Fürsten und Gottheiten, von Resten der ausgestorbenen pruzzischen Sprache. Jene Weite ist von keinem Staats- oder Staatengebilde zu umschließen; es ist die Weite Sarmatiens, des legendären, von den Römern so genannten Landes östlich der Weichsel, das die Deutschen in mehreren Eroberungskriegen heimsuchten, weshalb Bobrowski die Pruzzen »das vom Deutschen Ritterorden ausgerottete Volk« nannte.

Eine Lyrik, die ein solches Sarmatien vergegenwärtigen will, braucht einen tragfähigen, ausschwingenden Ton, den Odenton, hier elegisch herabgestimmt im schlichten Benennen, das keine übergeordneten Satzbögen und kaum Verschachtelungen kennt. Ein Spannungsgefüge entsteht: Ohne klangmagische Mittel, ohne die Eingängigkeit von Reim und festem Metrum geraten die Verse zur Beschwörung. Gelassen hebt das Ich an und führt die zentralen Wörter seiner Lyrik zusammen. Wenige Abweichungen von der gewöhnlichen Syntax reichen aus, diese erste Strophe von einer bloßen Aufzählung zu scheiden.

Die zweite Strophe beginnt nach einem Innehalten. Das Gesehene wird in Begriffe gefaßt. Und: »es ist / ein Spiel«, dieses Dichten als ein Anrufen der Dinge. Die gemeinsame Herkunft des Ichs mit den »Zeichen« und »Farben« aus dem Vorsprachlichen ist vergessen, muß es sein, weil mit dem Vermögen zur Sprache eine andere Weise des Daseins einsetzt. Seit Wittgenstein wissen wir: Das Sprachspiel ist Lebensform. Der richtige Ausdruck für das mythische Erleben dagegen, so Wittgenstein, ist »kein in der Sprache geäußerter Satz«, es ist »die Existenz der Sprache selbst«.

Und hier sorgt sich das Ich, ob seine Dichtung seinem ans Mythische rührenden Sarmatien auf der Grenze der sprachlichen Ausdrucksmöglichkeit gerecht werde. Selbst wenn es einen Gott gäbe, der helfend eingriffe, würde es vor ihm nicht in Demut verharren. Von allem eingangs Benannten zählt es in der dritten, deutlich auf die erste bezogenen Strophe »Strom« und »Fisch« nicht zu jenen Dingen, in denen, romantisch gesagt, ein Lied schläft. Der Strom markiert die fließende Grenze zwischen Landschaft und Mensch; auch den am Feuer zubereiteten Fisch behält das Ich vor Augen – und dazu braucht es keine mythenumrankte Gottheit.

»Immer zu benennen« – dies bleibt Möglichkeit, selbst über die »lange Geschichte aus Unglück und Verschulden« hinweg, die das Verhältnis der Deutschen zum europäischen Osten ausmacht. Bobrowskis Schreibabsicht ist oft zitiert worden und war kaum je so dringlich einzulösen wie heute. Nachdem die einen in wenigen Jahren ihre Geschichte abgeschüttelt haben, sind sie nun konfrontiert mit den andern Deutschen, die immer noch an der falschen Antwort auf diese Geschichte leiden. Mag auch absehbar sein, wann der Fisch auf dem Grill zum Wochenendvergnügen beider werden wird, die Geschichte der Landschaften östlich des geeinten Deutschlands bleibt in die unsrige verstrickt. Für die, die Bobrowskis Lyrik lesen, ist das nicht nur zum Erschrecken.

JOHANNES BOBROWSKI
J. S. BACH

Unbequemer Mann,
Stadtpfeifergemüt, mit Degen
wie mit Neigung zum Sentiment
(praktikabel, versteht sich),
einer Kinderfreude
an plätschernden Wassern, stetig
wirkendem Gang der Flüsse;
so sind der kahle Jordan
und der von Himmeln trächtige
Euphrat ihm
freundlich.

Daß er die Meerbucht sah –
einen dort, der herging
hinter Feuern unsichtbar
der die Planeten rief
mit einer alten Qual –,
manchmal
im blitzenden Köthener Spiel
im Bürgerprunk
der Leipziger Jahre
taucht das herauf. Zum Ende
hat er des Pfingstgeists Sausen
nicht mehr gehört mit Trompete
oder Posaune (auf 16 Fuß).

Flöten gehn ihm voraus,
als er müdegeschrieben
tritt vor sein altertümliches Haus,
den fliegenden Wind
spürt, die Erde
nicht mehr erkennt.

ECKART KLESSMANN
AUS WASSER UND WIND

Um Johann Sebastian Bach hat der Nachruhm eine Aureole aus Legenden, Schwärmereien und Anhimmelung gewoben, wie sie in diesem Ausmaß kaum einem anderen Komponisten widerfahren ist. Trotz intensiver Forschung ist Bachs Persönlichkeit aber nur schemenhaft sichtbar geworden, ist er uns als Individuum fremd und unnahbar geblieben.
Für ein Gedicht, das diesen Mann porträtieren möchte, kann der Mangel an biographisch verwertbarem Material von Vorteil sein. Bobrowski zeichnet in diesen am 25. Juni 1958 niedergeschriebenen Strophen keinen Lebenslauf faktisch nach. Daß Bach ein »unbequemer Mann« war, sagen uns die Akten, die ihn uns als störrisch, ja auch querulantisch darstellen. Er kam aus einer Stadtpfeiferfamilie und mußte sich in jungen Jahren einmal mit dem Degen gegen einen persönlichen Angriff zur Wehr setzen. In seinem Lebenslauf waren die Jahre als Hofkapellmeister in Köthen und als Thomaskantor in Leipzig die wichtigsten Stationen. In jeder Biographie ist das nachzulesen. Verknüpft sind sie, die Wegmarken eines fünfundsechzig Jahre währenden Daseins, mit der Musik.
Andere Dichter haben das Statuarische betont, das Mächtige, Pathetische. Bobrowski hingegen setzt den Akzent auf das Flüchtige und Fließende. Etwa die »Kinderfreude an plätschernden Wassern« in Bachs Musik, wie sie uns lautmalend so oft in den Kantaten und Choralvorspielen

begegnet, sobald der Text von bewegtem Wasser spricht und das Wort die Musik zum illustrierenden Nachzeichnen inspiriert. Vom Jordan und Euphrat zur Lübecker Bucht: Bachs Besuch bei dem, »der die Planeten rief«, Dietrich Buxtehude. Hier fügt Bobrowski seiner Strophe eine Annäherung an sein Buxtehude gewidmetes Gedicht »Nänie« bei, deren Herzwörter »Feuer« und »Planeten« wiederaufgenommen werden. Doch zum Ende des Bach-Gedichts ist es dann nicht mehr das Wasser, sondern »des Pfingstgeists Sausen« und jener »fliegende Wind«, den der in den letzten Wochen seines Lebens erblindete Komponist spürt.

Und so tritt er dann in diesem Finale »vor sein altertümliches Haus«, jenes mächtige Kunstgespinst, von den Zeitgenossen als antiquiert und abseitig empfunden, offenbar nicht mehr ganz von dieser Welt, da er »die Erde nicht mehr erkennt« und auch nicht hergeht »hinter Feuern unsichtbar«. Zugeordnet sind ihm die Elemente Wasser und Luft, die flüchtigen, die an den verwehenden Nachruhm erinnern, an das »ach wie flüchtig, ach wie nichtig« jenes Chorals, den eine der schönsten Kantaten Bachs umspielt.

Was irdisch gewesen ist am Lebensgange Bachs, wird knapp benannt, als beschreibe man ein Instrument, dessen einzige Aufgabe es ist, Musik zu erzeugen, Musik, wie sie »der von Himmeln trächtige Euphrat« oder des »Pfingstgeists Sausen« inspiriert, von dieser Welt und zugleich schon von ihr sich lösend.

JOHANNES BOBROWSKI
MÄRKISCHES MUSEUM

Die Bäume treten
aus ihren Wasserschuhen, es wird
hörbar Gelb, eine Sprache der Steine, Sand
geht auf Händen, es dreht sich
die heitere Luft.

Im Laub
hoch, in den Schatten
die Lichter, die kleinen Blitze
im Tierfell, dort erblickt
die Katze mit weißen Augen
das Nachtweib,
es springt durch die Bäume,
es sitzt auf dem trockenen Ästchen
in engen Kleidern, tut
das Haar vors Gesicht.

SARAH KIRSCH
WETTERZEICHEN

Die Überschrift konfrontiert mit wirklich vorhandenem Gebäude. Eine U-Bahn-Station gleichen Namens existiert doch, wir erinnern uns dieses Museums. Ehrwürdige Grundmauern, Ausgrabungsreste, gewundene Gänge, frühchristliche Engel. Je weiter man nach oben gerät, desto neuer die Zeit. Ein Fontane-Zimmer, Fabrikmodelle.

Ich stieg ein mit dem Kind, wenn sonntags die großen Orchestrions, die Flötenuhren für eine Stunde in Gang gesetzt wurden. Es gab eine Nachkriegsausstellung mit Töpfen aus Stahlhelmen, Brotmarken, dem ersten Schuhwerk nach der Befreiung. In diesem Museum hatte Christa Reinig eine vorübergehende Arbeit. Das war vor langer Zeit, das Kind nicht auf der Welt.

Aber dieses Museum hat der Dichter nicht vor Augen gehabt. Eher eine Freiluftausstellung, die wirkliche Mark. Föhren und Sand, Seen, Neuruppin, Schinkels Wohnhaus vielleicht inmitten der Bilderbögen. Ein oder das andere historische Schlachtfeld. Der Winter wie Krieg ging, es blühten der Raps und der Mohn. Ende des Sommers eine lang dauernde Regenzeit.

Jetzt treten die Bäume aus ihren Wassergaloschen, plötzlich ist das Gras auch schon gelb, es raschelt. Der Ausnahmezustand, die Überschwemmung sind aufgehoben. Feuchtigkeit von der Sonne gefressen. Die Wurzeln leben, die verwitternden Steine knirschen zerspringen. Der wir-

belnde allgegenwärtige Sand. Brandenburgische Streusandbüchse, ein Windstoß, unten und oben verkehrt sich, wie ein Clown auf den Händen oder Lenz im Gebirge, körperlich bewegt sich der Sand. Übermut Galgenhumor zwischen den Kriegen.
Es dreht sich die heitere Luft. Ein Satz zum Küssen. Wer da mithalten kann. Wäre erst mal gerettet. Blicke in die Waldinseln ein zwischen den großen Genossenschaftsfeldern, Geriesel Lichts und der Schatten. Durchschießende Sonne. Das kann der lesende Mensch gleich erleben, hat selbst schon Helles und Dunkles gesehen. Tierfelle getüpfelt gestreift. So erscheint das Laub in unserer Einsicht. Noch eine Steigerung, der Dichter, wir ebenso, könnten nun einen Schnaps gebrauchen.
In die Leoparden-Blatt-Assoziation wird eine altbekannte Katze geworfen. Das bekommen wir hin. Sie spaziert in angemessener Höhe und erblickt mit weißen unvoreingenommenen Augen das Nachtweib. Zusammengeboren aus Sehnsucht, geringer Furcht. Ein Gesicht, ein unverwechselbares, das einer vor Augen hat, der aus dem christlichen Verlag täglich mit der S-Bahn nach Friedrichshafen fährt. Dort in der Ahornallee das Harmonium schlägt, Buxtehude beschwört, das eingebundene Dasein vergißt.
Das Nachtweib sitzt nicht zur Rechten Gottes. Erst springt es leibhaftig durchs Laubwerk, dann ruht es aus auf trockenem Ästchen. Das knistert verführerisch, kann auch brechen. Und die erlebbare Bewegung, Kinosequenzen: tut das Haar vors Gesicht. Es gibt viel auf der Welt, das anzusehen ein Nachtweib nicht aushält. »Wetterzeichen« heißt der Gedichtband, in dem dieser Blitz steckt.

JOHANNES BOBROWSKI
NAMEN FÜR DEN VERFOLGTEN

Der hereinkommt,
im verhängten Fenster
spricht er die Namen nach,
die ich ihm gebe,
Vogelnamen und
den Namen des Raubaals.

gerwe sagt er
wie eine Kranichfeder die Luft
streicht,
angurys wie unter der Wasserfläche
ein Schatten sich naht

Zuletzt gebe ich ihm
den Namen Holunder, den
Namen des Unhörbaren, der
reif geworden ist

und steht voll Blut.

SIEGFRIED LENZ
VOR DEM FENSTERKREUZ

Auch ich bin in Sarmatien geboren, in dem legendären Reich im Osten, das bis zum Dnjepr hinabging und das der Dichter Bobrowski poetisch neu zu vermessen versuchte. Sarmatiens Geschichte stellt sich nicht zuletzt dar als eine Geschichte des Glaubens, und das heißt: als Fieberzeit zwischen Glaubensabfall und Glaubensannahme, als Auseinandersetzung zwischen alter heidnischer Überlieferung und neuem christlichem Weltgefühl, als lange Entscheidungsnot zwischen Perun, dem paganischen Gott im Holz, und dem neuen, sanften Messias. Immer wieder hat Bobrowski versucht, diesen Augenblick aus seiner Geschichtlichkeit herauszuheben und ihm durch poetische Zeichen dauerhaften Ausdruck zu geben: dem Augenblick des Schwankens zwischen verschiedenen Glaubensgewißheiten. Peruns Holzpfahl, des heidnischen Gottes Sinnbild, wird dem Wasser übergeben, doch außer Sichtweite erhebt er sich und kommt unter neuem Namen zurück: Elias.

Namensgebung – damit beginnt das Gedicht. Es ist ein ritueller Akt, ein Schutzakt, ein Hoffnungsakt, Namen zu verleihen; es heißt ja in der »Kalevala«, daß nichts existiert und geduldet wird, was keinen Namen trägt. Der, dem hier die Namen zugedacht, angepaßt werden, steht »*im* verhängten Fenster«, und das heißt wohl, vor dem Kreuz, dem Fensterkreuz, dem Kreuz der Botschaft und des Martyriums. Der Verfolgte spricht die Namen nach, die ihm angeboten werden, er prüft sie, er erwägt sie, Decknamen, verheißungsvolle Namen der Anpassung, die seine Identität verbergen könnten.

Ein herausforderndes, ein blasphemisches Angebot, das der Dichter dem Heilsbringer macht: Es läuft darauf aus, das eigene Schicksal zu korrigieren mit Hilfe eines Vogelnamens oder unter dem Namen des Raubaals. Geborgenheit im Heidnischen wird da in Aussicht gestellt, ein Ende der Verfolgung womöglich, wenn nur die Tarnung gelingt. Doch die angebotenen Namen besagen auch, daß verbale Tarnung allein auf die Dauer nicht genügen wird: *gerwe* und *angurys*, das sind pruzzische Wörter, die für Kranich, für Breitkopfaal stehen. Der Verfolgte kennt diese Wörter, er wiederholt sie und erläutert und bedenkt sie im Hinblick auf verheißene Möglichkeiten: leichter, herrscherlicher Kranichflug, in den Lüften zu Hause, frei und sanft über allem, oder eine Existenz in der bergenden Tiefe der Ströme, schattengleich und vielleicht selbst ein Verfolger. Er wiederholt die Namen und schweigt, und das heißt, er hat sie verworfen, vielleicht, weil er erkannt hat, daß er sich der Erde nicht entziehen darf, daß er seinem Schicksal nicht entkommen kann.

Offensichtlich kommt es zu keinem Einverständnis, es werden wohl weitere Namen anprobiert, und zuletzt bleibt nur das Wort übrig, das dem Verfolgten die Wahrheit über das Schicksal eröffnet, für das er ausersehen ist: »Holunder«. Es ist sein Schicksalsname. Unhörbar und doch überall wie der Schwarze Holunder, frei bei den Häusern, durch Hecken und Büsche schießend, zäh und schnellwachsend zugleich, wie es dem »Sambucus Nigra« entspricht: so wird sich der Name des Verfolgten behaupten. Und wir werden ihn aufnehmen in uns mit dem Blut der schwarzen Beere.

Wie Hamann, so glaubte auch Johannes Bobrowski, daß Sinne und Leidenschaften sich vornehmlich in Bildern äußern und ebenso in Bildern verstehen. Wie er, der Magus des Nordens, traute aber auch Bobrowski dem poetischen Bild einen äußersten Erkenntniswert zu. Dies Gedicht ist ein Beispiel dafür.

JOHANNES BOBROWSKI
NÄNIE

Stimmen, der Wind
über die Bucht
kommt, Rohrwerke, Helsingör
hat so getönt: über dem Sund
die Küste, gestreckt
gegen den Himmel, dort
auf dem Absturz steht,
der mich gerufen hat,
Helios, breiten Mundes
unter dem Augenbogen
dunkel – die Feuer um ihn
um Schulter und Haar, die rasselnden
Züge, erbrausend: Planeten,
der mörderische
concentus der Welt.

Über der Bucht,
weit,
über dem Regen
farbenstrahlend aus Nebeln
der Bogen – Frieden
ist uns versprochen.

ECKART KLESSMANN
GESPIEGELT IM UNENDLICHEN KLANG

Eine Totenklage (»Nänie«) sagt wohl weniger etwas über den Toten aus als darüber, was er dem Verfasser bedeutet. Und ganz natürlich schließt die Klage immer auch das Rühmen ein, das Rühmen in der Form andeutender Nachzeichnung. Die Musik hat das schon früher verstanden als die Poesie. Im siebzehnten Jahrhundert, als die literarische Totenklage oft genug identisch war mit Wortbombast, entwickelten die Komponisten den in Frankreich »tombeau« genannten musikalischen Nekrolog, worin dem Verstorbenen ein subtiles Klangmonument errichtet wurde.

Bobrowskis 1962 veröffentlichtes Gedicht »ist gerichtet an Dietrich Buxtehude«, heißt es in der Anmerkung, gilt also dem 1637 vielleicht in Helsingör geborenen großen Orgelmeister des norddeutschen Barocks. Die Musik jener Epoche verstand sich noch als kosmisches Abbild. Die Harmonia Mundi, von der Johannes Kepler spricht, war Buxtehude so vertraut wie später noch Goethe (»Die Sonne *tönt* nach alter Weise...«). Bobrowski spricht vom »concentus der Welt«, und *concentus* bedeutet Harmonie, Einklang, Gesang, der hier »mörderisch« genannte Generalbaß jener Zeit unmittelbar nach dem Dreißigjährigen Krieg.

Aber so wie der Regenbogen nach der Sintflut gesetzt wurde als Zeichen des Friedens, so kündet auch der Gang der Planeten von ewiger Ordnung über vergänglicher

Welt, steht der Kontrapunkt aus Sonnenfeuer und Regen, der den farbigen Bogen schafft, kommt der Wind in das Rohrwerk der Bucht und tönt wie in den gleichfalls »Rohrwerk« genannten Orgelpfeifen von jenem sonoren Klang, mit dem ein Organist gern den *cantus firmus* einfärbt.

»Feuer um ihn«, da ist das Geschehen von Pfingsten im Bild mitgedacht, die feurigen Zungen auf jenen, die dann »in Zungen reden«, vom göttlichen Feuer inspiriert. Und ähnlich spricht es aus den Zungen der Orgel in Buxtehudes Musik. Sooft ich dieses Gedicht lese, denke ich an seine Ciacona e-Moll, in der eine nur viertaktige Grundfigur die Welt ausschreitet und die Oberstimmen sie immer dichter umspinnen in einunddreißig Variationen. Und mag der »concentus der Welt« noch so mörderisch sein, auch er ist letztlich Teil jener unbeirrbaren Grundfigur.

Die Sprache kann den musikalischen Vorgang nicht beschreibend nachzeichnen. Rilke beruft sich in seinen Gedichten, die von Musik sprechen, auf andere Kunstwerke (»Atem der Statuen«, »Stille der Bilder«). Bobrowski entwirft ein Seestück wie eine lavierte Federzeichnung, worin weder der Name Buxtehude noch seine Musik benannt werden, wo einzig das Wort tönt (wobei »tönen« sowohl ein musikalischer als auch ein malerischer Begriff ist). Landschaft zwischen Wasser und Himmel, das Gewölk gerändert von der Sonne, ein Bild der Verheißung, des Friedens, gespiegelt im unendlichen Klang. Keine geschenkte Harmonie, sondern eine vom Menschen täglich zu gewinnende, Abbild der immer wieder neu geschaffenen Musik.

RAINER BRAMBACH

Meine Vorfahren kamen nie vom Norden los
auch mein Vater und meine Mutter nicht.
Vielleicht haben sie mich gezeugt
damit ich hierherfahren konnte
in das Hügelland voll von Reben und Eichen
in dieses steinige wilde Land der Zypressen
in das Wacholder Ginster Olivenbaumland –

Verstaubt und durstig hocke ich auf einem Stein
und sage mir: dieses Land
ist ein steinhartes Gedicht voll holpriger Zeilen,
Geruch von Öl, braunem Wein,
Dornen, Augen aus Leder, die vor sich hinbrüten,
bis der Wind weht, der die Olivenzweige
silbern aufschimmern läßt.

Siepi, Toskana, Ende März
(Ruedi Bettschart gewidmet)

KURT MARTI
WIE FÜR MICH GESCHRIEBEN

In manchen Gedichten ist's ein Ton, eine Schwingung, die mich plötzlich öffnen. In anderen Gedichten sind es Bilder, die mich durch ihre Fremdheit in eine Art von Erregung versetzen oder mit der Vertrautheit eines vermeintlichen Déjà-vu überraschen.

Wie liest man Gedichte? Ich weiß es nicht. Oft gleiten meine Augen über diese seltsamen Gebilde, neugierig zwar, doch ohne daß sich etwas ereignet. Hie und da aber bleibt die Aufmerksamkeit hängen, ich buchstabiere zurück, werde wach, lese von neuem, wundere mich, lese noch einmal, fühle mich erraten, erkannt, formuliert. So erging's mir mit Brambachs Metapher: »dieses Land / ist ein steinhartes Gedicht voll holpriger Zeilen«. Gemeint ist eine Landschaft der Toskana, »Ende März«. Mich aber versetzte die Metapher zurück auf die griechische Insel, von der ich kürzlich zurückgekehrt war, steinig wild auch sie. Und sofort sah ich auch wieder vor mir die »Augen aus Leder« ägäischer Ziegen. (Was für eine poetische Trouvaille übrigens: »Augen aus Leder«!)

Woher wohl die mühelose Übertragbarkeit dieses Gedichts von einer toskanischen auf eine griechische Landschaft? Weil Brambach, denke ich mir, in Siepi die wesentlichen Elemente mediterraner Ländlichkeit intuitiv eräugt, erschnuppert und benannt hat. Ganz einfach, denkt man sich beim Lesen. So einfach, wie alles Geglückte, Gekonnte, hinterher einfach erscheint, weil es sich die Mühsal der Erarbeitung nicht mehr anmerken läßt.

Auf der ägäischen Insel durchhuschte mich eines Tages der Gedanke an meine Eltern, die nie in diese Weltgegend reisen konnten. Wie hätten sie sie wohl erlebt, wie auf sie reagiert? Alsbald war der flüchtige Gedanke wiederum vergessen, scheinbar für immer. Bis ich dann auf dieses Gedicht stieß, in dem Brambach von seinen Eltern sagt: »Vielleicht haben sie mich gezeugt / damit ich hierherfahren konnte...«. Ja, warum nicht, wer kennt sich schon aus in der Genetik der Wünsche, ihrer Vergeblichkeiten und Erfüllungen von einer Generation zur anderen? Jedenfalls hat das Gedicht einen rasch verwehten Gedanken wieder eingefangen für mich.

Die Süd-Bilder der poetischen Tradition waren Brambach vertraut. Auswendig rezitierte er, dessen Gedächtnis Günter Eich als »Gedichtnis« gerühmt hat, Hölderlin-Hymnen. Doch nicht in idealisierendem Eben- und Versmaß begegnete ihm die toskanische Landschaft, sondern als »steinhartes Gedicht voll holpriger Zeilen«. Trotz seiner Fruchtbarkeit erzählt dieses Land weder von müßigen Göttern noch von Dolce-far-niente-Paradiesen, vielmehr von Arbeit, Mühsal, Existenzkampf (»steinhart«, »holprig«). Dafür hatte Brambach, der einst als Torfstecher, Land- und Gartenbauarbeiter körperlich schwer arbeitete, ein untrügliches Gespür. Seine Gedichte sind gesättigt mit Körpererfahrungen, mit Sinneserlebnissen, wie sie nur macht, wer die Natur am eigenen Leibe erfährt, hautnah, sinnenhaft, bald feindselig, bald freundschaftlich.

Am 13. August 1983 ist Rainer Brambach plötzlich gestorben, als er auf sein Fahrrad steigen wollte. Er wurde 66 Jahre alt.

PAUL CELAN
ANABASIS

Dieses
schmal zwischen Mauern geschriebne
unwegsam-wahre
Hinauf und Zurück
in die herzhelle Zukunft.

Dort.

Silben-
mole, meer-
farben, weit
ins Unbefahrne hinaus.

Dann:
Bojen-,
Kummerbojen-Spalier
mit den
sekundenschön hüpfenden
Atemreflexen –: Leucht-
glockentöne (dum-,
dun-, un-,
unde suspirat
cor),
aus-
gelöst, ein-
gelöst, unser.

Sichtbares, Hörbares, das
frei-
werdende Zeitwort:

Mitsammen.

JÜRGEN THEOBALDY
DIE DICHTUNG IST UNTERWEGS

Das Gedicht steht in dem Band »Die Niemandsrose«, der 1963 erschienen ist. Seinen Titel (»Hinauf-«, auch »Zurückzug«) teilt es mit dem berühmten Augenzeugenbericht des griechischen Philosophen und Historikers Xenophon. Der Zeitgenosse Platons begleitete 401 v. Chr. einen persischen Kriegszug ins Innere Kleinasiens und führte nach dessen Scheitern die griechischen Söldner auf einem langen, entbehrungsreichen Marsch durch unbekanntes Feindesland zurück.

Celans Gedicht wählt den Moment, an dem die Übriggebliebenen endlich das Schwarze Meer erblicken. Aber den Ruf: »Thalatta! Thalatta!« (»Das Meer! Das Meer!«) zitiert Celan nicht. Sein Gedicht löst sich rasch von Xenophons Überlieferung, behält aber die Bewegung bei: Nicht nur das »Hinauf«, sondern auch das »Zurück« ist ein Schritt in die Zukunft. Was Ausgangspunkt war, wird somit zum fernen Ziel. Diese Erkenntnis klingt nicht unvertraut; in ihr gründet der utopische Gehalt des Gedichts. Das Ziel selbst scheint noch keinen Namen zu haben. Mit einer elementaren Gebärde wird darauf verwiesen: »Dort«. Das Gedicht beschreibt den Weg dahin nicht, vielmehr verbinden sich in ihm die Wörter zu Wegmarken. So wird es selbst Station und gibt die weitere Richtung an: »ins Unbefahrne«.

Der erste vage Eindruck, daß es sich hier um einen Aufbruch handelt, ist nun deutlicher faßbar. Es geht um einen

Aufbruch in der Sprache, es geht um Dichtung. Da ihre künftige Entwicklung sich nicht vorhersagen läßt, bleibt ihr Weg offen wie das Meer und ebenso verheißungsvoll. Das Gedicht entwächst dem Kummer, verwebt Sichtbares mit Hörbarem und hebt den reinen Jubel ins Wort. Das Zitat aus Mozarts Motette »Exsultate, jubilate« schlägt den Bogen von dort, »woher das Herz atmet«, zur »herzhellen Zukunft« in der ersten Strophe. Der Aufbruch, einmal »ausgelöst« und selbst Erwartungen auslösend, wird durch das Gedicht »eingelöst« und somit »unser«.
Jedoch hat sich die Dichtung nicht selbst zum Ziel; Celan war kein Lyriker des L'art pour l'art. Die Dichtung setzt ihren Gehalt frei, indem sie sich zur Vorbotin solidarischer Gemeinschaft entfaltet: »Mitsammen«. Und wenn sie diese Gemeinschaft nicht herstellt, so gibt sie ihr doch im Wort die vorläufige Unterkunft.
Den düsteren Kontext der »Niemandsrose« übersteigt das Gedicht »Anabasis« durch seine Zuversicht und seine helle, lichte Tönung. Es ist reich an Verweisen, und darunter sticht Heideggers oft zitierte Bestimmung der Sprache als einem »Haus des Seins« hervor. Bei Celan hat die Dichtung dieses Haus verlassen und befindet sich unterwegs, gar im Exil. Sie ist in mehrfachem Wortsinn flüchtige Sprachbewegung. Unter Opfern legt sie ihre »unwegsam-wahre« Strecke zurück. Das ist ein Weg nach vorn, auf dem sich Vergangenes erhellt. Aus- und Rückzug münden in den Schriftzug. Das Ziel hat noch keinen Ort.

PAUL CELAN
BEI WEIN UND VERLORENHEIT

Bei Wein und Verlorenheit, bei
beider Neige:

ich ritt durch den Schnee, hörst du,
ich ritt Gott in die Ferne – die Nähe, er sang,
es war
unser letzter Ritt über
die Menschen-Hürden.

Sie duckten sich, wenn
sie uns über sich hörten, sie
schrieben, sie
bogen unser Gewieher
um in eine
ihrer bebilderten Sprachen.

CHRISTOPH PERELS
EINE SPRACHE FÜR DIE WAHRHEIT

Man sieht sie vor sich, die Schreiber mit den gebeugten Rücken, Chronisten, Theologen, Dichter, die mit Hilfe ihrer Sprachen die Zeichen der Zeit zu deuten hoffen. Sie wissen nicht oder wollen nicht wissen, daß Endzeit angesagt ist.

Das Gedicht selbst läßt die Sprache des Propheten Jeremia durchschimmern: »Denn also spricht zu mir der Herr, der Gott Israels: nimm diesen Becher Wein voll Zorns von meiner Hand, und schenke daraus allen Völkern, zu denen ich dich sende.« Und der Prophet schenkt ein »allen Königen ... in der Nähe und Ferne« und sagt ihnen seinem Auftrag gemäß den Untergang an: »Der Herr wird brüllen aus der Höhe, und seinen Donner hören lassen aus seiner heiligen Wohnung; er wird brüllen über seine Hürden; er wird singen ein Lied wie die Weintreter über alle Einwohner des Landes, des Hall erschallen wird bis an der Welt Ende.« Nicht mehr in Menschensprache, nur im Tierlaut noch und im Gottesgesang, in zwei Ausdrucksweisen, die sich der Aufspaltung in ein Zeichen und in das, was es bezeichnet, entziehen, ist Wahrheit.

Und Celans Gedicht selbst, spricht es nicht, entgegen seinem eigenen Verdikt, in einer »bebilderten« Sprache? Es ist ja aus Wörtern gemacht und hat teil an der Grundverfaßtheit aller menschlichen Sprache. Aber es radikalisiert das Bilderverbot des Alten Testaments zum Zeichenverbot überhaupt. Es hat zu jeder Zeit menschliche Erfahrun-

gen gegeben, die sich der Sprache entzogen, etwa die Gotteserfahrung in den mystischen Überlieferungen der verschiedenen Religionen, und Celan hat sich intensiv mit diesen Überlieferungen auseinandergesetzt.
Doch dieses Gedicht hat andere Voraussetzungen. Was der Prophet als bevorstehend ansagt, ist bereits eingetreten, der Text spricht von Vergangenem. Es sind die für Celan niemals zu überwindenden Erfahrungen der Judenvernichtung, einer Apokalypse, so über alles Maß furchtbar, daß jedes Sprechen davon die Wahrheit verfehlt. Da der Dichter aber auf die Sprache angewiesen bleibt – denn in einem erweiterten Sinn von lyrischem Sprechen als von Singen zu reden macht ja die Verwendung von Sprache nicht ungeschehen –, führt er im Gedicht selbst gegen die »bebilderten Sprachen« einen Prozeß.
Am Wort »Neige« läßt sich etwas von diesem Prozeß zeigen: lesen wir es als Wort der deutschen Sprache, so wird das in der dritten Zeile aufgehoben, wir sollen in ihm auch das französische »neige« (»Schnee«) hören und in der elften das englische Wort für »Gewieher« (»neigh«) – Celan weicht hier bewußt vom »brüllen« im lutherschen Bibeltext ab. Der Zusammenhang von Sprachzeichen und dem, wofür es steht, löst sich auf, den Schreibenden, Lügenden wird ihr vertrautes Notationssystem entzogen.
Aber der Dichter selbst ist mitbetroffen: der von diesseits des Untergangs spricht, negiert zugleich, daß es irgendeine der vorher geltenden Sprachen noch geben könne. Nicht daß es über alle Sprachen verfüge, zeigt das Gedicht, sondern daß Sprache erst wieder zu schaffen sei, Sprache, die das Unfaßbare nicht verleugnet. Auch dies gibt den Sprechenden der »Verlorenheit« anheim, von der am Beginn des Gedichts die Rede ist.

»Wirklichkeitswund und Wirklichkeit suchend«, so hat Celan sein Dichten einmal charakterisiert. Es ist auch auf Sprachsuche. In ihm ertönt die Klage über das Ende einer Epoche, die den Menschen als das Wesen, das Sprache hat, definiert. Wo diese Klage seitdem in der deutschen Literatur gehört wird, wächst die Hellhörigkeit für verlorene Redeweisen und verlogene Bilder rings um uns.

PAUL CELAN

DAS FREMDE
hat uns im Netz,
die Vergänglichkeit greift
ratlos durch uns hindurch,

zähl meinen Puls, auch ihn,
in dich hinein,

dann kommen wir auf,
gegen dich, gegen mich,

etwas kleidet uns ein,
in Taghaut, in Nachthaut,
fürs Spiel mit dem obersten, fall-
süchtigen Ernst.

ERICH FRIED
AUCH EIN LIEBESGEDICHT

Oft wird behauptet, Paul Celans Gedichte, namentlich die späteren, seien unverständlich und sein Ansehen stütze sich auf den schönen Klang, auf die Dunkelheit seiner Verse und auf die Eindringlichkeit der wenigen verständlichen Stellen. In diesem Gedicht hier – aus dem Nachlaßband »Zeitgehöft« – sind Sprache, Inhalt, Lebens- und Sterbensgefühl unverkennbar Celans Eigenart. Das Gedicht ist auch auf den ersten Blick als einheitlich zu erkennen. Es fordert die Frage, wieviel verstanden werden kann, geradezu heraus.

Die ersten zwei Zeilen geben die Grundsituation an. Ein Schicksal hat uns im Netz. Ein Schicksal, das anscheinend von außen kommt, mit dem der Dichter sich nicht identifizieren und das er nicht ganz enträtseln kann. Daher »Das Fremde«.

Eine Macht, die auch *in* diesem Netz waltet, ist die Vergänglichkeit. Sie ist unser Los und macht uns zuletzt zunichte, gleichviel wie wir uns zu unserem Dasein im Netz stellen, ob es uns fremd ist, ob wir mitspielen wollen. Die Vergänglichkeit greift durch uns hindurch und beweist so, daß unsere Körper, und nicht nur sie, nicht so fest sind, wie wir manchmal meinen. Dieses Durch-uns-Hindurchgreifen der Vergänglichkeit hat aber auch etwas vom rücksichtslosen, gnadenlosen Durchgreifen einer Tyrannei oder ihrer Behörde, der der Dichter sich im Leben ausgesetzt fühlt. Aber auch diese mächtige Vergänglichkeit (de-

ren Macht freilich nur im Vergehen und Vergehenmachen besteht) hat nicht Sinn und Zweck. Sie greift »*ratlos*« durch uns hindurch.
Durch *uns*. Es ist ein Gedicht vom Ausgesetztsein, aber es ist kein Einsamkeitsgedicht. Das »uns« steht nicht für ein Kollektiv, nicht für viele, sondern offenbar für Zwei. Für zwei durch eine innige Beziehung verbundene Menschen. »... zähl meinen Puls, auch ihn, / in dich hinein« – das ist die engste Vereinigung, die Menschen möglich ist; sie wurde noch nie zuvor so in Worte gefaßt. Auch ein Liebesgedicht also, wenn man es in der Verdüsterung im Netz so nennen darf. Diese innige Vereinigung, in der das Du neben anderem auch den Puls des Ich in sich hineinzählt, hat außerdem auch Bündnischarakter. Nur ist es ein sonderbares Bündnis: »dann kommen wir auf, gegen dich, gegen mich«.
Ein Liebesbündnis gegen das Schicksal (»auch gegen die Vergänglichkeit?«), das dann aber zuweilen wie ein Abkommen zwischen dem Schicksal und jeweils einem der Partner gegen das Aufkommen des anderen wirken kann? Vielleicht ist die Partnerin, die den Puls, auch ihn, in sich hineinzählen soll, auch die Vergänglichkeit selbst; oder seine Gefährtin im Netz erscheint ihm als die Vergänglichkeit, weil die Vergänglichkeit so oder so immer mit im Spiel ist.
Die letzte Strophe macht die Situation der Ausgesetztheit wieder deutlich: »etwas kleidet uns ein«. Offen bleibt, ob dieses *etwas* das Fremde ist, das uns im Netz hat. Die Einkleidung ist Einkleidung für ein Auftreten, für ein Spiel, aber für ein Spiel mit einem ungleich stärkeren Partner, »fürs Spiel mit dem obersten, fall-/süchtigen Ernst«. Wer das ist, das schimmert durch die Umschreibung

durch. Die Silben- und Zeilentrennung »fall-süchtigen« betont noch stärker das schließliche Fallen, und wie krankhaft der oberste Ernst auf dieses Fallen versessen ist.
Taghaut und Nachthaut sind die beiden Hüllen, in die wir für dieses Spiel mit vorbestimmtem Ausgang eingekleidet sind.
Also eigentlich ein sehr verständliches Gedicht. Verständlich auch dort, wo es mehrdeutig wird oder einen fast schon unverhüllten Gegensinn enthält, etwa wenn wir *aufkommen*, wenn aber einschränkend dazugesagt wird »gegen dich, gegen mich« (abwechselnd wie Taghaut und Nachthaut). Das ist natürlich ein sehr fragwürdiges Aufkommen, durch das auch gleich der Sinn des Liebesbündnisses in Frage gestellt wird: Ist der Pulsschlag der innigen Vereinigung nicht zugleich Zeitmaß der ratlosen Vergänglichkeit?
Mir bedeutet dieses Gedicht unter anderem deshalb so viel, weil es das alles ungleich kürzer und einfacher und vielfacher sagt, als diese meine Erklärung es kann.

PAUL CELAN

Ein Knirschen von eisernen Schuhn ist im Kirschbaum.
Aus Helmen schäumt dir der Sommer. Der schwärzliche Kuckuck
malt mit demantenem Sporn sein Bild an die Tore des Himmels.

Barhaupt ragt aus dem Blattwerk der Reiter.
Im Schild trägt er dämmernd dein Lächeln,
genagelt ans stählerne Schweißtuch des Feindes.
Es ward ihm verheißen der Garten der Träumer,
und Speere hält er bereit, daß die Rose sich ranke ...

Unbeschuht aber kommt durch die Luft, der am meisten dir gleicht:
eiserne Schuhe geschnallt an die schmächtigen Hände,
verschläft er die Schlacht und den Sommer. Die Kirsche blutet für ihn.

ECKART KLESSMANN
ANDROGYNE BILDLICHKEIT

Was geht vor? Es ist, als ob eine sehr alte Ballade erzählt wird. Von gepanzerten Männern ist die Rede mit all ihren Insignien: Sporn, Schild, Feind, Speer, Schlacht. Es ist hoher Sommer, die Kirsche gereift und die Rose. Beim allerersten, flüchtigen Lesen scheint es, als ließe sich ein Inhalt erzählen. Aber dieser Inhalt ist verfremdet wie ein Traum; seine Bilder wirken fast präraphaelitisch.
»Ein Knirschen von eisernen Schuhn ist im Kirschbaum«: Dieses (hörbare) Bild ist wohl aus der Assoziation von »Kirsche« und »Knirschen« entstanden. Was mag knirschen? »Eiserne Schuhe«, und sie assoziieren Ritter in Rüstung, in Helmen und Sporen. Der fruchtreiche Kirschbaum meint Sommer, tiefe Bläue mit schäumenden Wolken; das sinnliche Kuckucksecho eingeritzt wie von einem Diamanten in das Glas der Himmelsreinheit. Nach einem alten Volksglauben – hat Celan ihn gekannt? – darf man am 22. Juni, dem »Tag der 10 000 Ritter«, keinen Kirschbaum besteigen, sonst fällt man herab und ist tot.
Die zweite Strophe gleicht dem Adagio nach dem Allegro maestoso der Eingangsverse, was bei lautem Lesen sofort deutlich wird. Der Reiter ist helmlos (sein Trinkgefäß) und trägt das Lächeln der Geliebten (der Geliebten des Dichters) im Schild wie ein umgekehrtes Medusenantlitz. Doch dieses ganz heraldische Lächeln ist »genagelt ans stählerne Schweißtuch des Feindes«. Man würde die Schönheit dieser Verse schänden, wollte man ihre Bildhaf-

tigkeit übersetzen in Alltagsrede. Man muß diese Bilder und ihre bewußte Widersprüchlichkeit lange nachempfinden, dann öffnet sich ihr Sinn, obwohl genug Dunkelverborgenes bleibt.

Der helmlos Gewappnete ist den Träumern zugesellt, ihr Garten (nicht Schlachtruhm und militärischer Sieg sind ihm verheißen) wird seine Speere aufnehmen, nicht länger Waffen, sondern Spalier der rankenden Rose. Trotz der Härte des Mittelteils halte ich diese zweite Strophe für eminent erotische Poesie. Es mag die Andeutung genügen, daß der Speer ein männliches Symbol ist, wie die Rose ein weibliches. Der Reiter ist ohne aggressive Männlichkeit. Er erscheint helmlos, also ungeschützt, fast passiv, hat den Feind – vielleicht – überwunden durch das Lächeln der Geliebten, deren Paradies ihm im Bild des Gartens verheißen ist.

Die dritte Strophe gleicht einem Andante. Ein Herab-Schwebender, schuhlos die empfindlichen Füße, aber die »eisernen Schuhe« der ersten Strophe jetzt an den »schmächtigen Händen«, ein androgyner Genius gleicht er der Geliebten. Er verschläft, wie von Dornröschens Dornenhecke verzaubert, »die Schlacht und den Sommer«. Und das Gedicht nimmt den Anfang wieder auf. Ist der Kirschbaum mitsamt seiner Frucht eingangs ruhendes Bild, so tritt die Natur aktiv zur Gestalt des geharnischten Unbekannten: »Die Kirsche blutet für ihn.«

Vielleicht wird mancher die Geharnischten in diesen Versen als bedrohlich empfinden. Für mich gleichen sie eher den Gewappneten aus Märchen und Sagen, verirrt etwa im Wald Broceliande, eher der Geliebten oder dem Einhorn auf der Fährte denn einem wirklichen Feind, an dessen Stelle die Kirsche – ein altes erotisches Symbol – ihr Blut vergießt. Ich empfinde diese Strophen als ein verschlüsseltes Liebesgedicht, dessen androgyne Bildlichkeit die leidvolle Trennung des Geschlechts überwunden hat.

PAUL CELAN
IN MEMORIAM PAUL ELUARD

Lege dem Toten die Worte ins Grab,
die er sprach, um zu leben.
Bette sein Haupt zwischen sie,
lass ihn fühlen
die Zungen der Sehnsucht,
die Zangen.

Leg auf die Lider des Toten das Wort,
das er jenem verweigert,
der zu ihm sagte,
das Wort,
an dem das Blut seines Herzens vorbeisprang,
als eine Hand, so nackt wie die seine,
jenen, der du zu ihm sagte,
in die Bäume der Zukunft knüpfte.

Leg ihm dies Wort auf die Lider:
vielleicht
tritt in sein Aug, das noch blau ist,
eine zweite, fremdere Bläue,
und jener, der du zu ihm sagte,
träumt mit ihm: Wir.

KARL KROLOW
EINE VERWEIGERUNG

Das frühe Gedicht Paul Celans aus dem Bande »Von Schwelle zu Schwelle« muß Anfang der fünfziger Jahre entstanden sein. Es ist ein geisterhaftes Gedicht über eine Beziehung, die schwierig war, die nicht zustande kam, wie es derjenige erhofft hatte, der hier eines Toten gedenkt: des surrealistischen Dichters Paul Eluard, der relativ früh, sechsundfünfzigjährig, im November 1952 nach einer beispielhaften und langen poetischen Laufbahn gestorben war. Sein Einfluß auf Celan ist nur zu vermuten. Zu erkennen ist jedoch die Verehrung und die Trauer um die nicht zustande gekommene literarische Freundschaft.
Das Gedicht will wenigstens zweierlei beschreiben: Paul Eluard selbst, ihn allein, und allein *das,* was er schrieb und *wie* er es schrieb, wie er die Wörter gebrauchte. Und es spricht ebenso von den Dichtern überhaupt, den Lyrikern, denen man – wie keinen anderen – ihre Worte, ihre Gedichte ins Grab legen kann und denen man ihre Texte nachsprechen wird, wieder und wieder.
Der Typ des Dichters wird im Verlaufe des Gedichts dominierender als die Individualität des toten Eluard. Gerade aus diesem Grunde ist die Verweigerung, die spürbar bleibt, um so schmerzender. Die Rede ist von der Schwierigkeit des Verständnisses, des Verstehens überhaupt im Leben und in der besonderen Beziehung, im Verhältnis des Lebenden zum nun Toten. Denn es gibt Worte, die »an dem Blut seines Herzens vorbei sprangen«, eines Her-

zens, das bereit war, das sich näherte und Kontakt suchte, weil es diesen Kontakt brauchte. Wie immer man es auslegen mag: es bleibt diese vergebliche Bereitwilligkeit.
Jener andere, der »du« zu dem Toten sagte und dem das Wort verweigert wurde, sieht auf die Schwierigkeiten angesichts dieses geendeten dichterischen Lebens. Das »wir« konnte in jenem Falle nur »geträumt« werden. Es war eine Hoffnung, eine erhoffte Übereinkunft, ein sensibles Bündnis der Herzen mit Hilfe der Wörter, die verweigert wurden, aus welchen Gründen immer: aus einem Mangel heraus vielleicht, der poetisches Leben heißt. Das Wort »vielleicht« taucht in Celans Gedicht auf, steht da, abwartend, hoffend, angesichts der offenen Augen des Toten, in die der Betrachtende schaut, wohl jener, dem das Wort verweigert worden war. Er läßt diese toten Augen nicht aus dem Blick. Er erwartet gleichsam noch die Lösung eines Rätsels, eines Geheimnisses – dieser Verweigerung – aus des toten Dichters Augen.
Das Rätsel bleibt. Und das »Wir«, das lebend nicht zu verwirklichen war oder das nicht gewollt wurde, wird zum Grabspruch: WIR. Ein zu später Wunsch, ein Traum, der dennoch erlaubt bleibt. Gemeinsames kommt ins Grab: Sprache, die zu dichterischem Wort wurde. Einen Augenblick lang findet sich alles im letzten Wort des Gedichttextes zusammen.

PAUL CELAN
IN PRAG

Der halbe Tod,
großgesäugt mit unserm Leben,
lag aschenbildwahr um uns her –

auch wir
tranken noch immer, seelenverkreuzt, zwei Degen,
an Himmelssteine genäht, wortblutgeboren
im Nachtbett,

größer und größer
wuchsen wir durcheinander, es gab
keinen Namen mehr für
das, was uns trieb (einer der Wievielunddreißig
war mein lebendiger Schatten,
der die Wahnstiege hochklomm zu dir?),

ein Turm
baute der Halbe sich ins Wohin,
ein Hradschin
aus lauter Goldmacher-Nein,

Knochen-Hebräisch,
zu Sperma zermahlen,
rann durch die Sanduhr,
die wir durchschwammen, zwei Träume jetzt, läutend
wider die Zeit, auf den Plätzen.

ROLF SCHNEIDER
VOM TOD UMFANGEN

In diesem Gedicht ist von ekstatischer Liebe die Rede wie vom Sterben: davon vor allem. »Der halbe Tod, großgesäugt mit unserm Leben«, heißt es bei Paul Celan. Wir wissen, daß mitten im Leben der Tod schon in uns wohnt. Sein Symbol ist die Sanduhr. In Prag reckt sich der Knochenmann allstündlich die Glieder und zeigt seine Gerätschaft vor, überm Tor des Altstädter Rathauses. Unentwegt wird die Stadt bei Celan zitiert: die Karlsbrücke mit ihren Heiligenfiguren – »eine der Wievielunddreißig« –, der Aufstieg der Prager Burg über die Neruda-Gasse – »der die Wahnstiege hochklomm« –, des spätmittelalterlichen Baumeisters Ried Daliborka, »ein Turm«, das rudolfinische Alchimistengäßchen mit »lauter Goldmacher-Nein«.
Auch der Ausgang dieser schimärischen Stadtwanderung, dort, wo, »seelenverkreuzt, zwei Degen an Himmelssteine genäht« sind, zitiert einen bestimmten auffindbaren Ort: jene Stelle am Altstädter Ring, da man nach der Schlacht am Weißen Berg zu Beginn des Dreißigjährigen Krieges die protestantische Aristokratie Böhmens hingerichtet hat: »wortblutgeboren«. Das Blut der Enthaupteten rann jenem »Nachtbett« entgegen, durch das die Moldau fließt.
Die Namen und Orte der Stadt werden zu Schauplätzen einer ekstatischen Umarmung, zugleich auch zu einem Hindernis. Denn der Turm, den der »Halbe«, das ist der

Tod, vor die Liebenden stellt, und schließlich der gesamte Hradschin, aus der Hand desselben Architekten, das alles will diese Liebenden mit Namen wie mit Gewichten behängen.
Selbst zu obszönen Gebärden rafft sich der Tod schließlich auf. Der alte jüdische Friedhof in Josefov, dem Getto, wo die Skelette und Tomben aus mehreren Jahrhunderten übereinander liegen, ein wahrer Kalvarienberg, »Knochen-Hebräisch«, er wird »zu Sperma zermahlen« (was für ein Bild) und den Zeitläuften beigemengt.
Dagegen wird dann die Utopie aller Ekstatiker aufgeboten. Wir kennen das reichlich aus den Schriften der Mystiker. Die Ekstase, und nur sie, könne die Zeit anhalten, die Vergänglichkeit besiegen – »zwei Träume jetzt, läutend wider die Zeit, auf den Plätzen«. Dies sind die letzten Worte des Gedichts. Es ist die endgültige Versicherung. Darf man ihr glauben?
Jedenfalls gibt es keinen Zweifel, wer hier spricht. Der den halben Tod »aschenbildwahr« um sich sieht, schleppt das Trauma der Krematorien mit sich, und wenn ihm bei der Umarmung der Judenfriedhof einfällt, dann auch deswegen, weil seinesgleichen dort liegen. Gegen die Angstbilder der zu Asche gewordenen Toten half die Ekstase des Liebens und Lebens nur auf Zeit. Man durchschwimmt die Sanduhr. Es scheint ganz einfach. Schwimmen als der äußerste Ausdruck der Seligkeit. Im Bette der Moldau ließ sich damit gegen den Tod aufbegehren.
Vor zehn Jahren, Ende April 1970 (das genaue Datum ist nicht bekannt), hat im Bette der Seine der jüdische Dichter Paul Celan aus Czernowitz sich freiwillig dem Tode ergeben.

PAUL CELAN
KEINE SANDKUNST MEHR

Keine Sandkunst mehr, kein Sandbuch, keine Meister.

Nichts erwürfelt. Wieviel
Stumme?
Siebenzehn.

Deine Frage – deine Antwort.
Dein Gesang, was weiß er?

Tiefimschnee,
        Iefimnee,
                I – i – e.

MARTIN LÜDKE
DAS RÄTSEL DER STUMMEN

Ich kann mich noch gut daran erinnern, wie ich vor gut zwanzig Jahren auf dieses Gedicht gestoßen bin. Paul Celan, der dann im April 1970 in Paris Selbstmord beging (in der Seine), lebte noch. Sein Gedichtband »Atemwende«, unlängst erschienen, lag bei einem Freund auf dem Fensterbrett. Ich blätterte in dem Buch, bis ich hängenblieb: »Keine Sandkunst mehr«, dann am Ende »I – i – e«. Sogar ein Punkt, zum Abschluß. Die graphische Struktur dieses Gebildes, das regelrecht auszutropfen schien, irritierte mich einen Augenblick lang. Doch dann durchzuckte es mich: Das war das Gedicht, nach dem ich jahrelang schon gesucht hatte, Poe und Baudelaire im Hinterkopf, das »Museum der modernen Poesie« in der Jackentasche und auch Hugo Friedrichs »Struktur der modernen Lyrik« im Reisegepäck.

Hier hatte ich nun das Gedicht der Moderne überhaupt gefunden. »Keine Sandkunst« mehr und erst recht »keine Meister«, der Fortschritt also als Prozeß, der einer Logik gehorcht, der Logik des Zerfalls, hier wörtlich zu nehmen und sinnbildlich zu sehen. Ein Gedicht, klar und rätselhaft, ebenso durchsichtig wie dunkel, das in sich, in seinem Fortgang, noch einmal den Verlauf der Moderne abbildet: ausgehend von den Verneinungen, von der Absage an die Tradition über die Absage an den Zufall, »nichts erwürfelt«, über den fast heiteren, achselzuckenden Zweifel, was wissen denn »Frage«, »Antwort« und sogar »Ge-

sang«, bis hin zum Versinken und Versickern, bis hin zum Zerfall, »Tiefimschnee«. Walter Benjamins Engel der Geschichte, dem eine Kette von Katastrophen, die wir einst Fortschritt nannten, ihre Trümmer vor die Füße schleudert, war hier, schien mir, beim Wort genommen. »I – i – e.« Und dann: der Punkt.
Die erste Frage, die das Gedicht stellt, »Wieviel / Stumme?«, irritierte mich damals kaum. Nach all den Diskussionen um die Möglichkeit eines Gedichts nach Auschwitz, das war doch klar. Celan, mit der »Todesfuge« in die Schulbücher eingegangen, stand damit für beides ein: für die Möglichkeit und für den Beweis des Gegenteils. Gedichte – nach dem Bild des Schweigens geformt. Eine Sprache, die nur noch ansetzt, um zu verstummen. Diese »Stummen«, so unterstellte ich damals einfach, mußten sein. Nur daß es eine derart exakt benannte Anzahl war, blieb verwunderlich und noch verwunderlicher die mir altertümlich erscheinende Schreibweise der Zahl: »siebenzehn«. Damals sah ich darin wohl einen Verweis auf die Logik des Zerfalls, die den Kern einer Geschichtsphilosophie nach Auschwitz ausmacht. So ließ sich das überzählige »en« erklären. Nicht aber die Anzahl der ausgerechnet siebzehn Stummen.
Heute sage ich mir, daß diese Stummen wie auch die »Meister«, die nicht mehr sind, aus jener Landschaft kommen müssen, aus der Paul Ancel, der sich erst später Celan nannte, zu uns herkam, aus der »Landschaft« der »chassidischen Geschichten«, einer »Gegend«, in der »Menschen und Bücher lebten«, gleichsam eingeschrieben in die Heilige Schrift. Ob dieses Gedicht das Gedicht der Moderne ist, erscheint mir heute weniger wichtig. Unterdessen sind mir einige Gewißheiten, die ich damals in Celan hineinge-

lesen habe, abhanden gekommen. Geblieben ist das Rätsel der Stummen.

PAUL CELAN
TODESFUGE

Schwarze Milch der Frühe wir trinken sie abends
wir trinken sie mittags und morgens wir trinken sie
                                                                nachts
wir trinken und trinken
wir schaufeln ein Grab in den Lüften da liegt man nicht
                                                                eng
Ein Mann wohnt im Haus der spielt mit den Schlangen der
                                                               schreibt
der schreibt wenn es dunkelt nach Deutschland dein
                                    goldenes Haar Margarete
er schreibt es und tritt vor das Haus und es blitzen die
                            Sterne er pfeift seine Rüden herbei
er pfeift seine Juden hervor läßt schaufeln ein Grab in der
                                                                 Erde
er befiehlt uns spielt auf nun zum Tanz

Schwarze Milch der Frühe wir trinken dich nachts
wir trinken dich morgens und mittags wir trinken dich
                                                                abends
wir trinken und trinken
Ein Mann wohnt im Haus der spielt mit den Schlangen der
                                                              schreibt
der schreibt wenn es dunkelt nach Deutschland dein
                                    goldenes Haar Margarete
Dein aschenes Haar Sulamith wir schaufeln ein Grab in
                              den Lüften da liegt man nicht eng

Er ruft stecht tiefer ins Erdreich ihr einen ihr andern singet und spielt
er greift nach dem Eisen im Gurt er schwingts seine Augen sind blau
stecht tiefer die Spaten ihr einen ihr andern spielt weiter zum Tanz auf

Schwarze Milch der Frühe wir trinken dich nachts
wir trinken dich mittags und morgens wir trinken dich abends
wir trinken und trinken
ein Mann wohnt im Haus dein goldenes Haar Margarete
dein aschenes Haar Sulamith er spielt mit den Schlangen

Er ruft spielt süßer den Tod der Tod ist ein Meister aus Deutschland
er ruft streicht dunkler die Geigen dann steigt ihr als Rauch in die Luft
dann habt ihr ein Grab in den Wolken da liegt man nicht eng

Schwarze Milch der Frühe wir trinken dich nachts
wir trinken dich mittags der Tod ist ein Meister aus Deutschland
wir trinken dich abends und morgens wir trinken und trinken
der Tod ist ein Meister aus Deutschland sein Auge ist blau
er trifft dich mit bleierner Kugel er trifft dich genau
ein Mann wohnt im Haus dein goldenes Haar Margarete
er hetzt seine Rüden auf uns er schenkt uns ein Grab in der Luft

er spielt mit den Schlangen und träumet der Tod ist ein
                        Meister aus Deutschland

dein goldenes Haar Margarete
dein aschenes Haar Sulamith

PETER VON MATT
WIE IST DAS GOLD SO GAR VERDUNKELT

Ein einziger Reim! Er steckt im Gedicht wie die Kugel im Erschossenen. Er ist die Kugel, von der er redet, ist so banal, wie das winzige Blei-Ding, aber auch so präzis gefertigt. Er tut den Dienst perfekt. Das reimt sich, wie es tötet, tötet zum tausendsten Mal, wie es sich schon tausendfach gereimt hat: trivial, glatt, genau. Das Reimwort redet zugleich vom Reimakt, den es vollzieht. »Sein Auge ist blau / er trifft dich genau.« Die poetische Routine korrespondiert grausig der Routine des Ermordens.

Dieser einzige Reim in dem langen Gedicht! Er gehört zu den Rätseln des Textes, neben der »schwarzen Milch« und dem »Meister aus Deutschland«. Was ihn zu erklären vermöchte, müßte auch alles andere deutlicher machen. Ob er jenen »deutschen Reim« darstellt, von dem in einem anderen Gedicht aus den gleichen Jahren die Rede ist? Denkbar wäre es, denn das »blaue Auge« steht für das Deutsche wie das »aschene Haar« für die Juden. Dann wird hier also gleichzeitig ein Urteil gesprochen über das deutsche Gedicht? Dann fällt hier ein schreckliches Wort über alles, was sich vernehmen läßt als deutsches Wort?

Gerade jene anderen Verse, in denen vom »deutschen Reim« die Rede ist (»Nähe der Gräber«), zeigen, daß es so einfach nicht geht. Es sind Verse an die ermordete Mutter. Sie reden still und klagend mit der am fernen Bug begrabenen Frau und schließen: »Und duldest du, Mutter, wie einst, ach, daheim, / den leisen, den deutschen, den

schmerzlichen Reim?« Celans Mutter hat die deutschen Dichter heftig geliebt, hat diese Liebe an den Sohn weitergegeben, und die beiden haben schon früh spielerisch gewetteifert im Zitieren schöner Stellen. Erträgst du das jetzt noch, fragen die Verse, jetzt, als Erschossene, eine von so vielen? Aber in der Art des Fragens liegt bereits die Antwort: der leise, schmerzliche, deutsche Reim, der sich hier selbst wieder reimt mit einem traurigen »daheim«, ist als Klang und Verlautung gerade nicht Teil des Schrecklichen und Bösen, sondern der Ort letzter Zuflucht. In einer geisterhaften Weise wird er zum Medium der Verbindung mit der Toten, und fast könnte man die Frage als Bitte lesen: Dulde ihn doch bei deinem Sohn, Mutter!
Von da ergibt sich ein Zugang zum fundamentalen Paradox des Gedichts: daß es eine verzehrende, eine wahnsinnige Sprachmagie entfaltet, um über das äußerste Verbrechen zu reden. Die betörendsten Klänge deutscher Poesie gleiten hier ineinander, das irre Singen der Lorelei, die süchtige Morbidität von Rilkes Cornet, die zwielichtige Grandeur Georges, aber alles anverwandelt einem endlosen Lied, als spielte ein verrückter Geiger immerzu voran, immerzu die gleichen paar Tonfolgen nacheinander und durcheinander, ein Geiger wie vom frühen Chagall: Ashasver als irrender Musikant.
Daß das Gedicht zuerst »Todestango« hieß, versteht sich so ohne weiteres. Es hätte auch »Bolero« heißen können. So genau sich die Strukturen einer Fuge mögen nachweisen lassen, der Bolero-Effekt ist deutlicher – wie ja auch auf den alten Totentänzen, an die das Wort »Todestango« anklingt, der Tod offensichtlich keine Choräle spielt, sondern aufreizend schmierende Geigenstücke.
Das Wort »Meister« verweist auf alles, was je große Kunst

war in Deutschland und süß und traumgeboren. Und im gleichen Zug verweist es auf den Genozid, das magistrale Morden. Beides fährt ineinander, untrennbar: »spielt süßer den Tod ... streicht dunkler die Geigen.« Dennoch fällt das Gedicht kein Urteil über jene Schönheit. Es tut, was schwerer ist, es hält die Paradoxie aus – man kann das Wahnsinn nennen oder Poesie. Im schroffen Paradox der ersten zwei Worte entdeckt sich die Beschaffenheit des Ganzen. Die Mutter und die deutsche Sprache und der »deutsche Reim« sind eins – Nahrung der Frühe. Das ist nun ganz tot und doch ganz lebendig: tot wie die erschossene Frau, wie der schreckliche einzige Reim, lebendig wie die Liebe des Sohnes, wie sein versiegeltes Dichten – schwarze Milch.

PAUL CELAN

UND KRAFT UND SCHMERZ
und was mich stieß
und trieb und hielt:

Hall-Schalt-
Jahre,

Fichtenrausch, einmal,

die wildernde Überzeugung,
daß dies anders zu sagen sei als
so.

HARALD WEINRICH
BRUDER CELAN

Paul Celan starb im Jahre 1970. Er starb freiwillig. Ein Jahr nach seinem Tod erschien der Band »Schneepart«, in dem dieses Gedicht steht. Es ist ein Gedicht, das vom Leben handelt. Vom erlittenen Leben und von jenem anderen Leben, das Schreiben heißt.

Wenn am Anfang des Gedichtes zuerst der Schmerz, dann die Kraft genannt wäre, könnte man glauben, es sei eine Kraft gemeint, die dem Schmerz widersteht. So aber, dem Schmerz vorangestellt, ist es offenbar eine feindliche, verderbliche Kraft, diejenige wohl, die den Schmerz gebracht hat. Der schlagende, im zweiten und dritten Vers sich überschlagende Rhythmus versinnlicht die Wirkung dieser stoßenden und treibenden Kraft, deren endliches Halten dann wohl auch nicht als schützendes Erhalten, sondern als hinderndes Festhalten zu verstehen ist.

Wie lange dauert dieses Leben an? »Hall-Schalt-Jahre«. An diesem Ausdruck werden sich die Leser scheiden. Es wird einige Leser geben, die aus der Luther-Bibel das alte deutsche Wort Halljahr kennen. Das Halljahr (Celan nennt es einmal in einem anderen Gedicht »das nicht zu enträtselnde Halljahr«) ist in der Bibel, nach neunundvierzig Jahren der Mühe und Plage, das durch Posaunenhall angekündigte fünfzigste Jahr, das Jubeljahr des Herrn, »da jedermann wieder zu dem Seinen kommen soll« (3. Moses 25, 13). Wer dieses Wort nun aber nicht kennt und sich auch nicht durch einen Kommentar helfen lassen will, kennt immerhin das Wort Schaltjahr, das hier in das Wort Halljahr eingefügt ist, so wie der zusätzliche Tag eines Schaltjahres in den Kalender eingeschaltet wird. Das unerkannte Element »Hall-« kann dann auf den hallenden Klang der dreifach wiederholten Tonvokale bezogen werden. Die Chiffre der lange währenden, der nachhallenden Zeit bleibt auch in diesem reduzierten Sinne verständlich. Aus dieser Zeit, schlaglichtartig, eine Erinnerung. Etwas, das einmal geschehen ist, ein Ereignis offenbar. Das Wort Fichtenrausch erlaubt aber keine Identifizierung. Nicht einmal rauschartig muß diese Erfahrung gewesen sein, denn Rausch und Rauschen bedeuten ursprünglich das gleiche. Wir wollen dieses Wort Fichtenrausch daher nur als Andeutung eines Ereignisses nehmen, dessen Erzählung ausbleibt.

Warum erzählt Celan nichts? Hier nicht und auch sonst nicht? Warum hat er nur Gedichte geschrieben? Warum sind diese Gedichte mit den Jahren immer kürzer, immer karger, immer unzugänglicher geworden? Die letzten Verse des Gedichtes deuten einen möglichen Grund an. »So« kann man nicht mehr schreiben. Das heißt genauer: so, wie man immer erzählt hat, kann man nicht mehr erzählen.

Daß hier das Erzählen gemeint ist, ergibt sich aus der ganzen Form des Gedichtes. Wir finden am Anfang, fünfmal wiederholt, das »und« des Erzählers, der Ereignis an Ereignis reiht. Texteinleitend hat dieses »und« zudem biblisch-erzählenden Klang. Auch das »einmal« kennen wir aus vielen Geschichten als Erzählsignal. Aber die Erzählform bleibt in diesem Gedicht fast ohne Inhalt. Was muß geschehen sein in diesem Dichterleben, daß Paul Celan es nicht mehr erzählen und sich durch das Erzählen nicht mehr davon befreien kann! Denn »dies« ist nicht mehr erzählbar, vom Erzählen ist keine Entlastung zu erwarten. Man müßte es ganz anders sagen – aber wie? Vielleicht wildernd, »auf Bedeutungsjagd«, wie es in einem anderen Gedicht Celans heißt. Vielleicht aber gibt es gar keine Sprache, in der gesagt werden könnte, was Paul Celan überzeugt war, sagen zu müssen.

Unbefriedet verlassen wir dieses Gedicht. Es ist mit seinen wenigen Worten ein großes Gedicht der deutschen Literatur. Es ist zudem ein biblisches Gedicht, ein Hiobs-Gedicht, ein Testament für Juden und Christen. Es will brüderlich gelesen werden. Denn es ist ein Gedicht unseres Bruders Paul Celan, der auch in seinem fünfzigsten Jahr, seinem Hall- und Todesjahr, nicht zu dem Seinen kam.

PAUL CELAN

WEGGEBEIZT vom
Strahlenwind deiner Sprache
das bunte Gerede des An-
erlebten – das hundert-
züngige Mein-
gedicht, das Genicht.

Aus-
gewirbelt,
frei
der Weg durch den menschen-
gestaltigen Schnee,
den Büßerschnee, zu
den gastlichen
Gletscherstuben und -tischen.

Tief
in der Zeitenschrunde,
beim
Wabeneis
wartet, ein Atemkristall,
dein unumstößliches
Zeugnis.

HERMANN BURGER
VOM GENICHT ZUM GEDICHT

Von den vielen Gedichten Paul Celans, welche den schwierigen Weg zur poetisch gültigen Sprache als Landschaft, als Expedition vergegenwärtigen, ist mir »WEGGEBEIZT ...« aus dem Band »Atemwende« das wichtigste.
Bis hin zur typographischen Gestalt, bis zur Brechung der Wörter an den Zeilenenden stellen die drei Strophen dar, was sie meinen, was sich als Poetik rational nicht formulieren läßt: die Befreiung des Dichters aus dem »Metapherngestöber« und die Freisetzung des »Atemkristalls«. Die Wortschöpfung »Genicht« macht deutlich, daß Scheitern und Gelingen an einem Konsonanten hängen können.
Dem unumstößlichen Zeugnis in der Tiefe des Gletschers entspricht der Meineid, der in der ersten Strophe getilgt werden muß. Celan verwendet einen Ausdruck aus der Jägersprache, denn »beizen« heißt nicht nur Wunden ausbrennen, sondern auch jagen, mit abgerichteten Raubvögeln. Durch den wuchtigen Einsatz mit dem Mittelwort der Vergangenheit ist die Wirkung des »Strahlenwindes« bereits vorweggenommen. Das bunte Gerede verstummt. Wer in hundert Zungen spricht wie die Menschen nach dem Turmbau zu Babel, hat nach Martin Buber die »heilige Sprache« verloren. Das wäre »deine Sprache«, im Gegensatz zur Lüge; althochdeutsch »mein« heißt falsch, betrügerisch.
Dadurch wird der Weg, ähnlich wie in der Prosadichtung »Gespräch im Gebirg«, frei zu den Gletscherstuben. Er

führt durch den »menschen-/gestaltigen ... Büßerschnee«, was an die »schwarze Milch der Frühe« in der »Todesfuge« erinnert. Asche wird im Volksmund auch schwarzer Schnee genannt. Die Stelle – wiederum wird uns das Zerbrochene typographisch vor Augen gebracht – kann sich nur auf die Judenvernichtung im Dritten Reich beziehen. Celans Sprache pflügt sich durch Asche und Knochenmehl, seine Dichtung ist Totengedächtnis.
Die »Gletscher«-Chiffre hat eine vielschichtige Bedeutung im Spätwerk. Einerseits sind die Firner absturzbedrohte, katastrophenträchtige Zeugen der Erdgeschichte. Dann verweist die Zungenform auf den sprachlichen Bereich, die »lingua«. Drittens ist die kristalline Gitterstruktur zu beachten. Fügungen wie »Tausendkristall« und »Schneegarn«, aber auch »Sprachgitter« gehören zu diesem Celanschen Wortfeld. Unter »Gletschertischen« versteht man in der Glaziologie Felsplatten, die auf Eisfüßen liegen. Hier werden sie in die Stuben versetzt und haben »gastlichen« Charakter wie die »langen Tische der Zeit« im Gedicht »Die Krüge«. Auch an der Gletschertafel zechen die »Krüge Gottes«, wird die Zeit aufgehoben: bewahrt und zunichte gemacht als Chronologie historischer Ereignisse.
Die letzte Strophe steht ganz im Zeichen des Kristalls und ist durch eine Gegenbewegung zur zweiten gekennzeichnet. Wird der Blick zuerst hinaufgelenkt zu den Firnern, stürzt er nun in die Tiefe der »Zeitenschrunde«, wo sich dem Dichter das kollektive Unbewußte seiner Epoche erschließt. Doch Fels und Gletscher blieben tot, wenn nicht der »Atem« des Strahlers hinzukäme, der Lebenshauch, hinter dem der Pneuma-Begriff steht. Nach den Vorstellungen des palästinensischen Judentums schließt der

Mensch und Tier eingegebene Odem Gottes auch die Geister der Verstorbenen mit ein. Erst wenn dieser »Wind« zum »Atemkristall« wird, organisch gewachsen und handwerklich geformt, liegt ein Gedicht vor als unumstößliches »Zeugnis« der Wahrheit.

Nicht der Dichter selbst verfügt über die Gewalt des beizenden Strahlenwindes, aber in der Inspiration wird er von ihr erfaßt. Das Besondere, das Einzelschicksal, kristallisiert sich, wird zum allgemein Verbindlichen und Gültigen. Präziser kann ein Autor kaum sagen, woher sein Gedicht kommt, worauf es zielt, in seiner Zeit, über sie hinaus und hinter sie zurück.

PAUL CELAN

WIR LAGEN
schon tief in der Macchia, als du
endlich herankrochst.
Doch konnten wir nicht
hinüberdunkeln zu dir:
es herrschte
Lichtzwang.

HORST BIENEK
EIN STEIN BLUTET NICHT

In seiner Dankrede zum Büchnerpreis 1960 sagte Paul Celan: »Die Kunst erweitern? Nein. Sondern geh mit der Kunst in deine allereigenste Enge. Und setze dich frei.« Bis zu dem Gedichtband »Sprachgitter« hat Celan seinen Gedichten noch Überschriften gegeben, jedes Gedicht war ein Einzelstück, solitär; seit »Atemwende« verstand er sich mehr und mehr als ein Autor, der an einem Fragment fortschreibt, die Gedichttitel wurden zurückgenommen; der Zeilenanfang in Versalien kündigte einen immer neuen Anfang an, ein immer neues Stammeln, einen immer erneuten Versuch zur Sprachlitanei; das führte immer mehr zur »Enge«, zu Engführungen, zu Verkürzungen, zu Hieroglyphen. Das waren Steine, hingeworfen, roh behauen, Steine, die den Schrei in sich bargen. Wie er es in dem benachbarten Brancusi-Gedicht ausdrückte: ein Schrei im Stein, dem schon behauenen, weißen – der freilich das Wort nicht mehr hergibt, sonst »tät es sich auf als Wunde ...« Und heißt es nicht bei den Propheten: ein Stein blutet nicht? – Bluten die Worte Celans?
Seine letzten Gedichte, so schien es mir, sind wie jene Bernsteine, die ein Insekt einschließen: hier ein Wort, das fremde und ungekannte, das erschreckende. Genicht; Steinblitz; Treckschutenzeit; gesömmert; erluchtet – es ist, als habe er die Gedichte geschrieben, nur um diese Wörter unterzubringen.

Gedichte, die nicht auf Aussage bedacht sind, lassen zahlreiche Interpretationen zu, Celans späte Texte laden dazu ein, essayistische Kunststückchen aufzuführen. Will man ihm nahekommen, muß man gerade dies vermeiden. Einer, der mit dem Wort weit hineinschwingt in die Ausdeutung, will doch beim Wort genommen sein.

Ein Naturgedicht also? Dämmerung, Abend, Nacht, irgendwo im Süden? Nichts weniger als das. In meinem Wörterbuch finde ich für »Macchia«: »charakteristischer immergrüner Buschwald des Mittelmeergebiets, vgl. Maquis«. Und dort steht dafür: »Gestrüpp, Unterholz«; aber auch noch die andere Bedeutung: »franz. Widerstandsorganisation im 2. Weltkrieg«. Und daran hat Celan wohl gedacht, Verfolgter in dieser Zeit, der später einige Dichter des Maquis übersetzt hat, so Cayrol, so Michaux.

Aber das grelle Wort Maquis hätte den »Zauber« des Gedichts zerstört, zu früh und zu schrill; es ist eher ein Abbröckeln, ein Verklingen, das Wort Macchia taucht es ein in das schillernd-naturhaft Mehrdeutige. Weil der Autor Angst hat vor dem Eindeutigen.

Doch haben wir erst einmal die Basis des Gedichts gefunden, steht es ziemlich klar vor uns: der Machisard (Maquisard), vielleicht verwundet, den man in den Schutz des Dunkels hineinnehmen wollte, in das Dunkel des eigenen Körpers – aber es herrschte »Lichtzwang«, vielleicht der Tag, der Mond, die Scheinwerfer des Feinds? Oder ist es die Wahrheit des Gedichts, die es ans Licht »zwingt«?

Ein Gedicht, das ein Kunst-Stück fertigbringt: zeitlos kommt es daher, geheimnisvoll, apokryph; und dann schließt es sich auf, in einem Wort, mit einem Wort; und vielleicht ist dieses eine Wort »Lichtzwang« zugleich eine Aufforderung, das Dunkel seiner Gedichte aufzuzwingen mit Licht!

»Lichtzwang«, so heißt der letzte Gedichtband, den Paul Celan einige Wochen vor seinem Freitod dem Verleger zum Druck übergeben hat. »Lichtzwang«: auch so ein Wort, über das man nicht gerade spekulieren, aber doch noch ein wenig nachdenken sollte. Darübergebeugt wie über einem Insekt, das im Stein eingeschlossen ist. Ein Stein kann nicht bluten. Aber ein Stein kann leuchten.

ILSE AICHINGER
BRIEFWECHSEL

Wenn die Post nachts käme
und der Mond
schöbe die Kränkungen
unter die Tür:
Sie erschienen wie Engel
in ihren weißen Gewändern
und stünden still im Flur.

GERTRUD FUSSENEGGER
LEISER AUSTAUSCH

Sieben Zeilen, zwei Sätze; der zweite Satz wird aus dem ersten entwickelt, durch beide fließt der Irrealis und verbindet sie. Man kann das Gedicht in *einem* Atem sprechen, vielleicht will es auch so gesprochen sein. Eine leise Art zu bezwingen – immer schon hat Ilse Aichinger so bezwungen, sie hat sich immer in eine (ihre) unbestechliche Sanftmut zurückgezogen. Dort war sie – bei aller Verletzlichkeit – als Autor unverwundbar.

»Sie erschienen wie Engel.« Hier bleibt das Gedicht stehen, es stellt sich, sozusagen, mit in die Reihe der Engel, als einer von ihnen, in »weißen Gewändern«, undeutlich schimmernd, schemenhaft. So steht der Engelschor »im Flur«. Im Flur, natürlich, dort pflegen wir ja unsere Post in Empfang zu nehmen. Der Flur – ein Raum in unserem Haus, doch ein Raum besonderer Art, ein Raum der Ankunft, des Eintritts, doch auch der Zugang in das Innere des Hauses, der Flur ist weitläufig, entsendet Treppen, ist immer von leichter Zugluft durchweht. Da stehen jetzt die Engel, diese Wesen aus Licht und Flügeln, poetisches Synonym für Sublimation.

Woher kommen sie? Der Satz über die Engel zieht, so meine ich, seine Kraft und dichterische Bedeutung aus den ersten vier Zeilen: Wenn der Mond die Post brächte. Ein schöner Einfall! Wurde hier das Horn des Mondes zum Posthorn umgedacht? Ich glaube nicht. Eher ist das stille Herankommen des Boten gemeint, das Rätselhafte seines

Auftritts. Er kommt – als Schicksalfigur, als Sachwalter von womöglich Unabwendbarem. Ganz leise kommt er, fast wie ein Dieb. Wen von uns hat das Unheimliche des Vorgangs noch nie berührt, wenn uns ein Brief, ein Telegramm, ja, auch nur eine Reklame unter die Tür gesteckt wurde?

So sehen wir hier die langen schmalen Umschläge wie von Geisterfingern hereingeschoben, die Rückseiten von den schiefen Kreuzen der Verschlüsse gezeichnet: Briefe? Die Dichterin hält sich nicht auf damit, von *Briefen* zu sprechen, sie spricht von *Kränkungen*. Welche Behauptung, welche Vorwegnahme! So kommen Kränkungen mit der Post, der stillen Mondpost, wirklich *nur* Kränkungen? Ist die Dichterin so sicher, daß jede Nachricht nur Enttäuschung bringt, daß keine etwas anderes anzeigt als Verlust?

Lange Leideserfahrung muß bei dieser Identifikation mitgewirkt haben: Aus der nächtlichen Welt raschelt nur Trauerbotschaft über unsere Schwelle. Freilich: gleich setzt neue Verwandlung ein, neuer Austausch. Die Kränkungen fliegen auf, werden zu Engeln, zum Anschein von Engeln, diesen Wesen aus Licht und Flügeln, entkörpert, sublimiert.

So ließe sich der Text einfangen in der Sentenz, daß sich Enttäuschung und Verlust umdeuten läßt in Trost und Segen? Keineswegs. Denn das Gedicht wahrt seine Freiheit im Irrealis. Es entzieht sich jedem Versuch indikativischer Verfestigung. So bleibt es für sich, leichtfüßig bewegt, zwischen Trauer, Hoffnung und Traum.

ILSE AICHINGER
GEBIRGSRAND

Denn was täte ich,
wenn die Jäger nicht wären, meine Träume,
die am Morgen
auf der Rückseite der Gebirge
niedersteigen, im Schatten.

HEINZ POLITZER
DIE SACHLICHKEIT DER TRÄUME

Chinesisch-deutsche Jahres- und Tageszeit waltet. Die sechsunddreißig Silben sind deutsch, aber die Ökonomie und Intensität der fünf Zeilen sind fernöstlich. Kein Buchstabe, der zuviel wäre! (Im Deutschen gibt es sie kaum anderswo als in »Wanderers Nachtlied«, Mörikes »September-Morgen« und gelegentlich in ein paar Zeilen der Droste.) Aber selbst von diesen Gedichten unterscheiden sich die Verse der Aichinger durch die Abwesenheit jeden Glanzes. Alles ist hier Gesicht. Die Strophe besitzt die Sachlichkeit der Träume, von der sie handelt. Und wie auf chinesischen Zeichnungen nicht nur die Linie spricht, sondern auch der leere Raum, der sie umgibt und den sie zum Leben erweckt, so sind es weniger die Wörter, die dieses Gedicht ausmachen, sondern es ist das Schweigen, das diese Wörter zugleich brechen und bewahren.
Zunächst scheint alles ins Ungewisse zu schwanken. Was uns zu Beginn anspricht, ist ein Bedingungssatz, ein Irrealis (»Was täte ich, wenn nicht...«) Spricht er uns an? Gewiß, aber ... mit äußerster Dezenz. Die offenen Lautträger in den Wörtern »täte«, »Jäger« und »wäre« ergeben eine positive Korrespondenz, nehmen diese jedoch sogleich wieder zurück, da sie allesamt Träumen gelten, deren Stammsilbe den einzigen Diphthong des Gedichtes umschließt. Diphtonge sind bunt; der Zweilaut setzt die lauteste Wortfarbe in die verhaltene Abgeschiedenheit des Ganzen. Die Träume sind Jäger; keine Metapher wird an-

gewandt; es herrscht Identität. So weit reicht der östliche Archetypus, daß man sich die Schützen eher mit Pfeil und Bogen vorstellt als mit den in der deutschen Gegenwart üblicheren Gewehren. Noch wird nicht gesagt, ob diese Jäger, die Träume, die Träumende bedrohen oder beschützen. Wir erfahren lediglich, daß die Jäger vor den Träumen Vorrang besitzen, da die Sprache sie zuerst nennt, und daß das träumende Ich auf die Jäger angewiesen ist (»Denn was täte ich, wenn die Jäger nicht wären...«).
Das erste Wort, das »denn«, öffnet das Gedicht, noch ehe es begonnen hat, ins Unendliche. Vieles ist ihm vorangegangen, Gespräche, Gedanken, Erwägungen, Zweifel. All das zu wissen, bleibt uns benommen. (Solche Gedichtanfänge aus dem Unendlichen sind seit Romantik und Neuromantik nicht überraschend. Vergleichen wir aber das hochmütig-einschränkende »freilich« in Hofmannsthals Anfangszeile »Manche freilich müssen drunten sterben« mit diesem »denn« der Aichinger, dann ersieht es sich leicht, wieweit hier die Dichtung vom Bewußtsein der Klasse zu dem des Daseins selbst fortgeschritten ist.)
Bewußtsein des Daseins? Die drei letzten von den fünf Zeilen behaupten die Wirklichkeit, die un-scheinbare, der Träume. Das Verbum, um das sie sich drehen, steht im Indikativ. Die Träume steigen nieder, und dieses Niedersteigen ist wiederum das einzige Tätigkeitswort der Strophe, das ein Ereignis berichtet. Es steht nicht in der Möglichkeitsform, sondern in der ganzen Nacktheit der Realität. Daß es Träume sind, die im Niedersteigen das Wirkliche tun, bildet das Paradox, um das sich das Gedicht schließt wie um eine Pfeilspitze.
Das Spiel des Widerspruchs – es ist ein blutiges Spiel – wiederholt sich in dem Morgen, an dem die Jäger nieder-

steigen, und in dem Schatten, in den sie sich verlieren. Daß alles dieses an der »Rückseite des Gebirges« geschieht, also jenseits des Gebirgsrandes, an dem die Träumende die Jäger träumt, spricht sowohl von Befreiung wie von Trennung. Die Spitzenkrone der Paradoxie aber besteht darin, daß sich der Morgen, dem die Schatten, die letzten beiden Wörter des Gedichts, widersprechend entgegengesetzt sind, vor diesen verschleierte. Das deutet auf die Wiederkehr der Nacht. Aber doch ist es Licht und wird Licht bleiben, bis sich die Träume, die Jäger, diesseits des Gebirges wieder zeigen.

Die Zärtlichkeit des Possessivpronomens »meine Träume« darf nicht so verstanden werden, als wären die Schützen Beschützer. Vermutlich sind ihre Pfeilspitzen auf die Stirne der Träumenden gerichtet. Aber das bloße Vorhandensein dieser zweiundzwanzig Wörter bezeugt, daß die Jäger, wenn auch aus Angst geboren, der Träumenden geneigt gewesen sind.

Wie das Gedicht vom Gebirgsrand mit einem »denn« aus der Unendlichkeit geschöpft worden war, verliert es sich auch wieder in eine Erinnerung, die unerschöpflich ist. Aus der Unerschöpflichkeit dieser Schatten kehren die Jäger, die Träume wieder. Dürfen wir am Ende das Wort wagen, sie erstünden auf?

ILSE AICHINGER
SCHNEELEUTE

Ich mische mich nicht leicht
unter die Fremden aus Schnee
mit Kohlen, Rüben, Hölzern,
ich rühre sie nicht an,
solang sie heiter prangen,
manche mit mehr Gesichtern
als mit einem.
Wenn dann die Kohlen
und die Rüben fallen,
Knöpfe, Knopfleisten,
die roten Lippenbänder,
seh ich es steif mit an
und ohne Laut,
ich eile nicht zu Hilfe.
Vielleicht sprechen sie
das Mailändische
schöner als ich,
es soll nicht ans Licht kommen.
Und darum Stille,
bis dieses Licht sie leicht
genommen hat
mit allem, was sich da
zwischen mailändisch
und mailändisch verbirgt,
dann auch mit mir.

WALTER HELMUT FRITZ
IM LICHT VON ABSCHIED

Man findet in Ilse Aichingers Gedichten Titel wie »Winterantwort«, »Winterfrüh«, »Winteranfang«, »Winterrichtung«, »Winter, gemalt«. Schnee kann bei ihr »rosten«. Unter dem Schnee entdeckt sie die Morgenröte. Ein Findelkind ist »dem Schnee untergeschoben«. Oder man sieht im Schnee einfach »die Österreicher«. Auch in der Prosa und in den Spielen der Dichterin gibt es im Zusammenhang mit dem Schnee verblüffende Sätze. »Wenn es zur Zeit der Sintflut geschneit und nicht geregnet hätte, hätte Noah seine selbstsüchtige Arche nichts geholfen.«
Als Kinder bauten wir Schneemänner. Warum nicht auch Schneefrauen, Schneekinder? Das sprechende Ich in Ilse Aichingers Gedicht nimmt jedenfalls Schneeleute wahr. Es erkennt sie als »Fremde«, hält Distanz zu ihnen, merkt, daß manche mehr als nur ein Gesicht haben.
Eines Tages sind nicht mehr die Schneeleute »steif« und stumm, sondern das ihrer Auflösung zuschauende Ich. Seltsame Umkehrung. Die Schneeleute schmelzen; Kohlen, Rüben, Knöpfe, Lippenbänder fallen. Bewegung dem Ende zu. Das Ich jedoch scheint – vor Schrecken? – starr geworden zu sein, eilt nicht (wie auch?) zu Hilfe.
Was aber hat es mit dem »Mailändischen« auf sich, das die Schneeleute sprechen, sogar »schöner als ich«? Warum soll es nicht »ans Licht kommen«? Eine Feststellung ohne »Sinn«? Beispiel dafür, daß in allem ein nicht entzifferbarer Rest bleibt? Ausdruck von Ratlosigkeit angesichts des

geheimen Entsetzens, das in den Versen lebt? Was »verbirgt« sich »zwischen mailändisch und mailändisch«? Die Zeilen lassen sich nicht entschlüsseln, entziehen sich (wie sich ein Traum entzieht), tauchen ein in die erwähnte »Stille«.

Erich Fried hat in einem längeren Aufsatz über die Gedichte Ilse Aichingers gemeint, das Mailändische sei eine »querlaufende Assoziation«, möglicherweise ein Hinweis auf den Mai als einen Monat ohne Schnee oder auf den Süden, auf Wärme und Frühling. Vielleicht. Vielleicht sollte man aber auch Ilse Aichingers Satz im Ohr behalten: »Niemand kann von mir verlangen, daß ich Zusammenhänge herstelle, solange sie vermeidbar sind.«

Gegen Schluß nimmt das Licht die Schneeleute weg, löst sie auf, »dann auch« das Ich, das ihrem Verfall zugesehen hat. Im Schwinden der Schneeleute, in der Lautlosigkeit des Vorgangs erkennt das Ich jäh seine eigene Hinfälligkeit. Von da deutet das ruhig-beherrschte und zugleich atemlose Gedicht auf Ilse Aichingers Satz: »Vielleicht erkennen wir einander nur richtig in einem Licht von Abschied, und vieles, was wir sonst vergeuden würden, erscheint uns darin kostbar.«

Ein Gedicht vom Abschied und der damit einhergehenden Trauer. Aber – trotz der Verrätselung – so »leicht« wie die Zeit, wie das Licht, das die Schneeleute und das Ich (auch wir sind Schneeleute) »nimmt« und unsichtbar werden läßt.

ILSE AICHINGER
WIDMUNG

Ich schreibe euch keine Briefe,
aber es wäre mir leicht, mit euch zu sterben.
Wir ließen uns sacht die Monde hinunter
und läge die erste Rast noch bei den wollenen Herzen,
die zweite fände uns schon mit Wölfen und Himbeergrün
und dem nichts lindernden Feuer, die dritte, da war ich
durch das fallende dünne Gewölk mit seinen spärlichen
                                                                Moosen
und das arme Gewimmel der Sterne, das wir so leicht
                                                             überschritten,
in eurem Himmel bei euch.

HILDE SPIEL
ZWISCHEN LEBEN UND TOD

Es ist möglich, ein Gedicht wie dieses zu lieben, ohne es völlig entschlüsseln zu wollen. Man folgt ihm einfach in seinem Gleitflug in unbekannte Bereiche, man überläßt sich den bedeutungsschweren Wörtern, verzichtet auf Klarheit und tauscht Beziehungsreichtum dafür ein. Aber so leicht dürfen wir es uns nicht machen, müssen vielmehr wagen, Ilse Aichingers Bildern einen vermutlichen, obschon unbeweisbaren Sinn zu unterlegen, auf die Gefahr hin, daß dadurch ihr Gehalt verarmt und ihre Geltung eingeschränkt wird.

In den ersten Zeilen ist auf knappste Weise viel gesagt: Die Dichterin lebt in einer Abgeschlossenheit, die keine ständige Kommunikation zuläßt, aber sie hat Freunde, mit denen sie bereit ist, in den Tod zu gehen. Das mag übertrieben klingen, doch die Imagination, mit der sie den Gedanken weiterspinnt, steht dafür ein. Es beginnt, gemeinsam, jene Wanderung, die nach dem Augenblick des Sterbens einsetzt. Der Seele, oder dem Nachhang einer Identität, die es auf Erden gegeben hat, ist eine Zeitspanne allmählichen Sich-Loslösens von der irdischen Begriffswelt gewährt.

Von der Vorstellung einer Region zwischen Leben und Tod waren andere Schriftsteller vor Ilse Aichinger ergriffen, so ihr Landsmann Alexander Lernet-Holenia, der lange Stücke seiner Erzählung »Nächtliche Hochzeit«, seiner Novelle »Der Baron Bagge« und seines Romans

»Der Graf Luna« in jenem Schwebezustand, jenem Niemandsland spielen läßt. Bei Gerhart Hauptmann fragt der Florian Geyer das Mädchen Marei: »Wo ist man die erste Nacht nach dem Tode?« Darauf sie: »Bei St. Gertrauden«. Und er: »Wo ist man die zweite Nacht nach dem Tode?« Die Marei: »Bei St. Michael«.
Ilse Aichinger tritt die Reise an in einen Raum, der kein oben und unten kennt, denn zuerst geht es sacht an den Monden hinunter und endet doch im Himmel, der gewißlich oben liegt. Ein kosmischer Raum denn, dessen Stationen sich immer weiter von der Erde entfernen. Die erste Rast verbringt man noch bei den wollenen Herzen – das »noch« will heißen, man habe die vertraute Umgebung nicht völlig verlassen, befinde sich an einem Ort, wo es Herzen gibt, warme und weiche Herzen, wofür der Begriff Wolle wohl bürgen kann. Es ist, um ein Wort der Autorin aus anderem Kontext zu entlehnen, noch »erträglich«, aus der Aura des Irdischen nicht getilgt.
Unheimlicher wird es an der zweiten Rast, denn hier gibt es Wölfe, die man bereits apokalyptisch deuten darf, als Fenriswölfe vielleicht, die in der alten Sage die Götterdämmerung begleiten. Auch die Himbeeren sind nicht appetitlich rot wie in den Kindertagen, sondern bitter und unreif, ja zur ewigen Unreife verdammt. Ein nichts linderndes Feuer lodert, man muß hindurch, es gelingt im Verein mit den Freunden. Nun aber treten wir ein in ein wunderschönes, ein wahrhaft surreales Bild, wie es von Magritte oder Dali oder Tanguy hätte gemalt werden können: fallendes dünnes Gewölk, auf dem spärliche Moose wachsen, dann ein kleiner Sternenhaufen, dürftig, schütter, man schreitet mühelos hindurch.
Endlich der Himmel: Die Freunde sind offenbar in ihm

daheim, sind vielleicht gefallene Engel, die mit ihr den Rückweg angetreten haben. Denn ihr Himmel ist es, den man zuletzt erreicht. Wie es sich damit verhält, ist nicht ganz zu enträtseln. Doch ein ungeklärter Rest darf bleiben. Genug daran, daß hier ein Sternenflug nach dem Leben stattgefunden hat, ein Hinausschwingen in den Weltraum, aber in Begleitung, nicht allein – Traum einer Einsamen, die einsam lebt und einsam nicht sterben möchte.

ILSE AICHINGER
WINTER, GEMALT

Und in den weißen Röcken
im Schnee die Österreicher.
Laß uns aufschauen
und ihre Spuren
im Finkenschlag finden,
in den Gebirgsspitzen.
Grün dämmert schon
die Ölbergfarbe
von den Wänden,
die wispernden Scheunendächer.
So leicht wie heute
wechseln die Schatten nie mehr.

ECKART KLESSMANN
INNERE SPIEGELUNG

»Der Sinn – wenn das Gedicht überhaupt einen hat – wird durch eine innere Spiegelung der Worte selber heraufbeschworen.« Man wird guttun, sich dieses Satzes von Stéphane Mallarmé zu erinnern, wenn man sich einem Gedicht wie diesem nähert, das auf den ersten Blick dunkel verrätselt zu sein scheint.

Das beginnt mit dem Titel. Meint er eine gemalte Winterlandschaft? Wohl nicht; »wispern« und »wechseln« lösen die Statik auf. Also kein fertiges Gemälde, das als Winterbild an der Wand hängt. Zu denken ist an einen Blick aus einem Fenster, dessen Rahmen die geschaute Landschaft wie ein Gemälde umschließt.

Bewegung kommt in die Landschaft durch die österreichischen Soldaten in der traditionell weißen Uniformfarbe der alten k. u. k. Armee. Ihr wanderndes Weiß bewegt sich hinauf (die Vokale steigern das zum sechsfachen i-Laut in zwei Versen) zu Bildern der Höhe: »Finkenschlag« und »Gebirgsspitzen«. Die Sonnenreflexe im Gipfelschnee werden hörbar variiert im hellen metallischen Schlag des Finkenrufs, einem Frühlingssymbol.

Die zweite Hälfte des Gedichts (dem Oben wie dem Unten gelten jeweils sechs Verse) malt das Tal, das im Schatten liegt, wenn auch die Gipfel im Licht glänzen. Grün ist die Kontrastfarbe zu Weiß (verschneit und unverschneit); Grün wird hier »Ölbergfarbe« genannt. Das weckt Assoziationen: Von der Ölfarbe eines grünen Ölsockelan-

strichs zur Ölfarbe eines Gemäldes, vom Ölberg (der Garten Gethsemane) zur Passionsgeschichte des Gründonnerstags; und die Passion fällt in den Frühling, in die Zeit aufbrechenden Grüns und schwindenden Schnees.
Geistlich ausgedeutet ließe sich auch denken: Im Winter (Schnee, Weiß) findet die Christgeburt statt, und sie weist schon auf das Passionsgeschehen hin; solche Symbolik kennen wir vom Isenheimer Altar bis zum Gedicht Mörikes (»Auf ein altes Bild«).
Den Klang aus der Höhe (Finkenschlag) nehmen die wispernden Scheunendächer im Tal auf, das Wispern des Winds in den Schindeln; ein Laut, der an dieser Stelle dem Gedicht eine Bewegung gibt, deren Akustik von den »wechselnden« Schatten ihrerseits kontrapunktisch aufgenommen und verwandelt wird in Optik.
Wann ist dieses »heute«? Gewiß nicht fixiert im Kalender. Es ist das Glück eines einmaligen Augenblicks, empfunden als unwiederholbar, aber dauerhaft geworden durch das Gedicht und die Musikalität seiner Rhythmik. Sie erschließt sich leichter, wenn man sich dieses Gedicht laut vorspricht; die beiden letzten Verse zeichnen noch einmal die Auf- und Abwärtsbewegung des Ganzen nach und verharren dennoch in schwebender Bewegung.
»Ein Gedicht«, um noch einmal Mallarmé zu zitieren, »ist ein Geheimnis, dessen Schlüssel der Leser suchen muß.« Ich bin mir nicht sicher, ob ich den richtigen Schlüssel gefunden habe. Aber es gehört auch zum vollkommenen Gedicht, daß ein Rest von Geheimnis unentschlüsselbar bleibt und ihm wohl auch bleiben muß.

H. C. ARTMANN
DEN HINTERN SOLLTE ICH DIR

den hintern
sollte ich dir
mit der Rute
glattfegen,
sagt anselm,
du hast mir das herz
zerschnitten,
schöne fleischerin,
was soll ich
nun tun
ohne das rote,
schlagende ding,
wie wär es
einem einfachen
menschen möglich
ohne es
weiter zu leben?
da geht
der sinnreiche
anselm hinaus
in den garten
der hausfrau
und fällt
einen reifen kürbis ...
ich mache mir jetzt,
sagt er,

mit meinem neuen
kirchtagsmesser
ein andres!
wunderbar!
seine kunstfertigkeit
in der skulptur
ist immerhin
eminent genug,
daß er sie nach
allem trübsal noch
nicht vergessen hat ...

ELISABETH BORCHERS
MAL DRUNTER, MAL DRÜBER

Aus den Jahren 1954, 1960, 1961 stammen die Gedichte, die ein Kapitel der H.-C.-Artmannschen Poesie ausmachen; als Großmeister der Sprachenvielfalt hat er es wie folgt überschrieben: »Anselm, Antonia und der böse Caspar oder ein kleines Handbuch zum Mißbrauch der Lasterhaftigkeit«. Demnach, damit wir uns recht verstehen: nicht zur *Ausübung*, sondern zur *mißbräuchlichen* Ausübung der Lasterhaftigkeit. Das heißt, die Lasterhaftigkeit wird in einem Atemzug genannt und aufgehoben. Sie wird jedoch erst aufgehoben, nachdem oder während sie benannt ist. Wäre es nicht so, wären die Gedichte lediglich das Gegenteil von lasterhaft, also: artig, uncouragiert, sie kämen niedergeschlagenen Auges daher – was, so frage ich, gingen uns Anselm, Antonia und der böse Caspar an?

So aber wissen wir nun, wie man's macht oder machen könnte und es doch nicht machen darf. Ein Beispiel: Hier geht nicht wie anderswo und in gesitteten Umständen das Herz *verloren*, oder es wird *gestohlen*, kommt also unblutigst abhanden; es wird auch nicht *heraus*geschnitten, so wie man zur Genesung den Blinddarm entfernt, nein, hier wird laienhaft, verstand- und disziplinlos *zer*schnitten, ein wüstes, hochgradiges Vergehen. Kein Fleischer würde sich derart verhalten – eine Fleischerin aber doch, zumal eine schöne. So sieht es der Geschädigte. Und insgeheim taucht der ganz und gar kommune Gedanke auf:

Wird schon angebracht sein, wird ihm schon recht geschehen. Denn im ausdrücklich genannten Kapitel heißt es auch: *als das christkind / am anfang der welt / seine gaben verteilte / da gab es: / anselm die treue / antonien die anmut / und caspar sein bösartiges / dunkeles / herz ...*
Man wird den Verdacht nicht los, Anselm könnte desgleichen dieser bösartige Caspar sein, damit Anselm nicht zeitlebens mit dem Makel der Treue geschlagen ist, sondern, in einem anderen Gedicht, seine Frau durchaus mal um einen Milchtopf schicken kann, obwohl er weiß, daß der Kaufmann ein Blaubart ist und eine finstere Kammer hat, und damit er ein Caspar sein darf und seine sieben Freundinnen herbeitelefonieren kann. Wenn Anselm (unter dem Namen Anselm) imstande ist, Antonia mit der Rute den Hintern glattzufegen (man sehe sich dieses verabscheuungswürdige Vokabular an), dann soll er, soll er sich doch ein Kürbisherz ausschneiden im Garten der Hausfrau und sich auf seine Kunstfertigkeit in der Skulptur etwas einbilden. Dieser schnöde Anselm mit einem Kürbisherzen.
Man sieht, wie verlockend es ist, auf den Inhalt eines solchen Gedichtes einzugehen, wo es drunter und drüber, mal drunter, mal drüber geht, und Partei zu ergreifen – statt das Knie zu benennen, mit dessen Hilfe der Stab zu brechen ist. Zugegeben, ein rabiater Vergleich für das Wundermittel Poesie, das nicht nur alle Wunden heilt, ja, das sie gar nicht erst aufkommen läßt, sie ganz schnell *ad absurdum* führt, selbst außerhalb der Liebe. (Ein Beispiel darüber hinaus: Jener unberechenbare Caspar zündet sich mit einer neuen Zehnrubelnote eine Zigarre an, und dann heißt es: *par-bleu / da steigt der rauch / und auch / ein feuer hoch / die schwälbchen / müssen niesen ...*)

Die Poesie: die Heilerin von Schäden, die entstanden oder noch nicht entstanden sind. Die Warnerin vor lasterhaftem, zu Kannibalismus führendem Tun. Der Krimiheld zum Einsatz gegen den Schlamassel. Das Moritatenbild, das von aller Welt verstanden wird, weil es schön bunt und plastisch anzuschauen ist. Wie da, bei diesem Anschauen die Herzkammern aufgehen, sage und schreibe wie das Fenster, wenn die Sonne darauf scheint.

H. C. ARTMANN

ein reißbrett aus winter
alles pro forma,
der abend reiter darüber.

ich hätte ein klares aug
und den sinn für sterne.

ich bin vierzig jahre.

meine beine sind in einen
einzigen stiefel genäht.

ich bin ein hüpfender
unter guten läufern.

KARL KROLOW
ALLES PRO FORMA

Man weiß, daß H. C. Artmann keine Erfindung ist. Es gibt ihn wirklich, seit langer Zeit und dichtend, immer wieder anders, seit er mit dem österreichisch-wienerischen Dialekt-Bestseller »med ana schwoazza dintn« vor bald zwanzig Jahren unter die Leute und in die Literatur kam. Und man muß hinzufügen, daß er von jenem fernen Zeitpunkt an für Überraschungen gesorgt hat. Artmann wurde eine Art von Personifizierung für das Unvermutete, das ganz und gar nicht Erwartete, für den literarischen Schabernack in jeder Hinsicht, ein Mann der Spiel-Arten in Lyrik, Prosa, Tagebuchaufzeichnungen und in Stücken für die Bühne. Er beherrscht viele Sprachen, doch scheint es, daß die Sprache, in der er sich ausdrückt, ihn beherrscht. Er läßt sie mit sich spielen.
Das Wintergedicht ohne Überschrift zählt zu den sogenannten »Berliner Gedichten«, die vom Jahre 1962 datieren. Damals hatte Artmann, Liebhaber in allen Gestaltungen des Gedichts, schon einiges mit Bravour und Zungenbrecherei hinter sich gebracht: den Dialekt, das Naturgedicht, die frühe surrealistische Manier und überhaupt manchen Manierismus, den er sich – zum Gaudium der Zeitgenossen und ständig gewissermaßen auf dem literarischen Spielbein balancierend – jeweils mit Hingebung geleistet hatte. »ein reißbrett aus winter« ist, bei aller Einfachheit, so still abgefeimt und überlegt, autobiographisch und verbal kalkuliert, Spielwerk und Mach-Werk, im Art-

mannschen Sinne, wie man es von einem Maskenwechsler und Wechselbalg seiner Art sich nur denken und wünschen kann.

Alles ist ohnehin in diesen zehn Zeilen »pro forma«: der Winter, die Landschaft, der Reiter, und wie er über das »Reißbrett« gleitet – eine Spielfigur, eine Marionette, für einen Augenblick, um wieder zu verschwinden. Was folgt, geht mehr den Schreiber an, auf ebenso biographische Weise (»ich bin vierzig jahre«) wie auf ganz andere, koboldhafte, mutwillige, märchenhafte oder hanebüchene Weise, was alles miteinander bei Artmann zu tun hat, was zusammengehört wie die beiden Beine, die »in einen einzigen stiefel genäht« sind, aus welchen Gründen auch immer, jedenfalls nicht nur aus jahreszeitlichen.

Das pro forma winterliche Gedicht ist ein von vornherein für alles mögliche freigegebenes, ein phantastisches Gedicht, das mit ein paar Wörtern auskommen will, um anzudeuten, was alles an Übermut möglich sein könnte. Pro forma kann man es mit fast allem versuchen und jedem ein Schnippchen schlagen, noch auf die unauffällige Weise, fast wortlos, fast lautlos, ein skurriles Vorüberhuschen von Jahreszeit, Tageszeit, Spielfigur, Reißbrett-Figur, samt Autor, der seinen Geburtsjahrgang nennt, ehe es – schon in der nächsten Zeile – wunderlich weitergeht und verschmitzt-tiefsinnig schließt »ich bin ein hüpfender / unter guten läufern.« Ich bin jedenfalls anders. Mit mir ist es vertrackter. Ich weiß nach meiner Art weiterzukommen, mögen die anderen das andere tun, das übliche, das Gängige, hier: das gehörige gute Laufen.

Dabei ist Hans Carl Artmann ein literarischer Schnelläufer. Er ist es bis heute geblieben. Er kam allen Vermutungen zuvor mit seiner Schnelligkeit des Erfindens und vor allem des Sich-Verwandelns. Geschwindigkeit ist bei ihm keine Hexerei, sondern Talent, das manchmal unerschöpflich scheint. Seine Phantasie jagte über die Jahre durch alle denkbaren literarischen Stilarten, ohne daß sie dabei zu Schaden kam. Ihre unglaubliche Neugier hält sie bei Gesundheit.

WOLFGANG BORCHERT
ANTIQUITÄTEN

Erinnerung an die Hohen Bleichen

Weitab vom Lärm der großen Gegenwart,
verfallumwittert, ruhmreich und verlassen,
stehn stille Dinge rings, verstaubt, apart
ein paar kokette Biedermeiertassen.

Darüber wuchtet bleich ein Imperator,
doch seiner Büste Würde ist gegipst.
Ein ausgestopfter Südseealligator
grinst glasig grünen Auges wie beschwipst.

Der bronzne Kienspanhalter Karls des Weisen
blinkt über Buddhas Bauch und seinen Falten.
Die Zopfperücke hat noch einen leisen
verführerischen Puderhauch behalten.

Malaiisch glotzt mit hölzern starren Zügen
ein Götze. Fahl erglimmen Zähne von Mulatten.
Verrostet träumen Waffen von den Kriegen
und klirren leis in Rembrandts weichem Schatten.

Der Totenwurm in der Barockkommode
tickt zeitlos in den ausgedörrten Wänden.
Betrübt summt eine Fliege ihre Ode –
das macht, sie hockt auf Schopenhauers
dreizehn Bänden.

GÜNTER KUNERT
GEGENSTÄNDLICHE GARANTIE

Von Wolfgang Borcherts Schaffen scheint nur noch sein Theaterstück einigermaßen bekannt zu sein, weil immer wieder einmal irgendwo aufgeführt: »Draußen vor der Tür«. Im Widerspruch zum Untertitel: »Ein Stück, das kein Theater spielen und kein Publikum sehen will« gehörte das Spiel um einen Heimkehrer noch lange nach dem Kriege zum festen Repertoire deutscher Bühnen. Borchert hat es in nur acht Tagen niedergeschrieben, »im Angesicht des Todes«, dem der Dichter 1947 als erst Sechsundzwanzigjähriger erlag: Im Kriege schwer verwundet, als Kriegsgegner zum Tode verurteilt und zur »Frontbewährung« begnadigt, kehrte er 1943 sterbenskrank in seine Vaterstadt Hamburg zurück, wo er erneut verhaftet wurde. Nach dem Zusammenbruch blieben ihm zwei ganze Jahre für ein »schmal« genanntes Werk: Gedichte, Prosastücke und Geschichten.

Der Anlaß für das Gedicht »Antiquitäten« hat den Dichter schließlich überdauert: Bei den »Hohen Bleichen« handelt es sich nämlich keineswegs um blasse, riesenwüchsige Personen, vielmehr um einen Hamburger Straßenzug, der teilweise den Luftangriffen entgangen ist und seinen Geschäftscharakter fast unverändert bewahrt hat. Dort befinden sich noch heute zahlreiche Antiquitätenläden, in deren Fenstern man die von Borchert aufgezählten Relikte halb vergessener, versunkener Kulturen bestaunen kann.

Borcherts »Erinnerung«, obwohl sie das Erinnerte fast satirisch kommentierend aufreiht, läßt doch auf den einstmaligen starken Eindruck durch den Allerweltströdel schließen – sonst wäre kein Gedicht daraus entstanden. Was mag einen Mann mit einem derart »eindrücklichen« Schicksal an dem Kram fasziniert haben, daß er ihm ein langes Gedicht widmete? Trotz der Ironie, so scheint es, meldet sich unterschwellig Verwunderung über die heterogene Fülle, über das gegenständliche Chaos und den unübersehbaren Gegensatz historisch und geographisch unterschiedlicher Hervorbringungen.
Auch heute noch (oder vielleicht gerade heute) unter dem Aspekt der Normierung aller Produkte, der Verödung des Gegenständlichen zur globalen Dutzendware, ziehen uns die Überbleibsel des unwiederbringlich Gewesenen in ihren milden Bann. Gleich Borchert wissen wir, wie nichtig diese Dinge im Grunde sind, ohne uns jedoch ihrer Wirkung ganz entziehen zu können: den Zeichen aus dem Gestern, das wir insgeheim und entgegen aller rationalen Einsicht für »besser«, nämlich für die verlorene Heimstatt größerer Geborgenheit halten.
Borcherts und unsere Erfahrung treffen sich in einem Punkt: dem historischen Bruch. Ein Klischee, gewiß: daß die fehlende Kontinuität scheinbar überbrückt wird durch die konkreten Dinge, da sie eine Quasi-Identität erlauben gegenüber einer Vergangenheit, welche selber durch rasch wechselnde Interpretationen instabil geworden ist. Dergestalt werden die Barockkommode und die Biedermeiertasse zur Garantie für eine uns persönlich gehörende Historie, die damit verwirrenden Relativierungen entzogen ist.
Nur wer an den Zufall zu glauben vermag, zumindest im

ästhetischen Bereich (wo Gott gewiß nicht würfelt), wird auch das Auftauchen Schopenhauers für zufällig halten. Mir hingegen kommt es vor, als wenn dieser Name (als Synonym für tiefen Skeptizismus) die Geschichte, hier in Symbolen versammelt, bewußt konterkariert. Und daß, von der Schopenhauerschen Betrachtungsweise ausgehend, Oden betrübt und betrübend klingen müssen, gilt ganz bestimmt nicht allein für Fliegen.

Anhang

QUELLENHINWEISE

ILSE AICHINGER 1921 in Wien geboren.
Briefwechsel, S. 393. Schneeleute, S. 401. Widmung, S. 405. Winter, gemalt, S. 409. Aus: Ilse Aichinger, Verschenkter Rat. © S. Fischer Verlag GmbH, Frankfurt am Main 1978.
Gebirgsrand, S. 397. Aus: Ilse Aichinger, Wo ich wohne. © 1954/1957/1961/1963 S. Fischer Verlag GmbH, Frankfurt am Main.
H. C. ARTMANN 1921 in Wien-Breitensee geboren, lebt in Salzburg.
den hintern sollte ich dir, S. 413. Aus: H. C. Artmann, Gedichte über die Liebe und die Lasterhaftigkeit. Ausgewählt von Elisabeth Borchers. © Suhrkamp Verlag Frankfurt am Main 1975.
ein reißbrett aus winter, S. 419. Aus: H. C. Artmann, ein lilienweißer brief aus lincolnshire. gedichte aus 21 jahren. © Suhrkamp Verlag Frankfurt am Main 1969.
ROSE AUSLÄNDER 1907 in Czernowitz geboren, gestorben 1988 in Düsseldorf.
Jerusalem, S. 71. Paul Celans Grab, S. 79. Aus: Rose Ausländer, Im Aschenregen die Spur deines Namens. Gedichte und Prosa 1976. © S. Fischer Verlag GmbH, Frankfurt am Main 1984.
Mein Venedig, S. 75. Aus: Rose Ausländer, Mein Venedig versinkt nicht. Gedichte. © S. Fischer Verlag GmbH, Frankfurt am Main 1982.
Salzburg, S. 83. Aus: Rose Ausländer, Südlich wartet ein wärmeres Land/Festtag in Manhattan. © Pfaffenweiler Presse, Pfaffenweiler 1982.
JOHANNES BOBROWSKI 1917 in Tilsit geboren, gestorben 1965 in Berlin.
Anruf, S. 299. Hölderlin in Tübingen, S. 315. Holunderblüte, S. 319. Immer zu benennen, S. 323. Nänie, S. 339. Aus: Johannes Bobrowski, Sarmatische Zeit/Schattenland Ströme, © 1961/1962 Deutsche Verlags-Anstalt GmbH, Stuttgart.
Dorfmusik, S. 309. J. S. Bach, S. 327. Märkisches Museum, S. 331. Namen für den Verfolgten, S. 335. Aus: Johannes Bobrowski, Wetterzeichen. © Klaus Wagenbach Verlag, Berlin 1967.
Der Samländische Aufstand 1525, S. 305. Aus: Im Windgesträuch,

Union-Verlag Berlin. Abdruck mit freundlicher Genehmigung des Union-Verlags München.

WOLFGANG BORCHERT 1921 in Hamburg geboren, gestorben 1947 in Basel.

Antiquitäten, S. 423. Aus: Wolfgang Borchert, Das Gesamtwerk. Copyright © 1949 by Rowohlt Verlag, Hamburg.

RAINER BRAMBACH 1917 in Basel geboren, dort 1983 gestorben.

Meine Vorfahren kamen nie vom Norden los, S. 343. Aus: Rainer Brambach, Heiterkeit im Garten. Das gesamte Werk. Herausgegeben und mit einem Nachwort versehen von Frank Geerk. © 1989 by Diogenes Verlag AG Zürich.

CHRISTINE BUSTA 1915 in Wien geboren, dort 1987 gestorben.

Am Rande, S. 237. Aus: Christine Busta, Unterwegs zu älteren Feuern. Gedichte. © Otto Müller Verlag, Salzburg (1965), 2. Auflage 1978.

Signale, S. 241. Aus: Christine Busta, Salzgärten. © Otto Müller Verlag, Salzburg, 2. Auflage 1979.

PAUL CELAN 1920 in Czernowitz geboren, gestorben 1970 in Paris.

Anabasis, S. 347. Aus: Paul Celan, Die Niemandsrose. © S. Fischer Verlag GmbH, Frankfurt am Main 1963.

Bei Wein und Verlorenheit, S. 351. In memoriam Paul Eluard, S. 363. In Prag, S. 367. Keine Sandkunst mehr, S. 371. Todesfuge, S. 375. Und Kraft und Schmerz, S. 381. Aus: Paul Celan, Gedichte. Zwei Bände. Herausgegeben von Beda Allemann. © Suhrkamp Verlag Frankfurt am Main 1976.

Das Fremde, S. 355. Aus: Paul Celan, Zeitgehöft. Späte Gedichte aus dem Nachlaß. © Suhrkamp Verlag Frankfurt am Main 1976.

Ein Knirschen von eisernen Schuhn, S. 359. Aus: Paul Celan, Mohn und Gedächtnis. Copyright 1952 by Deutsche Verlags-Anstalt GmbH, Stuttgart.

Weggebeizt, S. 385. Aus: Paul Celan, Atemwende. Gedichte. © Suhrkamp Verlag Frankfurt am Main 1968.

Wir lagen, S. 389. Aus: Paul Celan, Lichtzwang. Gedichte. © Suhrkamp Verlag Frankfurt am Main 1970.

HILDE DOMIN 1912 in Köln geboren.

Bitte, S. 191. Brennende Stadt (Beirut), S. 195. Kleine Buchstaben, S. 199. Köln, S. 203. Linke Kopfhälfte, S. 207. Tokaidoexpress, S. 211. Wer es könnte, S. 215. Aus: Hilde Domin, Gesammelte Gedichte. © S. Fischer Verlag GmbH, Frankfurt am Main 1987.

Quellenhinweise

GÜNTER EICH 1907 in Lebus/Oder geboren, gestorben 1972 in Salzburg.
Abgelegene Gehöfte, S. 87. Kleine Reparatur, S. 131. Wildwechsel, S. 143. Aus: Günter Eich, Gesammelte Werke. In vier Bänden. Band 1: Die Gedichte. Die Maulwürfe. © Suhrkamp Verlag Frankfurt am Main 1973.
Augenblick im Juni, S. 91. Betrachtet die Fingerspitzen, S. 97. Der Große Lübbe-See, S. 105. Ende eines Sommers, S. 109. Königin Hortense, S. 135. Aus: Günter Eich, Botschaften des Regens. Gedichte. © Suhrkamp Verlag Frankfurt am Main 1961 und 1971.
Briefstelle, S. 101. Hoffnungen, S. 121. Inventur, S. 125. Aus: Günter Eich, Ein Lesebuch. Ausgewählt von Günter Eich. Nachwort von Susanne Müller-Hampft. © Suhrkamp Verlag Frankfurt am Main 1981.
Fußnote zu Rom, S. 113. Gespräche mit Clemens, S. 117. Zu spät für Bescheidenheit, S. 147. Zum Beispiel, S. 151. Aus: Günter Eich, Zu den Akten. Gedichte. © Suhrkamp Verlag Frankfurt am Main 1964.
Nachhut, S. 139. Aus: Günter Eich, Gedichte. Herausgegeben von Ilse Aichinger. © Suhrkamp Verlag Frankfurt am Main 1973.

ALBRECHT GOES 1908 in Langenbeutingen/Württemberg geboren, lebt in Stuttgart.
Einem, der davonging, nachgerufen, S. 159. Aus: Albrecht Goes, Mit Mörike und Mozart. Studien aus fünfzig Jahren. © S. Fischer Verlag GmbH, Frankfurt am Main 1988.
Motette, S. 163. Über einer Todesnachricht, S. 167. Aus: Albrecht Goes, Lichtschatten du. Gedichte aus fünfzig Jahren. © S. Fischer Verlag GmbH, Frankfurt am Main 1978.

FRITZ GRASSHOFF 1913 in Quedlinburg geboren.
Blues, S. 229. Aus: Fritz Graßhoff, Die große Halunkenpostille. Nymphenburger Verlagsbuchhandlung in der F.A. Herbig Verlagsbuchhandlung GmbH, München. Copyright by Fritz Graßhoff. Abdruck mit freundlicher Genehmigung des Autors.

STEPHAN HERMLIN 1915 in Chemnitz geboren, lebt in Berlin.
Terzinen, S. 245. Aus: Stephan Hermlin, Gesammelte Gedichte. © 1979 Carl Hanser Verlag München Wien.

PETER HUCHEL 1903 geboren in Berlin-Lichterfelde, gestorben 1981 in Staufen.
Caputher Heuweg, S. 13. Der Garten des Theophrast, S. 21. Aus: Peter Huchel, Chausseen Chausseen. © S. Fischer Verlag GmbH, Frankfurt am Main 1963.

Chausseen, S. 17. Aus: Peter Huchel, Gesammelte Werke. Zwei Bände. Herausgegeben und erläutert von Axel Vieregg. © Suhrkamp Verlag Frankfurt am Main 1984.

Exil, S. 25. Ophelia, S. 43. Aus: Peter Huchel, Ausgewählte Gedichte. Auswahl und Nachwort von Peter Wapnewski. © Suhrkamp Verlag Frankfurt am Main 1973.

König Lear, S. 29. Aus: Peter Huchel, Die neunte Stunde. © Suhrkamp Verlag Frankfurt am Main 1979.

Kreuzspinne, S. 33. Aus: Peter Huchel, Die Sternenreuse. © R. Piper & Co. Verlag, München 1967.

Nachlässe, S. 37. Aus: Peter Huchel, Gezählte Tage. Gedichte. © Suhrkamp Verlag Frankfurt am Main 1972.

Unter der blanken Hacke des Monds, S. 47. Aus: Peter Huchel, Gedichte. © Suhrkamp Verlag Frankfurt am Main 1989.

MASCHA KALÉKO 1912 in Schidlow/Polen geboren, gestorben 1975 in Zürich.

Im Exil, S. 219. Aus: Das himmelgraue Poesie-Album der Mascha Kaléko. Illustriert von Bele Bachem. arani-Verlag GmbH, Berlin 1979. Copyright Gisela Zoch-Westphal, Zürich. Abdruck mit freundlicher Genehmigung.

Kleine Havel-Ansichtskarte, S. 223. Aus: Mascha Kaléko, Das lyrische Stenogrammheft, rororo 1784. Copyright © 1956 by Rowohlt Taschenbuch Verlag GmbH, Reinbek.

HANS PETER KELLER 1915 in Rosellerheide bei Neuß geboren, gestorben 1989.

Folge, S. 251. Aus: Hans Peter Keller, Grundwasser. © 1965 by Limes Verlag in der F. A. Herbig Verlagsbuchhandlung GmbH, München.

KARL KROLOW 1915 in Hannover geboren.

Ariel, S. 255. Der Nächtliche, S. 259. Aus: Karl Krolow, Gesammelte Gedichte. © Suhrkamp Verlag Frankfurt am Main 1965.

Die goldene Wolke, S. 263. Aus: Karl Krolow, Schönen Dank und vorüber. Gedichte. © Suhrkamp Verlag Frankfurt am Main 1984.

Diese alten Männer, S. 267. Aus: Karl Krolow, Der Einfachheit halber. Gedichte. © Suhrkamp Verlag Frankfurt am Main 1977.

Es war die Nacht, S. 271. Aus: Karl Krolow, Ich höre mich sagen. Gedichte. © Suhrkamp Verlag Frankfurt am Main 1992.

Für alle Zeit, S. 275. Noch einmal, S. 283. Aus: Karl Krolow, Als es soweit war. Gedichte. © Suhrkamp Verlag Frankfurt am Main 1988.

Quellenhinweise 433

Mit feuchten Händen, S. 279. Aus: Karl Krolow, Gesammelte Gedichte 2. © Suhrkamp Verlag Frankfurt am Main 1975.
Sieh dir das an, S. 287. Aus: Karl Krolow, Gedichte. Auswahl und Nachwort von Gabriele Wohmann. © Suhrkamp Verlag Frankfurt am Main 1989.
Stele für Catull, S. 291. Aus: Karl Krolow, Unsichtbare Hände. Gedichte 1959-1962. © Suhrkamp Verlag Frankfurt am Main 1962. Neuauflage 1985.

HORST LANGE 1904 in Liegnitz geboren, gestorben 1971 in München.
Eine Geliebte aus Luft, S. 55. Aus: Horst Lange, Aus dumpfen Fluten kam Gesang. Gedichte. © Henry Goverts Verlag, Stuttgart 1958.

CHRISTINE LAVANT 1915 in Groß-Edling/Kärnten geboren, gestorben 1973 in Wolfsberg.
Seit heute, aber für immer, S. 295. Aus: Christine Lavant, Der Pfauenschrei. Gedichte. © Otto Müller Verlag, Salzburg 4. Auflage 1991.

HERMANN LENZ 1913 in Stuttgart geboren, lebt in München.
Regen, S. 233. Aus: Hermann Lenz, Zeitlebens. Gedichte 1934-1980. © Franz Schneekluth Verlag, München 1981.

ERNST MEISTER 1911 in Hagen-Haspe/Westfalen geboren, gestorben 1979 in Hagen.
Gedenken V, S. 175. Langsame Zeit, S. 179. Utopische Fahrt, S. 183. Zu wem, S. 187. Copyright © Rimbaud Verlag, Aachen. Abdruck mit freundlicher Genehmigung.

FRANZ BAERMANN STEINER 1909 in Prag geboren, gestorben 1952 in Oxford.
Elefantenfang, S. 171. Aus: Franz Baermann Steiner, Unruhe ohne Uhr. Ausgewählte Gedichte aus dem Nachlaß. Mit einem Nachwort von H. G. Adler. © Heidelberg: Verlag Lambert Schneider 1954.

JESSE THOOR 1905 in Berlin geboren, gestorben 1952 in Lienz/Tirol.
Adventrede, S. 61. In einem Haus, S. 67. Aus: Jesse Thoor, Gedichte. Herausgegeben und mit einem Nachwort versehen von Peter Hamm. © Suhrkamp Verlag Frankfurt am Main 1975.

WOLFGANG WEYRAUCH 1907 in Königsberg geboren, gestorben 1980 in Darmstadt.
Aber wie, S. 155. Aus: Dreimal geköpft. Unbekannte Gedichte. Herausgegeben von Jürgen Seuss und Bernd Jentzsch. BrennGlas Verlag, Assenheim 1983. Abdruck mit freundlicher Genehmigung von Frau Margot Weyrauch.

GUIDO ZERNATTO 1903 in Treffen/Kärnten geboren, gestorben 1943 in New York.
Dieser Wind der fremden Kontinente, S. 51. Aus: Guido Zernatto, Die Sonnenuhr. Gesamtausgabe der Gedichte. © Otto Müller Verlag, Salzburg 1961.

VERZEICHNIS DER INTERPRETEN

INGRID BACHÉR geboren 1930 in Rostock, lebt in Düsseldorf. Sie veröffentlichte Romane, Erzählungen und Jugendbücher, unter anderem: »Schöner Vogel Quetzal« (1959), »Karibische Fahrt« (1961), »Das Paar« (1980) und »Woldsen oder es wird keine Ruhe geben« (1982).

RUDOLF JÜRGEN BARTSCH geboren 1921 in Köslin/Pommern, lebt als freier Schriftsteller und Schauspieler in Köln. Er veröffentlichte Funk- und Film-Essays, erzählende Prosa in Anthologien und den Roman »Krähenfang« (1964).

HANS BENDER geboren 1919 in Mühlhausen/Kraichgau, lebt in Köln. Er war von 1954 bis 1980 Mitherausgeber der Zeitschrift »Akzente« und veröffentlichte unter anderem die Erzählungsbände »Wölfe und Tauben« (1957), »Mit dem Postschiff« (1962) und »Bruderherz« (1987), den Roman »Wunschkost« (1959), den Sammelband »Worte Bilder Menschen« (1959) sowie die Aufzeichnungen »Einer von ihnen« (1979).

HORST BIENEK geboren 1930 in Gleiwitz, starb 1990 in München. Er veröffentlichte Gedichte (»Gleiwitzer Kindheit«, 1976), Romane (»Die Zelle«, 1968, »Die erste Polka«, 1975, »Septemberlicht«, 1977, »Zeit ohne Glocken«, 1979 und »Erde und Feuer«, 1982) sowie essayistische Arbeiten (»Bakunin, eine Invention« (1976) und »Das allmähliche Ersticken von Schreien, Sprache im Exil und heute« (1987).

ELISABETH BORCHERS geboren 1926 in Homberg am Niederrhein, ist Verlagslektorin in Frankfurt am Main. Sie veröffentlichte unter anderem: »Gedichte« (1961), »Der Tisch an dem wir sitzen« (1967), »Eine glückliche Familie und andere Prosa« (1970), »Gedichte« (1976), »Wer lebt« (1986) und »Von der Grammatik des heutigen Tages« (1992).

HANS CHRISTOPH BUCH geboren 1944 in Wetzlar, lebt in Berlin. Er veröffentlichte Romane, Erzählungen und Essays, unter anderem: »Unerhörte Begebenheiten« (1966), »Kritische Wälder« (1972), »Aus der neuen Welt« (1975), »Die Hochzeit von Port-au-Prince« (1984), »Haïti Chérie« (1990), »Rede des toten Kolumbus am Tag des Jüngsten Gerichts« (1992) und »Tropische Früchte, Afro-amerikanische Impressionen« (1993).

HERMANN BURGER geboren 1942 in Burg/Schweiz, starb 1989 in Brunegg/Schweiz. Er veröffentlichte die Romane »Schilten« (1976), »Die künstliche Mutter« (1982), und »Brunsleben« (1989), Gedichte (»Kirchberger Idyllen«, 1980), Erzählungen (»Diabelli«, 1979, »Blankenburg«, 1986) und Essays »Ein Mann aus Wörtern« (1983).

FRIEDRICH CHRISTIAN DELIUS geboren 1943 in Rom, lebt in Berlin. Veröffentlichte zuletzt die Gedichtbände »Die unsichtbaren Blitze (1981) und »Japanische Rolltreppen« (1989), die Romane »Mogadischu Fensterplatz« (1987) und »Himmelfahrt eines Staatsfeindes« (1992), die Erzählung »Die Birnen von Ribbeck« (1991) sowie »Der Sonntag, an dem ich Weltmeister wurde« (1994).

EVA DEMSKI geboren 1944 in Regensburg, lebt in Frankfurt. Sie veröffentlichte die Romane »Goldkind« (1979), »Karneval« (1981), »Scheintod« (1984) und »Hotel Hölle, guten Tag...« (1987), »Unterwegs« (1988), »Käferchen und Apfel« (1989) und »Afra« (1992).

HILDE DOMIN geboren 1912 in Köln, lebt in Heidelberg. Zu ihren Hauptwerken gehören die Gedichtsammlungen »Nur eine Rose als Stütze« (1959), »Rückkehr der Schiffe« (1962), »Hier« (1964) und »Ich will dich« (1970) und die Prosabücher »Wozu Lyrik heute« (1968), »Das zweite Paradies« (1968, 86), »Von der Natur nicht vorgesehen. Autobiographisches« (1974), »Aber die Hoffnung. Autobiographisches aus und über Deutschland« (1982).

CLEMENS EICH geboren 1954 in Rosenheim am Inn, lebt in Wien. Veröffentlichungen: »Aufstehn und gehn«, Gedichte (1980) und »Zwanzig nach drei«, Erzählungen (1987).

ELISABETH ENDRES geboren 1934 in München, wo sie auch heute lebt. Sie ist Essayistin und Kritikerin und veröffentlichte unter anderem: »Jean Paul, die Struktur seiner Einbildungskraft« (1971), »Autorenlexikon der deutschen Gegenwartsliteratur 1945-1975« (1975) und »Die Literatur der Adenauerzeit« (1980).

ERICH FRIED geboren 1921 in Wien, starb 1988 in Baden-Baden. Er veröffentlichte unter anderem die Lyrikbände: »Warngedichte« (1963), »Anfechtungen« (1967), »Zeitfragen« (1968), »Gegengift« (1974), »Die bunten Getüme« (1977), »Liebesgedichte« (1979) und »Lebensschatten« (1981) und »Um Klarheit« (1985).

WALTER HELMUT FRITZ geboren 1929 in Karlsruhe, wo er auch heute lebt, ist Lyriker und Erzähler. Er veröffentlichte unter anderem die Bände »Gesammelte Gedichte« (1979), »Wunschtraum Alptraum«

(1981), »Werkzeuge der Freiheit« (1983), »Cornelias Traum und andere Aufzeichnungen« (1985), »Immer einfacher, immer schwieriger« (1987), »Zeit des Sehens« (1989) und »Die Schlüssel sind vertauscht« (1992).

WERNER FULD geboren 1947 in Heidelberg, lebt in Wörthsee/Steinebach. Er veröffentlichte unter anderem die Biographien Walter Benjamins (»Zwischen den Stühlen«, 1979) und Wilhelm Raabes (1993).

GERTRUD FUSSENEGGER geboren 1912 in Pilsen, lebt in Leonding/Oberösterreich. Sie schrieb Romane, Erzählungen, Essayistisches und Dramatisches. Hauptwerke: »Die Pulvermühle« (1969), »Maria Theresia« (1980), »Sie waren Zeitgenossen« (1983), »Nur ein Regenbogen« (1987) und »Herrscherinnen« (1991).

HANS-GEORG GADAMER geboren 1900 in Marburg. Er war ordentlicher Professor der Philosophie in Leipzig, Frankfurt am Main und von 1949-1968 in Heidelberg. Zu seinen Hauptwerken gehören: »Platons dialektische Ethik« (1931), »Wahrheit und Methode« (1960), »Hegels Dialektik« (1971), »Philosophische Lehrjahre« (1977) und »Poetika« (1977).

REINHOLD GRIMM geboren 1931 in Nürnberg, ist Professor für Deutsche und Vergleichende Literaturgeschichte an der University of California (USA). Er veröffentlichte unter anderem: »Nach dem Naturalismus. Essays zur modernen Dramatik« (1978), und »Von der Armut und vom Regen. Rilkes Antwort auf die soziale Frage« (1981), »Texturen. Essays und anderes zu Hans Magnus Enzensberger« (1984), »Ein iberischer Gegenentwurf? Antonio Buero Vallejo, Brecht und das moderne Welttheater« (1991).

MICHAEL HAMBURGER geboren 1924 in Berlin, lebt seit 1933 in England. Er schreibt in deutscher und englischer Sprache; unter anderem veröffentlichte er: »Zwischen den Sprachen« (1966), »Vernunft und Rebellion« (1969), und »Die Dialektik der modernen Lyrik« (1972).

LUDWIG HARIG geboren 1927 in Sulzbach/Saarland, lebt dort. Er veröffentlichte unter anderem: »Sprechstunden« (1971), »Die saarländische Freude« (1977), »Rousseau« (1978), »Der kleine Brixius« (1980), »Trierer Spaziergänge« (1983), »Ordnung ist das ganze Leben« (1986) und »Weh dem, der aus der Reihe tanzt« (1990), »Die Hortensien der Frau von Roselius« (1992), »Der Uhrwerker von Glarus« (1993).

PETER HÄRTLING geboren 1933 in Chemnitz, lebt in Walldorf bei Frankfurt am Main. Er veröffentlichte Romane, Gedichte und Kinderbücher, unter anderem: »Niembsch oder Der Stillstand« (1964), »Janek« (1966),

»Eine Frau« (1974), »Hölderlin« (1976), »Die dreifache Maria« (1982), »Das Windrad« (1983), »Waiblingers Augen« (1987), »Der Wanderer« (1988), »Die Gedichte 1953-1987« (1989) und »Herzwand« (1990).

JOCHEN HIEBER geboren 1951 in Aalen/Württemberg, lebt im Vogelsberg. Er ist seit 1983 Literaturredakteur der »Frankfurter Allgemeinen Zeitung«.

WALTER HINCK geboren 1922 in Selsingen/Niedersachsen, ist Professor für Deutsche Literatur an der Universität Köln. Er veröffentlichte unter anderem: »Die Dramaturgie des späten Brecht« (1959), »Das deutsche Lustspiel des 17. und 18. Jahrhunderts und die italienische Komödie« (1965), »Das moderne Drama in Deutschland« (1973), »Goethe – Mann des Theaters« (1982), »Theater der Hoffnung« (1988) und »Die Wunde Deutschland. Heinrich Heines Dichtung« (1990).

HANS EGON HOLTHUSEN geboren 1913 in Rendsburg, lebt in München. Er veröffentlichte unter anderem: »Der unbehauste Mensch« (1951), »Das Schöne und das Wahre« (1958), »Kritisches Verstehen« (1961), »Plädoyer für den Einzelnen« (1967), »Sartre in Stammheim« (1982) und »Opus 19. Reden und Widerreden aus 25 Jahren« (1983).

GERHARD KAISER geboren 1927 in Tannroda/Thüringen, ist Professor für Neuere Deutsche Philologie und Literaturwissenschaft an der Universität Freiburg. Er veröffentlichte unter anderem: »Wandrer und Idylle« (1977), »Von Arkadien nach Elysium« (1978), »Gottfried Keller. Das gedichtete Leben« (2. Auflage 1987), »Augenblicke deutscher Lyrik« (3. Auflage 1990), »Geschichte der deutschen Lyrik von Goethe bis zur Gegenwart« (1988-1991).

GERT KAISER geboren 1941 in Hardheim im Odenwald. Seit 1977 Inhaber des Lehrstuhls für Ältere Germanistik an der Heinrich-Heine-Universität Düsseldorf. Seit 1983 Rektor der Universität und seit 1988 Leiter des Wissenschaftszentrums Nordrhein-Westfalen. Er veröffentlichte unter anderem: Bücher über Minnesang, über Artusromane und über Totentänze.

WERNER KELLER geboren 1930 in Calmbach, ist Professor für Neuere Deutsche Literatur an der Universität Köln. Er veröffentlichte unter anderem: »Das Pathos in Schillers Jugendlyrik« (1964) und »Goethes dichterische Bildlichkeit« (1972).

SARAH KIRSCH geboren 1935 in Limlingrode/Südharz, lebt in Thielenhemme (Schleswig-Holstein). Sie veröffentlichte unter anderem die Gedichtbände »Landaufenthalt« (1967), »Zaubersprüche« (1977), »Drachensteigen« (1980), »Erdreich« (1982), »Katzenleben« (1984) sowie »Erlkönigs Tochter« (1992).

ECKART KLESSMANN geboren 1933 in Lemgo/Lippe, lebt in Schleswig-Holstein. Er veröffentlichte Bücher über den Prinzen Louis Ferdinand von Preußen (1972), Caroline Schlegel-Schelling (1975) und E.T.A. Hoffmann (1988) sowie »Die Mendelssohns. Bilder aus einer deutschen Familie« (1990) und »Christiane – Goethes Geliebte und Gefährtin« (1992).

HELMUT KOOPMANN geboren 1933 in Bochum, ist seit 1974 Professor für Neuere Deutsche Literaturwissenschaft an der Universität Augsburg. Er veröffentlichte unter anderem: »Das junge Deutschland« (1970), »Das Drama der Aufklärung« (1978), »Der klassisch-moderne Roman in Deutschland. Thomas Mann – Döblin – Broch« (1983), »Schiller« (1988), und das »Thomas-Mann-Handbuch« (1990).

KARL KROLOW geboren 1915 in Hannover, lebt in Darmstadt. Er veröffentlichte unter anderem die Lyrikbände »Tage und Nächte« (1956), »Nichts weiter als Leben« (1970), »Zeitvergehen« (1972), »Der Einfachheit halber« (1977), »Herbstsonett mit Hegel« (1981), »Als es soweit war« (1988), »Ich höre mich sagen« (1992) sowie die Prosabände »Im Gehen« (1980) und »In Kupfer gestochen« (1987).

HORST KRÜGER geboren 1919 in Magdeburg, lebt in Frankfurt am Main. Er schrieb die Prosabücher »Das zerbrochene Haus« (1966), »Deutsche Augenblicke« (1969), »Fremde Vaterländer« (1971), »Zeitgelächter« (1973), »Ostwest-Passagen« (1975), »Poetische Erdkunde« (1978), »Spötterdämmerung« (1981), »Tiefer deutscher Traum« (1983), »Zeit ohne Wiederkehr« (1985) und »Die Frühlingsreise« (1988).

JOSEPH ANTON KRUSE geboren 1944 in Dingden bei Bocholt, ist seit 1975 Direktor des Heinrich-Heine-Instituts in Düsseldorf und Honorarprofessor an der dortigen Universität. Er veröffentlichte unter anderem: »Heines Hamburger Zeit« (1972), »Heinrich Heine. Leben und Werk in Daten und Bildern« (1983) sowie »Denk ich an Heine« (1986).

DIETER KÜHN geboren 1935 in Köln, lebt in Düren. Er veröffentlichte Romane, Erzählungen und Biographien, unter anderem: »N« (1970), »Ausflüge im Fesselballon« (1971), »Die Präsidentin« (1973), »Ich Wolkenstein« (1977), »Der Himalaya im Wintergarten« (1984) und »Die Kammer des schwarzen Lichts« (1984).

GÜNTER KUNERT geboren 1929 in Berlin, lebt in Kaisborstel/Schleswig-Holstein. Hauptwerke: Die Gedichtsammlungen »Erinnerungen an einen Planeten« (1963), »Verkündigung des Wetters« (1966), »Unterwegs nach Utopia« (1977), »Abtötungsverfahren« (1980), »Stilleben« (1983), »Berlin bei Zeiten« (1987) sowie die Prosabände »Die Beerdigung findet in aller Stille statt« (1968), »Verspätete Monologe« (1981) und »Die letzten Indianer Europas« (1991).

SIEGFRIED LENZ geboren 1926 in Lyck/Ostpreußen, lebt seit 1945 in Hamburg. Er veröffentlichte unter anderem die Romane »Brot und Spiele« (1959), »Deutschstunde« (1968), »Das Vorbild« (1973), »Heimatmuseum« (1978), »Exerzierplatz« (1985) und »Die Klangprobe« (1990) sowie die Erzählungsbände »So zärtlich war Suleyken« (1955), »Jäger des Spotts« (1958), »Das Feuerschiff« (1960), »Einstein überquert die Elbe bei Hamburg« (1975).

MARTIN LÜDKE geboren 1943 in Apolda/Thüringen, lebt in Baden-Baden und Frankfurt am Main. Er ist Leiter der Literaturredaktion im Südwestfunk Baden-Baden. Er veröffentlichte unter anderem: »Anmerkungen zu einer ›Logik des Zerfalls‹. Adorno/Beckett« (1981) sowie »Für den Spiegel geschrieben. Eine kleine Literaturgeschichte« (1991).

HANS MAIER geboren 1931 in Freiburg, ist seit 1962 Professor für politische Wissenschaft an der Universität München, war 1970-1986 Bayerischer Staatsminister für Unterricht und Kultus. Hauptveröffentlichungen: »Revolution und Kirche« (1959/1988), »Die ältere deutsche Staats- und Verwaltungslehre« (1966/1986), »Klassiker des politischen Denkens« (1968/1986).

KURT MARTI geboren 1921 in Bern/Schweiz, lebt dort. Er veröffentlichte Lyrik- und Prosabände, unter anderem: »Leichenreden« (1969), »Abendland« (1980), »Bürgerliche Geschichten« (1981), »Dorfgeschichten« (1983) und »Ruhe und Ordnung. Aufzeichnungen, Abschweifungen 1980-1983« (1984).

PETER VON MATT geboren 1937 in Luzern, ist Professor für Neuere Deutsche Literatur an der Universität Zürich. Er veröffentlichte Bücher über Grillparzer (1965) und E. T. A. Hoffmann (1971) sowie die Untersuchungen »Literaturwissenschaft und Psychoanalyse« (1972), »... fertig ist das Angesicht« (1984) und »Liebesverrat« (1989).

CHRISTA MELCHINGER geboren 1943 in Frankfurt am Main, lebt in Freiburg. Sie veröffentlichte unter anderem: »Illusion und Wirklichkeit im dramatischen Werk Arthur Schnitzlers« (1968) und die Monographie »Albert Camus« (1969). Literaturkritik für Presse und Funk.

Verzeichnis der Interpreten

SIEGFRIED MELCHINGER geboren 1906 in Stuttgart, wo er 1988 starb. Er war Professor für Musik und Darstellende Kunst. Er veröffentlichte unter anderem: »Modernes Welttheater« (1958), »Schauspieler« (1968), »Geschichte des politischen Theaters« (1971) und »Die Welt als Tragödie I/II« (1979/80).

ELISABETH NOELLE-NEUMANN geboren 1916 in Berlin, ist Leiterin des von ihr gegründeten Instituts für Demoskopie Allensbach. Von 1965-1983 war sie Direktorin des Instituts für Publizistik der Universität Mainz, seit 1978 ist sie Gastprofessorin der University of Chicago. Sie veröffentlichte unter anderem »Einführung in die Methoden der Demoskopie« (1963), »Die Schweigespirale« (1980/1991) und ist Mitherausgeberin der »Allensbacher Jahrbücher für Demoskopie«.

CHRISTOPH PERELS geboren 1938, ist seit 1983 Direktor des Freien Deutschen Hochstifts in Frankfurt am Main. Er veröffentlichte unter anderem: »Studien zur Aufnahme und Kritik der Rokokolyrik zwischen 1740 und 1760« (1974), »Lyrik verlegen in dunkler Zeit. Heinrich Ellermanns Blätter für die Dichtung 1934-1944« (1984) und »Sturm und Drang« (1988).

BEATE PINKERNEIL geboren 1942 in Bochum, lebt in Köln. Von 1983-1991 leitete sie die Redaktion »Literatur und Kunst« im Zweiten Deutschen Fernsehen sowie das Büchermagazin »Literatur im Gespräch«; seitdem Literaturredakteurin im ZDF. Sie gab Gedichtanthologien und literaturwissenschaftliche Sammelbände heraus.

HEINZ PIONTEK geboren 1925 in Kreuzberg, lebt in München, ist vorwiegend Lyriker. Unter anderem veröffentlichte er die Gedichtbände »Mit einer Kranichfeder« (1962), »Klartext« (1966), »Gesammelte Gedichte« (1975), »Wie sich Musik durchschlug« (1978), »Was mich nicht losläßt« (1981) und »Früh im September« (1982) sowie den Essayband »Männer, die Gedichte machen« (1970).

HEINZ POLITZER geboren 1910 in Wien, starb 1978 in Berkeley. Er lehrte Deutsche Literatur an der University of California in Berkeley (USA). Hauptwerke: »Franz Kafka, der Künstler« (1965), »Das Schweigen der Sirenen« (1968) und »Hatte Ödipus einen Ödipus-Komplex?« (1974).

ALBERT VON SCHIRNDING geboren 1935 in Regensburg, lebt in München. Er veröffentlichte unter anderem die Gedichtbände »Bedenkzeit« (1977) und »Mit anderen Augen« (1986), die Erzählung »Herkommen« (1987) sowie die Untersuchungen »Am Anfang war das Staunen« (1978), »Durchs Labyrinth der Zeit« (1979) und »Linien des Lesens« (1982) und »Maske und Mythos« (1991).

Rolf Schneider geboren 1932 in Chemnitz, lebt in Schöneiche bei Ost-Berlin. Er veröffentlichte unter anderem: »Brücken und Gitter« (1965), »Die Tage in W.« (1965), »Pilzomelette und andere Nekrologe« (1974), »Die Reise nach Jaroslaw« (1975) und »November« (1979).

Renate Schostack geboren 1938 in Pforzheim, ist seit 1969 Redakteurin der »Frankfurter Allgemeinen Zeitung«. Sie lebt jetzt in München. Sie veröffentlichte die Romane »Zwei Arten zu lieben« (1977) und »Niedere Gangarten« (1991), die Erzählungen »Hände weg von meinem Regenbogen« (1979) und den Prosaband »Heiratsversuche oder die Einschiffung nach Cythera« (1985).

Gerhard Schulz geboren 1928 in Löbau/Sachsen, ist Professor für Deutsche Sprache und Literatur an der University of Melbourne. Er veröffentlichte unter anderem: »Novalis« (1969), »Arno Holz« (1974) und »Die deutsche Literatur zwischen Französischer Revolution und Restauration« (2 Bde., 1983/1989).

Egon Schwarz geboren 1922 in Wien, lehrt Deutsche Literatur an der Washington University in St. Louis (USA). Er veröffentlichte unter anderem: »Hofmannsthal und Calderon« (1962), »Joseph von Eichendorff« (1969), »Das verschluckte Schluchzen – Poesie und Politik bei Rainer Maria Rilke« (1972), »Keine Zeit für Eichendorff: Chronik unfreiwilliger Wanderjahre« (1979) und »Dichtung, Kritik, Geschichte: Essays zur Literatur 1900-1930« (1983).

Werner Söllner geboren 1951 in Neupanat (Rumänien), lebt in Bad Soden. Er veröffentlichte unter anderem die Gedichtbände: »Mitteilungen eines Privatmannes« (1978), »Eine Entwöhnung« (1980), »Kopfland. Passagen« (1988) und »Der Schlaf des Trommlers« (1992).

Hilde Spiel geboren 1911 in Wien, wo sie 1990 starb. Sie war von 1963 bis 1984 Wiener Kulturkorrespondentin der »Frankfurter Allgemeinen Zeitung«. Hauptwerke: »Fanny von Arnstein oder die Emanzipation« (1962), »Glanz und Untergang. Wien 1866 bis 1938« (1987), »Die hellen und die finsteren Zeiten« (1989), »Welche Welt ist meine Welt« (1990) und »Die Dämonie der Gemütlichkeit« (1991).

Jürgen Theobaldy geboren 1944 in Straßburg, lebt als freier Schriftsteller in Bern. Er veröffentlichte unter anderem die Gedichtbände »Blaue Flecken« (1974), »Zweiter Klasse« (1976) »Die Sommertour« (1983) und »Der Nachtbildsammler« (1992) sowie den Roman »Sonntags Kino« (1978) und die Erzählungen »Das Festival im Hof« (1985). Zuletzt erschien die Gedichtbroschur »In den Aufwind« (1990).

Verzeichnis der Interpreten 443

HANS-ULRICH TREICHEL geboren 1952 in Versmold/Westf., lebt in Berlin. Er veröffentlichte unter anderem die Monographie »Fragment ohne Ende. Eine Studie zum Werk Wolfgang Koeppens« (1984) sowie die Gedichtbände »Ein Restposten Zukunft« (1979), »Tarantella« (1982), »Liebe Not« (1986) und »Seit Tagen kein Wunder« (1990) sowie den Prosaband »Von Leib und Seele. Berichte.« (1992).

GERT UEDING geboren 1942 in Bunzlau, ist Direktor des Seminars für Allgemeine Rhetorik an der Universität Tübingen. Er veröffentlichte u. a. »Schillers Rhetorik« (1971), »Glanzvolles Elend«. Versuch über Kitsch und Kolportage« (1973), »Wilhelm Busch« (1977), »Klassik und Romantik« (1987), »Friedrich Schiller« (1990) und »Jean Paul« (1993).

SIEGFRIED UNSELD geboren 1924 in Ulm, ist Verleger (Suhrkamp und Insel) in Frankfurt am Main. Er ist Herausgeber zahlreicher Editionen und schrieb unter anderem die Bücher: »Begegnungen mit Hermann Hesse« (1975), »Peter Suhrkamp. Zur Biographie eines Verlegers« (1975), »Der Marienbader Korb« (1976), »Das Tagebuch Goethes und Rilkes ›Sieben Gedichte‹« (1978), »Der Autor und sein Verleger« (1978) und »Hermann Hesse – Werk und Wirkungsgeschichte« (1973/1985) sowie »Goethe und seine Verleger« (1991).

HARALD WEINRICH geboren 1927 in Wismar, ist Professor für Deutsch als Fremdsprache an der Universität München. Er veröffentlichte unter anderem: »Tempus – Besprochene und erzählte Welt« (1964), »Linguistik der Lüge« (1966), »Sprache in Texten« (1976) und »Wege der Sprachkultur« (1985).

ULRICH WEINZIERL geboren 1954 in Wien, ist seit 1987 Feuilleton-Redakteur der »Frankfurter Allgemeinen Zeitung« für Österreich. Schrieb zwei Biographien, über Alfred Polgar und Carl Seelig, und war Mitherausgeber der sechsbändigen Polgar-Werkausgabe »Kleine Schriften« (1982-1986; gemeinsam mit Marcel Reich-Ranicki).

GABRIELE WOHMANN geboren 1932 in Darmstadt, lebt dort. Sie veröffentlichte neun Gedichtbände, zuletzt »Das könnte ich sein« (1989). Ihre neuesten Prosabücher sind die Erzählungsbände »Er saß in dem Bus, der seine Frau überfuhr« (1991). »Das Salz, bitte!« (1992), »Alles an seinem Ort« (1992) und der Roman »Bitte nicht sterben« (1993).

EVA ZELLER geboren 1923 in Eberswalde, lebt in Heidelberg. Sie veröffentlichte unter anderem die Romane »Lampenfieber« (1974); »Solange ich denken kann« (1981), die Erzählungen »Der Turmbau« (1973), »Tod der Singschwäne« (1983) und »Das Sprungtuch« (1991) sowie die

Gedichtbände »Fliehkraft« (1975) und »Auf dem Wasser gehen« (1982), »Stellprobe« (1989) und »Ein Stein aus Davids Hirtentasche« (1992).

MICHAEL ZELLER geboren 1944 in Breslau, lebt in Nürnberg. Er veröffentlichte unter anderem: »Gedichte haben Zeit« (1982), »Lieben Sie Dallas?« (1984) und »Folens Erbe« (1986).

DIETER E. ZIMMER geboren 1934 in Berlin, ist seit 1959 Redakteur an der Wochenzeitung »Die Zeit«. Er veröffentlichte unter anderem den Gedichtband »Ich möchte lieber nicht, sagte Bartleby« (1979) und mehrere Sachbücher über Themen aus Psychologie, Anthropologie, Biologie, zuletzt »Redens Arten« und »So kommt der Mensch zur Sprache« (1986).

VERZEICHNIS DER GEDICHTÜBERSCHRIFTEN UND -ANFÄNGE

Aber wie (Wolfgang Weyrauch) S. 155
Abgelegene Gehöfte (Günter Eich) S. 87
Adventrede (Jesse Thoor) S. 61
Alles in Blau (Günter Eich) S. 135
Am Abend nahen (Peter Huchel) S. 25
Am Rande (Christine Busta) S. 237
Anabasis (Paul Celan) S. 347
Anruf (Johannes Bobrowski) S. 299
Antiquitäten (Wolfgang Borchert) S. 423
Ariel (Karl Krolow) S. 255
Auf irgendwas (Karl Krolow) S. 255
Augenblick im Juni (Günter Eich) S. 91
Bauern, ein Heer (Johannes Bobrowski) S. 305
Bäume, irdisch (Johannes Bobrowski) S. 315
Bei Wein und Verlorenheit (Paul Celan) S. 351
Betrachtet die Fingerspitzen (Günter Eich) S. 97
Bitte (Hilde Domin) S. 191
Blues (Fritz Graßhoff) S. 229
Brennende Stadt (Beirut) (Hilde Domin) S. 195
Briefstelle (Günter Eich) S. 101
Briefwechsel (Ilse Aichinger) S. 393
bucklicht Männlein (Wolfgang Weyrauch) S. 155
Caputher Heuweg (Peter Huchel) S. 13
Chausseen (Peter Huchel) S. 17
Damals, um zwei Uhr (Christine Busta) S. 241
Das Fremde (Paul Celan) S. 355
Den Baum, den Vogel (Johannes Bobrowski) S. 323
den hintern sollte ich dir (H.C. Artmann) S. 413
Denn was täte ich (Ilse Aichinger) S. 397
Der Garten des Theophrast (Peter Huchel) S. 21
Der Große Lübbe-See (Günter Eich) S. 105

Der halbe Tod (Paul Celan) S. 367
Der hereinkommt (Johannes Bobrowski) S. 335
Der Mond hängt (Mascha Kaléko) S. 223
Der Nächtliche (Karl Krolow) S. 259
Der Samländische Aufstand 1525 (Johannes Bobrowski) S. 305
der triftige Grund (Hans Peter Keller) S. 251
Des Motors Mondgebrumm (Ernst Meister) S. 183
Die Bäume treten (Johannes Bobrowski) S. 331
Die brennende Stadt (Hilde Domin) S. 195
Die goldene Wolke (Karl Krolow) S. 263
Die Hühner und Enten (Günter Eich) S. 87
Die Sondermarken sind gestempelt (Günter Eich) S. 121
Die versunkene Stadt (Hilde Domin) S. 203
Die Worte warten (Stephan Hermlin) S. 245
Die zahmen tiere (Franz Baermann Steiner) S. 171
Dies ist meine Mütze (Günter Eich) S. 125
Diese alten Männer (Karl Krolow) S. 267
Dieser Wind der fremden Kontinente (Guido Zernatto) S. 51
Dieses schmal zwischen Mauern (Paul Celan) S. 347
Dorfmusik (Johannes Bobrowski) S. 309
Du fliegst über (Rose Ausländer) S. 83
Ein Knirschen von eisernen Schuhn (Paul Celan) S. 359
ein reißbrett aus winter (H.C. Artmann) S. 419
Ein trockner Wind (Karl Krolow) S. 283
Eine Geliebte aus Luft (Horst Lange) S. 55
Einem, der davonging, nachgerufen (Albrecht Goes) S. 159
Elefantenfang (Franz Baermann Steiner) S. 171
Ende eines Sommers (Günter Eich) S. 109
Erwürgte Abendröte (Peter Huchel) S. 17
Es kommt (Johannes Bobrowski) S. 319
Es war die Nacht (Karl Krolow) S. 271
Exil (Peter Huchel) S. 25
Folge (Hans Peter Keller) S. 251
Fühlt es das Weltherz (Albrecht Goes) S. 167
Für alle Zeit (Karl Krolow) S. 275
Fußnote zu Rom (Günter Eich) S. 113
Gebirgsrand (Ilse Aichinger) S. 397
Gedenken V (Ernst Meister) S. 175

Verzeichnis der Gedichtüberschriften und -anfänge 447

Gespräche mit Clemens (Günter Eich) S. 117
Grün nun (Ernst Meister) S. 175
Hat man genug getan? (Karl Krolow) S. 275
Hier, hier ist Mozart (Albrecht Goes) S. 159
Hoffnungen (Günter Eich) S. 121
Hölderlin in Tübingen (Johannes Bobrowski) S. 315
Holunderblüte (Johannes Bobrowski) S. 319
Ich blicke in das Glas (Horst Lange) S. 55
Ich hatte einst (Mascha Kaléko) S. 219
Ich mische mich nicht (Ilse Aichinger) S. 401
Ich schreibe euch (Ilse Aichinger) S. 405
Ich werfe keine Münzen (Günter Eich) S. 113
Im Exil (Mascha Kaléko) S. 219
Immer zu benennen (Johannes Bobrowski) S. 323
In Badehäusern (Karl Krolow) S. 279
In dieser kleinen Halbkugel (Hilde Domin) S. 207
In einem Haus (Jesse Thoor) S. 67
In goldner Wolke (Karl Krolow) S. 263
In memoriam Paul Eluard (Paul Celan) S. 363
In Prag (Paul Celan) S. 367
Inventur (Günter Eich) S. 125
J.S. Bach (Johannes Bobrowski) S. 327
Jerusalem (Rose Ausländer) S. 71
Kein Besinnen (Ernst Meister) S. 187
Keine Blumen gepflanzt (Rose Ausländer) S. 79
Keine Sandkunst mehr (Paul Celan) S. 371
Keines von den Büchern (Günter Eich) S. 101
Kleine Buchstaben (Hilde Domin) S. 199
Kleine Havel-Ansichtskarte (Mascha Kaléko) S. 223
Kleine Reparatur (Günter Eich) S. 131
Köln (Hilde Domin) S. 203
König Lear (Peter Huchel) S. 29
Königin Hortense (Günter Eich) S. 135
Kraniche, Vogelzüge (Günter Eich) S. 105
Kreuzspinne (Peter Huchel) S. 33
Langsame Zeit (Ernst Meister) S. 179
Lege dem Toten (Paul Celan) S. 363
Letztes Boot darin (Johannes Bobrowski) S. 309

Liegen ungebunden auf der Erde (Albrecht Goes) S. 163
Linke Kopfhälfte (Hilde Domin) S. 207
Manchmal auf einer Schwelle (Christine Busta) S. 237
Märkisches Museum (Johannes Bobrowski) S. 331
Mein Venedig (Rose Ausländer) S. 75
Meine Vorfahren kamen nie vom Norden los (Rainer Brambach) S. 343
Mit feuchten Händen (Karl Krolow) S. 279
Motette (Albrecht Goes) S. 163
Nachhut (Günter Eich) S. 139
Nachlässe (Peter Huchel) S. 37
Namen für den Verfolgten (Johannes Bobrowski) S. 335
Nänie (Johannes Bobrowski) S. 339
Noch einmal (Karl Krolow) S. 283
Noch webt die Spinne (Peter Huchel) S. 33
Nun der Regen strömt (Hermann Lenz) S. 233
Nun ist alles besprochen (Günter Eich) S. 117
Ophelia (Peter Huchel) S. 43
Paul Celans Grab (Rose Ausländer) S. 79
Regen (Hermann Lenz) S. 233
Rosa nasses Löschpapier (Fritz Graßhoff) S. 229
Salzburg (Rose Ausländer) S. 83
Schneeleute (Ilse Aichinger) S. 401
Schwarze Milch der Frühe (Paul Celan) S. 375
Schweigt still (Günter Eich) S. 143
Seit heute, aber für immer (Christine Lavant) S. 295
Sieh dir das an (Karl Krolow) S. 287
Signale (Christine Busta) S. 241
Später, am Morgen (Peter Huchel) S. 43
Steh auf (Günter Eich) S. 139
Stele für Catull (Karl Krolow) S. 291
Stimmen, der Wind (Johannes Bobrowski) S. 339
Terzinen (Stephan Hermlin) S. 245
Todesfuge (Paul Celan) S. 375
Tokaidoexpress (Hilde Domin) S. 211
Tot in toter Sprache (Karl Krolow) S. 291
Über einer Todesnachricht (Albrecht Goes) S. 167
Unbequemer Mann (Johannes Bobrowski) S. 327
Und die Bewegtheit (Jesse Thoor) S. 61

Und in den weißen (Ilse Aichinger) S. 409
Und Kraft und Schmerz (Paul Celan) S. 381
Unter dem Steinbruch (Peter Huchel) S. 29
Unter der blanken Hacke des Monds (Peter Huchel) S. 47
Utopische Fahrt (Ernst Meister) S. 183
Venedig, meine Stadt (Rose Ausländer) S. 75
Weggebeizt (Paul Celan) S. 385
Weitab vom Lärm (Wolfgang Borchert) S. 423
Wenn das Fenster geöffnet (Günter Eich) S. 91
Wenn die Post nachts (Ilse Aichinger) S. 393
Wenn ich den blauweißen (Rose Ausländer) S. 71
Wenn mittags das weiße (Peter Huchel) S. 21
Wer es könnte (Hilde Domin) S. 215
Wer möchte leben ohne (Günter Eich) S. 109
Widmung (Ilse Aichinger) S. 405
Wie ein Tokaidoexpress (Hilde Domin) S. 211
Wildwechsel (Günter Eich) S. 143
Wilna, Eiche (Johannes Bobrowski) S. 299
Winter, gemalt (Ilse Aichinger) S. 409
Wir hatten das Haus bestellt (Günter Eich) S. 147
Wir lagen (Paul Celan) S. 389
Wir werden eingetaucht (Hilde Domin) S. 191
Wo bin ich? (Peter Huchel) S. 13
Zu spät für Bescheidenheit (Günter Eich) S. 147
Zu wem (Ernst Meister) S. 187
Zum Beispiel (Günter Eich) S. 151
Zwischen meinen wilden (Karl Krolow) S. 259

VERZEICHNIS DER IN DEN BÄNDEN 1-10 INTERPRETIERTEN GEDICHTE

ABRAHAM A SANCTA CLARA, Bd. 1
 Grabschrift der Alten (Hans Maier)
HERBERT ACHTERNBUSCH, Bd. 10
 Wandert das Gelb (Jochen Jung)
ILSE AICHINGER, Bd. 8
 Briefwechsel (Gertrud Fussenegger)
 Gebirgsrand (Heinz Politzer)
 Schneeleute (Walter H. Fritz)
 Widmung (Hilde Spiel)
 Winter, gemalt (Eckart Kleßmann)
HERMANN ALLMERS, Bd. 4
 Feldeinsamkeit (Gabriele Wohmann)
 Heidenacht (Hermann Kunisch)
GÜNTHER ANDERS, Bd. 7
 Sprachelegie (Günter Kunert)
ERNST MORITZ ARNDT, Bd. 3
 Klage um den kleinen Jakob (Elisabeth Borchers)
ACHIM VON ARNIM, Bd. 3
 Mir ist zu licht zum Schlafen (Gerhard Schulz)
 Mit jedem Druck der Feder (Christa Melchinger)
HANS ARP, Bd. 6
 Bei grünem Leibe (Ludwig Harig)
 Blatt um Feder um Blatt (Karl Krolow)
 In einem Hause (Michael Hamburger)
H. C. ARTMANN, Bd. 8
 den hintern sollte ich dir (Elisabeth Borchers)
 ein reißbrett aus winter (Karl Krolow)
CYRUS ATABAY, Bd. 9
 Schutzfarben (Marie Luise Kaschnitz)

Rose Ausländer, Bd. 8
  Jerusalem (Horst Krüger)
  Mein Venedig (Joseph Anton Kruse)
  Paul Celans Grab (Karl Krolow)
  Salzburg (Ulrich Weinzierl)
Ingeborg Bachmann, Bd. 9
  Anrufung des Großen Bären (Wolfgang Leppmann)
  Aria I (Im Gewitter der Rosen) (Helmut Koopmann)
  Böhmen liegt am Meer (Hermann Burger)
  Die gestundete Zeit (Hilde Spiel)
  Fort mit dem Schnee (Werner Ross)
  Hinter der Wand (Gertrud Fussenegger)
  Mein Vogel (Ludwig Harig)
  Reklame (Walter Hinck)
  Römisches Nachtbild (Ulla Hahn)
  Wahrlich (Horst Bienek)
Wolfgang Bächler, Bd. 9
  Erwartung (Werner Ross)
  Nüsse (Hilde Domin)
Hugo Ball, Bd. 6
  Intermezzo (Klaus-Peter Walter)
Emil Barth, Bd. 7
  Kreuzweg (Joseph Anton Kruse)
Kurt Bartsch, Bd. 10
  Abriß (Günter Kunert)
  Die Leichenwäscherin ist tot (Peter Maiwald)
Konrad Bayer, Bd. 9
  Die Oberfläche der Vögel (Ursula Krechel)
Johannes R. Becher, Bd. 7
  Auferstanden aus Ruinen (Hermann Kurzke)
  Brecht und der Tod (Wolfgang Koeppen)
  Sommer (Peter Demetz)
Jürgen Becker, Bd. 9
  Das Fenster am Ende des Korridors (Walter Hinck)
  Gedicht, sehr früh (Walter Hinck)
  Gedicht über Schnee im April (Harald Hartung)
Richard Beer-Hofmann, Bd. 5
  Schlaflied für Mirjam (Peter Härtling)

GOTTFRIED BENN, Bd. 6
  Astern (Hermann Burger)
  Ebereschen (Ulrich Karthaus)
  Ein Schatten an der Mauer (Wolfdietrich Rasch)
  Einsamer nie – (Eckart Kleßmann)
  Eure Etüden (Harald Hartung)
  Gedichte (Walter Hinck)
  Herr Wehner (Hanspeter Brode)
  Kleine Aster (Uwe Kolbe)
  Kommt – (Hartmut von Hentig)
  Letzter Frühling (Walter Busse)
  Mann und Frau gehen durch die Krebsbaracke (Peter Rühmkorf)
  Melodie (Wolfgang Rothe)
  Menschen getroffen (Günter Blöcker)
  Nachtcafé (Marian Szyrocki)
  Nur zwei Dinge (Helmuth Kiesel)
  Reisen (Dieter E. Zimmer)
  Reisen (Horst Krüger)
  Schöne Jugend (Sibylle Wirsing)
  Stilleben (Gershom Schocken)
  Turin (Hans J. Fröhlich)
  Von Bremens Schwesterstadt bis Sils Maria (Hermann Kunisch)
  Was schlimm ist (Werner Ross)
  Wirklichkeit (Michael Zeller)
WERNER BERGENGRUEN, Bd. 7
  Der Engel spricht (Klara Obermüller)
  Die Flöte (Dominik Jost)
  Die Lüge (Hansdieter Brode)
HORST BIENEK, Bd. 9
  Berlin, Chausseestraße 125 (Walter Hinck)
  Gartenfest (Rudolf Hartung)
OTTO JULIUS BIERBAUM, Bd. 5
  Er entsagt (Hans Christoph Buch)
WOLF BIERMANN, Bd. 10
  Ballade vom preußischen Ikarus (Walter Hinck)
  Ermutigung (Beate Pinkerneil)
  Kleines Lied von den bleibenden Werten (Ulrich Greiner)
  Nachricht (Dieter E. Zimmer)

Ernst Blass, Bd. 6
  Der Nervenschwache (Thomas Anz)
  Kreuzberg (Günter Kunert)
  Nachts (Günter Kunert)
Johannes Bobrowski, Bd. 8
  Anruf (Werner Keller)
  Der Samländische Aufstand 1525 (Rudolf Jürgen Bartsch)
  Dorfmusik (Gerhard Schulz)
  Hölderlin in Tübingen (Hermann Burger)
  Holunderblüte (Werner Keller)
  Immer zu benennen (Jürgen Theobaldy)
  J. S. Bach (Eckart Kleßmann)
  Märkisches Museum (Sarah Kirsch)
  Namen für den Verfolgten (Siegfried Lenz)
  Nänie (Eckart Kleßmann)
Ilona Bodden, Bd. 10
  Epitaph (Benno von Wiese)
Paul Boldt, Bd. 6
  In der Welt (Marcel Reich-Ranicki)
  Junge Pferde (Peter Härtling)
Rudolf Borchardt, Bd. 5
  Auf die Rückseite eines Handspiegels (Ralph-Rainer Wuthenow)
  Das Mädchen liest das Buch und spricht (Hans Christian Kosler)
Elisabeth Borchers, Bd. 9
  Das Begräbnis in Bollschweil (Hilde Domin)
  Die große Chance (Walter Hinck)
  Herbst (Gert Ueding)
  Ich betrete nicht (Jochen Hieber)
Wolfgang Borchert, Bd. 8
  Antiquitäten (Günter Kunert)
Edwin Bormann, Bd. 5
  Kinderscene (Jürgen Stenzel)
Nicolas Born, Bd. 10
  Das Erscheinen eines jeden in der Menge (Günter Kunert)
  Dies Haus (Günter Kunert)
  Es ist Sonntag (Hadayatullah Hübsch)
  Horror, Dienstag (Jürgen Theobaldy)

RAINER BRAMBACH, Bd. 8
  Meine Vorfahren kamen nie vom Norden los (Kurt Marti)
THOMAS BRASCH, Bd. 10
  Der schöne 27. September (Uwe Wittstock)
  Lied (Cyrus Atabay)
  Schlaflied für K. (Günter Kunert)
  Vorkrieg (Reinhold Grimm)
VOLKER BRAUN, Bd. 10
  Das Eigentum (Sibylle Wirsing)
  Durchgearbeitete Landschaft (Peter Rühmkorf)
  Tagtraum (Reinhold Grimm)
BERTOLT BRECHT, Bd. 7
  Als ich in weißem Krankenzimmer der Charité (Michael Hamburger)
  An den Schwankenden (Jost Hermand)
  Auf einen chinesischen Theewurzellöwen (Wulf Segebrecht)
  Das Lied von der Moldau (Elisabeth Borchers)
  Das Schiff (Siegfried Melchinger)
  Das zehnte Sonett (Werner Fuld)
  Der Blumengarten (Wulf Segebrecht)
  Der Gast (Wolfgang Rothe)
  Der Kirschdieb (Werner Ross)
  Der Radwechsel (Gabriele Wohmann)
  Der Rauch (Gabriele Wohmann)
  Die gute Nacht (Walter Jens)
  Die Krücken (Rainer Kirsch)
  Die Liebenden (Peter Wapnewski)
  Die Musen (Jan Knopf)
  Die Pappel vom Karlsplatz (Walter Hinck)
  Ein neues Haus (Helmut Koopmann)
  Entdeckung an einer jungen Frau (Joseph Anton Kruse)
  Erinnerung an die Marie A. (Marcel Reich-Ranicki)
  Fragen eines lesenden Arbeiters (Jürgen Theobaldy)
  Gegen Verführung (Horst Krüger)
  Gemeinsame Erinnerung (Günter Kunert)
  Glücklicher Vorgang (Harald Weinrich)
  Kinderhymne (Iring Fetscher)
  Lied der Mutter über den Heldentod des Feiglings Wessowtschikow
  (Reinhard Baumgart)

Lob der Vergeßlichkeit (Jürgen Jacobs)
Meine Mutter (Walter Hinck)
O Falladah, die Du hangest! (Hilde Spiel)
O Lust des Beginnens (Reinhold Grimm)
Über das Lehren ohne Schüler (Günter Kunert)
Über induktive Liebe (Reinhold Grimm)
Über Kleists Stück »Der Prinz von Homburg« (Joachim Kaiser)
Vergnügungen (Harald Weinrich)
Vom armen B. B. (Peter Demetz)
Vom ertrunkenen Mädchen (Hans-Ulrich Treichel)
Vom Sprengen des Gartens (Walter Hinderer)
Von der Freundlichkeit der Welt (Thomas Anz)
Wechsel der Dinge (Iring Fetscher)
CLEMENS BRENTANO, Bd. 3
Ein Becher voll von süßer Huld (Hermann Kurzke)
O schweig nur Herz! (Hanns Grössel)
Valerias Lied (Walter Hinck)
Wiegenlied (Egon Schwarz)
ROLF DIETER BRINKMANN, Bd. 10
Einer jener klassischen (Michael Zeller)
Hölderlin-Herbst (Wolfgang Rothe)
Trauer auf dem Wäschedraht... (Undine Gruenter)
GEORG BRITTING, Bd. 7
Das weiße Bett (Heinz Piontek)
Vorfrühling (Harald Hartung)
HERMANN BROCH, Bd. 6
Diejenigen, die im kalten Schweiß (Paul Michael Lützeler)
Kulinarisches Liebeslied (Heinz Politzer)
BARTHOLD HINRICH BROCKES, Bd. 1
Der gestirnte Baum (Eckart Kleßmann)
Gedanken bey dem Fall der Blätter im Herbst (Eckart Kleßmann)
Kirsch-Blüte bey der Nacht (Hermann Glaser)
GOTTFRIED AUGUST BÜRGER, Bd. 1
Mollys Abschied (Guntram Vesper)
Naturrecht (Heinz Politzer)
ERIKA BURKART, Bd. 9
Flocke um Flocke (Hermann Burger)

WILHELM BUSCH, Bd. 4
  Sahst du das wunderbare Bild vom Brouwer? (Gert Ueding)
  Tröstlich (Christa Rotzoll)
CHRISTINE BUSTA, Bd. 8
  Am Rande (Gertrud Fussenegger)
  Signale (Heinz Piontek)
HANS CAROSSA, Bd. 5
  Heimliche Landschaft (Ludwig Harig)
PAUL CELAN, Bd. 8
  Anabasis (Jürgen Theobaldy)
  Bei Wein und Verlorenheit (Christoph Perels)
  Das Fremde (Erich Fried)
  Ein Knirschen von eisernen Schuhn (Eckart Kleßmann)
  In memoriam Paul Eluard (Karl Krolow)
  In Prag (Rolf Schneider)
  Keine Sandkunst mehr (Martin Lüdke)
  Todesfuge (Peter von Matt)
  Und Kraft und Schmerz (Harald Weinrich)
  Weggebeizt (Hermann Burger)
  Wir lagen (Horst Bienek)
ADELBERT VON CHAMISSO, Bd. 3
  Der ausgewanderte Pole (Karl Dedecius)
  Der Invalid im Irrenhaus (Hans Christoph Buch)
  Tragische Geschichte (Peter von Matt)
RESI CHROMIK, Bd. 10
  Christian (Erich Trunz)
MATTHIAS CLAUDIUS, Bd. 1
  Abendlied (Eckart Kleßmann)
  An – als ihm die – starb (Walter Hinck)
  Der Frühling. Am ersten Maimorgen (Ludwig Harig)
  Der Mensch (Günter Kunert)
  Der Tod (Hermann Kesten)
  Kriegslied (Peter von Matt)
HEINZ CZECHOWSKI, Bd. 10
  Ewald Christian von Kleist (Peter Maiwald)
  Notiz für U. B. (Günter Kunert)

SIMON DACH, Bd. 1
  An hn. ober-marschallen Ahasv. von Brandt, daß sein gehalt erfolgen
  möge (Wilhelm Kühlmann)
  Die Sonne rennt mit prangen (Wulf Segebrecht)
EDWIN WOLFRAM DAHL, Bd. 9
  Fontana di Trevi (Marie Luise Kaschnitz)
MAX DAUTHENDEY, Bd. 5
  Drinnen im Strauß (Ludwig Harig)
FRANZ JOSEF DEGENHARDT, Bd. 9
  Die alten Lieder (Klaus-Peter Walter)
FRIEDRICH CHRISTIAN DELIUS, Bd. 10
  Chinesisch essen (Egon Schwarz)
  Junge Frau im Antiquitätenladen (Michael Zeller)
DIETMAR VON EIST, Bd. 1
  Ez stuont ein frouwe alleine (Gert Kaiser)
HEIMITO VON DODERER, Bd. 7
  Auf die Strudelhofstiege zu Wien (Gerhard Kaiser)
HILDE DOMIN, Bd. 8
  Bitte (Elisabeth Noelle-Neumann)
  Brennende Stadt (Beirut) (Erich Fried)
  Kleine Buchstaben (Karl Krolow)
  Köln (Walter Hinck)
  Linke Kopfhälfte (Gertrud Fussenegger)
  Tokaidoexpreß (Helmut Koopmann)
  Wer es könnte (Walter Helmut Fritz)
FELIX DÖRMANN, Bd. 5
  Was ich liebe (Ernst Jandl)
ANNETTE VON DROSTE-HÜLSHOFF, Bd. 3
  An meine Mutter (Rolf Schneider)
  Auf hohem Felsen lieg' ich hier (Joseph Anton Kruse)
  Die Steppe (Wolfgang Koeppen)
  Im Grase (Günter Blöcker)
  Locke nicht (Wilhelm Gössmann)
ALBERT EHRENSTEIN, Bd. 6
  Du mußt zur Ruh (Peter Engel)
CLEMENS EICH, Bd. 10
  Als ich dich umbrachte, Indianerbruder (Ulrich Greiner)

GÜNTER EICH, Bd. 8
  Abgelegene Gehöfte (Christoph Perels)
  Augenblick im Juni (Albert von Schirnding)
  Betrachtet die Fingerspitzen (Ludwig Harig)
  Briefstelle (Christa Melchinger)
  Der Große Lübbe-See (Rudolf Jürgen Bartsch)
  Ende eines Sommers (Eckart Kleßmann)
  Fußnote zu Rom (Gerhard Kaiser)
  Gespräche mit Clemens (Clemens Eich)
  Hoffnungen (Günter Kunert)
  Inventur (Hans-Ulrich Treichel)
  Kleine Reparatur (Hans Christoph Buch)
  Königin Hortense (Eckart Kleßmann)
  Nachhut (Dieter E. Zimmer)
  Wildwechsel (Ingrid Bachèr)
  Zu spät für Bescheidenheit (Horst Bienek)
  Zum Beispiel (Hans Egon Holthusen)
JOSEPH VON EICHENDORFF, Bd. 3
  An A... (Hermann Kunisch)
  Der Abend (Gertrud Fussenegger)
  Der Einsiedler (Hartmut von Hentig)
  Der Soldat (Hans Maier)
  Es wandelt, was wir schauen (Armin Ayren)
  Familienähnlichkeit (Hermann Kunisch)
  Frische Fahrt (Egon Schwarz)
  In der Fremde (Hanspeter Brode)
  Mandelkerngedicht (Horst Bienek)
  Mondnacht (Eckart Kleßmann)
  Nachts (Gerhard Storz)
  Sehnsucht (Ludwig Harig)
  Weihnachten (Ludwig Harig)
  Zwielicht (Eckart Kleßmann)
FRIEDRICH EISENLOHR s. unter Ludwig Rubiner
ADOLF ENDLER, Bd. 9
  Des Freundes Wettlauf mit dem Schneemann (Peter Rühmkorf)
GERRIT ENGELKE, Bd. 6
  Frühling (Dieter Schwarzenau)

HANS MAGNUS ENZENSBERGER, Bd. 9
  call it love (Jürgen Becker)
  Der Fliegende Robert (Wulf Segebrecht)
  Der Kamm (Michael Zeller)
  Die Scheiße (Peter Horst Neumann)
  Finnischer Tango (Wolfgang Hildesheimer)
  fremder garten (Reinhold Grimm)
  Kopfkissengedicht (Werner Ross)
  Stadtrundfahrt (Eva Zeller)
  Utopia (Gertrud Fussenegger)
JÖRG FAUSER, Bd. 10
  Der Zwang zur Prosa (Wolf Wondratschek)
LUDWIG FELS, Bd. 10
  Annäherungsversuch (nochmal für Rosy) (Günter Blöcker)
PAUL FLEMING, Bd. 1
  An Sich (Walter Hinderer)
  Zur Zeit seiner Verstoßung (Marcel Reich-Ranicki)
THEODOR FONTANE, Bd. 4
  Aber es bleibt auf dem alten Fleck (Gottfried Honnefelder)
  Es kribbelt und wibbelt weiter (Günter Kunert)
  Lebenswege (Helmuth Nürnberger)
  Mein Herze, glaubt's, ist nicht erkaltet (Peter Härtling)
  Meine Gräber (Charlotte Jolles)
  Publikum (Helmuth Nürnberger)
  Vom Fehrbelliner Schlachtfeld (Hans Joachim Kreutzer)
  Würd' es mir fehlen, würd' ich's vermissen? (Peter Härtling)
ERICH FRIED, Bd. 9
  Angst und Zweifel (Thomas Anz)
  Bevor ich sterbe (Beate Pinkerneil)
  Mit den Jahren (Werner Fuld)
  Neue Naturdichtung (Karl Otto Conrady)
  Reden (Karl Krolow)
WALTER HELMUT FRITZ, Bd. 9
  Aber dann? (Reinhold Grimm)
  Aber eben meine Geschichte (Friedrich Wilhelm Korff)
  Atlantis (Gert Ueding)
  Don Juan (Gerhard Schulz)

GÜNTER BRUNO FUCHS, Bd. 9
Für ein Kind (Martin Gregor-Dellin)
Lied des Mannes im Straßenwagen (Karl Krolow)
PETER GAN, Bd. 7
Eisblume (Karl Korn)
Sprache (Karl Krolow)
EMANUEL GEIBEL, Bd. 4
Deutschlands Beruf (Jörg von Uthmann)
STEFAN GEORGE, Bd. 5
An baches ranft (Eugen Gomringer)
Das Wort (Wolfgang Hildesheimer)
der herr der insel (Wolfgang Leppmann)
Der Widerchrist (Gerhard Schulz)
Die Gräber in Speier (Karl Korn)
Die tote Stadt (Dominik Jost)
Einem jungen Führer im ersten Weltkrieg (Joachim Kaiser)
Goethe-Tag (Wolfgang Leppmann)
Ich bin freund und führer dir (Albert von Schirnding)
Ihr tratet zu dem Herde (Wolfdietrich Rasch)
Komm in den totgesagten Park und schau (Rainer Gruentner)
Wir schreiten auf und ab (Hans Wysling)
wir stehen an der hecken gradem wall (Günter Blöcker)
PAUL GERHARDT, Bd. 1
Der 1. Psalm Davids (Tilo Medek)
ROBERT GERNHARDT, Bd. 10
Doppelte Begegnung am Strand von Sperlonga (Werner Ross)
Eine Ansichtskarte. Gruß aus dem Wildfreigehege Mölln (Dieter E. Zimmer)
Herbstlicher Baum in der Neuhaußstraße (Jörg Drews)
Siebenmal mein Körper (Christa Rotzoll)
ELFRIEDE GERSTL, Bd. 9
Wer ist denn schon (Elfriede Jelinek)
HERMANN VON GILM ZU ROSENEGG, Bd. 4
Allerseelen (Peter von Matt)
ADOLF GLASSBRENNER, Bd. 4
Das Märchen vom Reichtum und der Not (Ingrid Heinrich-Jost)
LEOPOLD FRIEDRICH GÜNTHER GOECKINGK, Bd. 1
Als der erste Schnee fiel (Brigitte Kronauer)

ALBRECHT GOES, Bd. 8
Einem, der davonging, nachgerufen (Gert Ueding)
Motette (Renate Schostack)
Über einer Todesnachricht (Eckart Kleßmann)
JOHANN WOLFGANG VON GOETHE, Bd. 2
Abschied (Gerhard Schulz)
Als Allerschönste (Hans Bender)
Am 28. August 1826 (Katharina Mommsen)
An Charlotte v. Stein (Peter Wapnewski)
An den Mond (Gabriele Wohmann)
An den Mond (Thomas Anz)
An Fanny Caspers (Hanspeter Brode)
An Madame Marie Szymanowska (Walter Hinck)
An Mignon (Gerhard Schulz)
An Schwager Kronos (Jochen Hieber)
An Ulrike von Levetzow (Karl Otto Conrady)
Anakreons Grab (Peter Horst Neumann)
Aus den Gruben, hier im Graben (Dolf Sternberger)
Bei Betrachtung von Schillers Schädel (Günter Blöcker)
Dämmrung senkte sich von oben (Ludwig Harig)
Das Mädchen spricht (Mathias Schreiber)
Das Sonett (Horst Bienek)
Das Veilchen (Klara Obermüller)
Dauer im Wechsel (Werner Ross)
Dem aufgehenden Vollmonde (Reinhard Baumgart)
Den Vereinigten Staaten (Walter Hinck)
Der Bräutigam (Adolf Muschg)
Der Chinese in Rom (Egon Schwarz)
Der Fischer (Golo Mann)
Der Kaiserin Becher (Gertrud Fussenegger)
Der König in Thule (Siegfried Lenz)
Der Kuckuck wie die Nachtigall (Peter Demetz)
Der Park (Elisabeth Borchers)
Der Sänger (Ulla Hahn)
Der Schatzgräber (Friedrich Dieckmann)
Der untreue Knabe (Peter Wapnewski)
Die Jahre nahmen dir (Werner Ross)
Die Liebende abermals (Eckart Kleßmann)

Die wandlende Glocke (Rainer Kirsch)
Eigentum (Gabriele Wohmann)
Ein grauer, trüber Morgen (Wolfgang Koeppen)
Eines ist mir verdrießlich (Werner Fuld)
Eins und Alles (Jürgen Jacobs)
Epirrhema (Ludwig Harig)
Erlkönig (Golo Mann)
Es ist gut (Eckart Kleßmann)
Frankreichs traurig Geschick (Wulf Segebrecht)
Freudvoll und leidvoll (Marcel Reich-Ranicki)
Froh empfind ich mich (Wolfgang Koeppen)
Früh, wenn Tal, Gebirg und Garten (Reinhard Baumgart)
Frühling übers Jahr (Karl Otto Conrady)
Ganymed (Benno von Wiese)
Gedichte sind gemalte Fensterscheiben (Horst Bienek)
Gefunden (Wolfgang Leppmann)
Gegenwart (Siegfried Unseld)
Gesang der Geister über den Wassern (Peter Härtling)
Getretner Quark (Erwin Koppen)
Gib mir (Werner Fuld)
Gingo biloba (Peter Härtling)
Glückliche Fahrt (Gert Ueding)
Grenzen der Menschheit (Peter von Matt)
Grün ist der Boden der Wohnung (Rudolf Jürgen Bartsch)
Harfenspieler (Kurt Klinger)
Hast du nicht gute Gesellschaft gesehn? (Jürgen Theobaldy)
Hatem, Suleika (Gerhard Schulz)
Heidenröslein (Peter von Matt)
Herbstgefühl (Wolfgang Leppmann)
Herbstlich leuchtet die Flamme (Wolfgang Leppmann)
Hoffnung (Joachim Fest)
Im Atemholen (Werner Ross)
Im Dorfe war ein groß Gelag (Gertrud Fussenegger)
Im Gegenwärtigen Vergangnes (Hans Robert Jauß)
Künstlers Abendlied (Harald Hartung)
Lesebuch (Walter Helmut Fritz)
Lynkeus der Türmer (Gerhard Kaiser)
Mächtiges Überraschen (Helmuth Nürnberger)

Mailied (Hilde Spiel)
Meeres Stille (Eckhard Heftrich)
Mignon (Gerhard Schulz)
Mignon (Peter von Matt)
Mit einem gemalten Band (Wolfgang Leppmann)
Nachklang (Renate Schostack)
Nachtgedanken (Harald Hartung)
Nachtgesang (Joachim C. Fest)
Nähe des Geliebten (Eckhard Heftrich)
Natur und Kunst (Günter Kunert)
Neugriechische Liebe-Skolie (Christoph Perels)
Nicht mehr auf Seidenblatt (Hilde Domin)
Nun weiß man erst (Katharina Mommsen)
Phänomen (Peter Rühmkorf)
Philine (Peter von Matt)
Pilgers Morgenlied (Klaus-Dieter Metz)
Prooemion (Hermann Kurzke)
Rastlose Liebe (Werner Keller)
Rezensent (Marcel Reich-Ranicki)
Ritter Kurts Brautfahrt (Wulf Segebrecht)
Sag, was könnt uns Mandarinen (Werner Ross)
Saget, Steine mir an (Ulla Hahn)
Schenke (Horst Rüdiger)
Selige Sehnsucht (Gert Ueding)
Suleika (Helmut Koopmann)
Um Mitternacht (Benno von Wiese)
Vermächtnis (Eckhard Heftrich)
Versunken (Helmut Koopmann)
Vollmondnacht (Gert Ueding)
Vor Gericht (Walter Jens)
Wandersegen (Joachim Kaiser)
Wandrers Nachtlied (Karl Krolow)
Wandrers Nachtlied (Walter Jens)
Was Völker sterbend hinterlassen (Rolf Hochhuth)
Wenn du am breiten Flusse wohnst (Friedrich Dieckmann)
Willkommen und Abschied (Ernst Jandl)
Wink (Walter Hinck)
Wonne der Wehmut (Robert Gernhardt)
Zünde mir Licht an (Gerhard Kaiser)

Johann Nikolaus Götz, Bd. 1
  Die himmlische und irdische Venus (Jürgen Jacobs)
Yvan Goll, Bd. 7
  In uralten Seen (Godehard Schramm)
  Orpheus (Siegfried Lenz)
Eugen Gomringer, Bd. 9
  schweigen (Gerhard Kaiser)
Günter Grass, Bd. 9
  Falada (Gertrud Fussenegger)
  König Lear (Walter Hinderer)
  Polnische Fahne (Horst Bienek)
  Racine läßt sein Wappen ändern (Gertrud Fussenegger)
  »Tour de France« (Fritz J. Raddatz)
Fritz Grasshoff, Bd. 8
  Blues (Eva Demski)
Catharina Regina von Greiffenberg, Bd. 1
  Über das unaussprechliche Heilige Geistes-Eingeben (Ruth Klüger)
Uwe Gressmann, Bd. 9
  Kosmos (Günter Kunert)
Ludwig Greve, Bd. 9
  Mein Vater (Uwe Pörksen)
Franz Grillparzer, Bd. 3
  Der Halbmond glänzet am Himmel (Günter Blöcker)
George Grosz, Bd. 7
  Gesang an die Welt I (Peter Rühmkorf)
Andreas Gryphius, Bd. 1
  Grabschrifft Marianae Gryphiae seines Bruders Pauli Töchterlein (Klara Obermüller)
  Tränen des Vaterlandes (Marian Szyrocki)
  Vanitas, vanitatum, et omnia vanitas (Marian Szyrocki)
Friedrich Wilhelm Güll, Bd. 4
  Will sehen, was ich weiß, vom Büblein auf dem Eis (Armin Ayren)
Karoline von Günderode, Bd. 3
  Der Kuß im Traume (Franz Josef Görtz)
  Der Luftschiffer (Wolfgang Koeppen)
  Die Töne (Gertrud Fussenegger)
Johann Christian Günther, Bd. 1
  Als Leonore die Unterredung eiligst unterbrechen mußte (Walter Hinderer)

An die Männer (Ulla Hahn)
Breslau, den 25. Dezember 1719 (Benno von Wiese)
Trostaria (Renate Schostack)
ALEXANDER XAVER GWERDER, Bd. 9
Ich geh unter lauter Schatten (Peter von Matt)
PETER HÄRTLING, Bd. 9
Unreine Elegie (Walter Hinderer)
FRIEDRICH VON HAGEDORN, Bd. 1
An die Schläferinn (Jürgen Stenzel)
LIVINGSTONE HAHN s. unter Ludwig Rubiner
ULLA HAHN, Bd. 10
Anständiges Sonett (Walter Hinderer)
Blinde Flecken (Werner Ross)
Endlich (Hermann Burger)
Für einen Flieger (Peter Demetz)
Katzenmahlzeit (Peter Demetz)
Mit Haut und Haar (Renate Schostack)
Mitteilungen der Mutter (Werner Ross)
Nach Jahr und Tag (Walter Hinck)
Winterlied (Karl Krolow)
PETER HAMM, Bd. 10
Niederlegen (Martin Walser)
MARGARETE HANNSMANN, Bd. 9
Pfad in Eftalu (Walter Hinderer)
FERDINAND HARDEKOPF, Bd. 5
Zwiegespräch (Eva Demski)
JAKOB HARINGER, Bd. 7
Abend (Hans Christian Kosler)
HARALD HARTUNG, Bd. 9
Das Paar (Karl Krolow)
ROLF HAUFS, Bd. 10
Baum und Himmel (Gert Ueding)
Das hält wer aus (Günter Kunert)
Drei Strophen (Elisabeth Borchers)
Jeden Tag (F. C. Delius)
Peppino Portiere (Peter Rühmkorf)
AUGUST ADOLPH VON HAUGWITZ, Bd. 1
Über das heutige Brüderschafft-Sauffen der Deutschen (Gert Kaiser)

GERHART HAUPTMANN, Bd. 5
Testament (Ulrich Lauterbach)
ALBRECHT HAUSHOFER, Bd. 7
Maschinensklaven (Hans Christoph Buch)
FRIEDRICH HEBBEL, Bd. 4
Dämmerempfindung (Dieter Wellershoff)
Herbstbild (Rolf Schneider)
Sommerbild (Reinhold Grimm)
JOHANN PETER HEBEL, Bd. 3
Wie heißt des Kaisers Töchterlein? (Peter von Matt)
MANFRED PETER HEIN, Bd. 9
Lauffeuer (Marie Luise Kaschnitz)
HEINRICH HEINE, Bd. 4
  An die Jungen (Werner Ross)
  An einen ehemaligen Goetheaner, (1832) (Hanspeter Brode)
  An einen politischen Dichter (Günter Kunert)
  Anno 1839 (Jost Hermand)
  Autodafé (Helmut Koopmann)
  Belsazar (Peter von Matt)
  Das Fräulein stand am Meere (Walter Hinderer)
  Das Meer erglänzte weit hinaus (Joseph Anton Kruse)
  Der Asra (Joseph Anton Kruse)
  Der Scheidende (Armin Ayren)
  Die alten, bösen Lieder (Hans J. Fröhlich)
  Die Grenadiere (Joachim C. Fest)
  Die Jahre kommen und gehen (Wulf Segebrecht)
  Doktrin (Hans Daiber)
  Ein Fichtenbaum (Wolf Wondratschek)
  Enfant perdu (Manfred Windfuhr)
  Gedächtnisfeier (Friedrich Torberg)
  Ich hab im Traum geweinet (Werner Weber)
  Ich hatte einst ein schönes Vaterland (Walter Hinck)
  Lotosblume (Walter Hinck)
  Mein Kind, wir waren Kinder (Guntram Vesper)
  Nachtgedanken (Eckhard Heftrich)
  »Nicht gedacht soll seiner werden« (Golo Mann)
  Prolog (Ludwig Harig)
  Sie haben dir viel erzählet (Peter Härtling)

Wenn ich, beseligt von schönen Küssen (Wolfgang Preisendanz)
Wo? (Joseph Anton Kruse)
Worte! Worte! Keine Taten! (Rudolf Walter Leonhardt)
Zum Lazarus (Dolf Sternberger)
HELMUT HEISSENBÜTTEL, Bd. 9
Tage abziehen Ärger zählen exakt funktionieren (Peter Härtling)
STEPHAN HERMLIN, Bd. 8
Terzinen (Elisabeth Endres)
MAX HERRMANN-NEISSE, Bd. 6
  Die Blessierten (Horst Bienek)
  Ein Licht geht nach dem andern aus (Günter Kunert)
  Himmel erhört mich nicht (Benno von Wiese)
  Trostlied der bangen Regennacht (Peter Härtling)
GEORG HERWEGH, Bd. 4
  Ludwig Uhland (Walter Hinck)
HERMANN HESSE, Bd. 5
  Knarren eines geknickten Astes (Hans Bender)
  Lampions in der Sommernacht (Hermann Burger)
  Neid (Ulrich Lauterbach)
GEORG HEYM, Bd. 6
  Alle Landschaften (Rolf Schneider)
  Berlin (Walter Hinck)
  Die Märkte (Eckart Kleßmann)
  Die Stadt (Herbert Lehnert)
  Letzte Wache (Karl Krolow)
WOLFGANG HILBIG, Bd. 10
  die ruhe auf der flucht (Jürgen Theobaldy)
PETER HILLE, Bd. 5
  Seegesicht (Gertrud Fussenegger)
  Waldstimme (Hans Bender)
ROLF HOCHHUTH, Bd. 9
  Einstein (Walter Hinck)
JAKOB VAN HODDIS, Bd. 6
  Weltende (Peter Rühmkorf)
FRIEDRICH HÖLDERLIN, Bd. 3
  Abbitte (Gerhard Schulz)
  An die Parzen (Marcel Reich-Ranicki)
  An Zimmern (Cyrus Atabay)

Das Angenehme dieser Welt hab' ich genossen (Hans Christoph Buch)
Der Frühling (Walter Jens)
Der Spaziergang (Renate Schostack)
Der Tod für's Vaterland (Wolf Biermann)
Der Winkel von Hardt (Peter Härtling)
Ganymed (Samuel Bächli)
Hälfte des Lebens (Ernst Jandl)
Lebenslauf (Elisabeth Borchers)
Natur und Kunst (Dieter Borchmeyer)
Sokrates und Alkibiades (Walter Hinderer)
Wenn aus dem Himmel... (Friedrich Wilhelm Korff)
Wie Meeresküsten (Ludwig Harig)
WALTER HÖLLERER, Bd. 9
Ein Boot ist immer versteckt (Walter Hinck)
LUDWIG CHRISTOPH HEINRICH HÖLTY, Bd. 1
Ihr Freunde hänget (Walter Hinck)
Totengräberlied (Werner Fuld)
HOFFMANN VON FALLERSLEBEN, Bd. 4
Der deutsche Zollverein (Volker Neuhaus)
CHRISTIAN HOFMANN VON HOFMANNSWALDAU, Bd. 1
Auf den Mund (Wolfgang Koeppen)
Vergänglichkeit der Schönheit (Marian Szyrocki)
HUGO VON HOFMANNSTHAL, Bd. 5
Der Jüngling in der Landschaft (Richard Alewyn)
Die Beiden (Nikolas Benckiser)
Inschrift (Kurt Klinger)
Lebenslied (Hilde Spiel)
Manche freilich (Hilde Spiel)
Reiselied (Ludwig Harig)
Terzinen. Über Vergänglichkeit (Golo Mann)
Tobt der Pöbel (Ulrich Weinzierl)
Was ist die Welt? (Walter Hinck)
ARNO HOLZ, Bd. 5
Er klagt/daß der Frühling so kortz blüht (Gerhard Schulz)
Im Thiergarten (Reinhold Grimm)
RICARDA HUCH, Bd. 5
Nicht alle Schmerzen (Werner Fuld)
Uralter Worte kundig (Ulla Hahn)
Wo hast du all die Schönheit hergenommen (Elisabeth Borchers)

PETER HUCHEL, Bd. 8
  Caputher Heuweg (F. C. Delius)
  Chausseen (Joseph Anton Kruse)
  Der Garten des Theophrast (Hilde Spiel)
  Exil (Horst Bienek)
  König Lear (Walter Hinck)
  Kreuzspinne (Rolf Schneider)
  Nachlässe (Günter Kunert)
  Ophelia (Walter Hinck)
  Unter der blanken Hacke des Monds (Werner Söllner)
ERNST JANDL, Bd. 9
  an gott (Werner Ross)
  der fisch (Hanspeter Brode)
  glückwunsch (François Bondy)
  lichtung (Volker Hage)
  manchmal hab ich eine solche wut (Werner Ross)
  nachtstück, mit blumen (Ulrich Weinzierl)
  schtzngrmm (Rolf Schneider)
  sommerlied (Werner Ross)
  zertretener mann blues (Peter Wapnewski)
ERICH JANSEN, Bd. 7
  Annettes Kutsche Auf Rüschhaus (Eckart Kleßmann)
BERND JENTZSCH, Bd. 10
  Gedächtnis (Peter Härtling)
  Sommer (Eva Zeller)
GERT JONKE, Bd. 10
  Der Kanal (Hans Christian Kosler)
FRIEDRICH GEORG JÜNGER, Bd. 7
  Beschwörung (Günter Blöcker)
ERICH KÄSTNER, Bd. 7
  Chor der Fräuleins (Egon Schwarz)
  Der Handstand auf der Loreley (Georg Kreisler)
  Moral (Dolf Sternberger)
  Sachliche Romanze (Rudolf Walter Leonhardt)
  Sogenannte Klassefrauen (Christa Rotzoll)
  Zur Fotografie eines Konfirmanden (Iring Fetscher)
FRANZ KAFKA, Bd. 6
  Und die Menschen gehn in Kleidern (Heinz Politzer)

GEORG KAISER, Bd. 5
　Der Spiegel (Walter Hinck)
MASCHA KALÉKO, Bd. 8
　Im Exil (Beate Pinkerneil)
　Kleine Havel-Ansichtskarte (Horst Krüger)
ANNA LOUISA KARSCH, Bd. 1
　An den Domherrn von Rochow (Renate Schostack)
MARIE LUISE KASCHNITZ, Bd. 7
　Die Gärten (Hilde Domin)
　Ein Gedicht (Horst Rüdiger) (Horst Bienek)
　Juni (Robert Gernhardt)
　Nicht gesagt (Walter Helmut Fritz)
　Vögel (Christa Melchinger)
GOTTFRIED KELLER, Bd. 4
　Abendlied (Hans Weigel)
　Am fließenden Wasser (Cyrus Atabay)
　Die Ehescheidung (Peter Horst Neumann)
　Friede der Kreatur (Gerhard Kaiser)
　Jugendgedenken (Hans Wysling)
　Schöne Brücke (Hermann Kunisch)
　Seemärchen (Gerhard Schulz)
　Waldlied (Peter von Matt)
　Weihnachtsmarkt (Peter Hamm)
　Wie glänzt der helle Mond (Heinz Politzer)
　Winternacht (Hermann Burger)
　Winternacht (Werner Weber)
HANS PETER KELLER, Bd. 8
　Folge (Hilde Domin)
FRIEDERIKE KEMPNER, Bd. 4
　Frohe Stunden (Rudolf Krämer-Badoni)
JUSTINUS KERNER, Bd. 3
　Der Wanderer in der Sägmühle (Werner Dürrson)
　Liebesplage (Peter Härtling)
　Unter dem Himmel (Eckart Kleßmann)
HERMANN KESTEN, Bd. 7
　Ich bin der ich bin (Horst Bienek)
RAINER KIRSCH, Bd. 10
　Die Dialektik (Harald Hartung)

Sonett (Peter Maiwald)
Sterbelager preußisch (Karl Mickel)
SARAH KIRSCH, Bd. 10
  Am Walfjord (Hanne F. Juritz)
  Bei den Stiefmütterchen (Ulla Hahn)
  Die Luft riecht schon nach Schnee (Horst Bienek)
  Einäugig (Harald Weinrich)
  Eine Schlehe im Mund (Reiner Kunze)
  Erdreich (Hermann Lenz)
  Im Juni (Rolf Schneider)
  Klosterruine Dshwari (Eberhard Lämmert)
  Nachricht aus Lesbos (Heinz Politzer)
  Reisezehrung (Gerhard Schulz)
WULF KIRSTEN, Bd. 10
  Gottfried Silbermann (Gerhard Schulz)
  grabschrift für meinen großvater (Heinz Piontek)
  wüstgefallener jüdischer friedhof in Mähren (Eckart Kleßmann)
KARIN KIWUS, Bd. 10
  Im ersten Licht (Wolfgang Hildesheimer)
KLABUND, Bd. 6
  Es werden Tage kommen (Georg Hensel)
  Klage der Garde (Heinz Politzer)
  Man soll in keiner Stadt (Hilde Spiel)
PAUL KLEE, Bd. 6
  Herr Waldemar (Peter Maiwald)
HEINRICH VON KLEIST, Bd. 3
  An den König von Preußen (Günter de Bruyn)
  An die Königin Luise von Preußen (Hermann Kurzke)
  Katharina von Frankreich (Heinz Politzer)
  Mädchenrätsel (Benno von Wiese)
WILHELM KLEMM, Bd. 6
  An der Front (Ernst Jandl)
ECKART KLESSMANN, Bd. 9
  E. T. A. Hoffmann beim Fenster (Wulf Segebrecht)
FRIEDRICH GOTTLIEB KLOPSTOCK, Bd. 1
  Das Rosenband (Walter Hinderer)
  Der Lehrling der Griechen (Ekkehart Krippendorff)
  Die frühen Gräber (Peter Wappnewski)

Die Musik (Eckart Kleßmann)
Furcht der Geliebten (Hans Christian Kosler)
GERTRUD KOLMAR, Bd. 7
Die Fahrende (Klaus Jeziorkowski)
Die Verlassene (Ulla Hahn)
MAX KOMMERELL, Bd. 7
Spiegelung der Sonne zwischen Seerosenblättern (Dorothea Hölscher-Lohmeyer)
JÖRG KOWALSKI, Bd. 10
Neckarpartie mit Hölderlinturm (Gerhard Schulz)
HERTHA KRÄFTNER, Bd. 9
Abends (Kurt Klinger)
Dorfabend (Peter Härtling)
WERNER KRAFT, Bd. 7
Lied (Günter Blöcker)
THEODOR KRAMER, Bd. 7
Die Gaunerzinke (Hans J. Fröhlich)
Lied am Bahndamm (Barbara Frischmuth)
Wenn ein Pfründner einmal Wein will (Gerhard Kaiser)
Wer läutet draußen an der Tür? (Kurt Klinger)
KARL KRAUS, Bd. 5
Man frage nicht, was all die Zeit ich machte (Michael Krüger)
Traum vom Fliegen (Hans Christian Kosler)
Wiese im Park (Werner Fuld)
URSULA KRECHEL, Bd. 10
Episode am Ende (Walter Helmut Fritz)
GEORG KREISLER, Bd. 9
Frühlingsmärchen (Heinz Politzer)
FRANZ XAVER KROETZ, Bd. 10
Tröste mich (Wolf Wondratschek)
KARL KROLOW, Bd. 8
Ariel (Peter Härtling)
Der Nächtliche (Dieter Kühn)
Die goldene Wolke (Gert Ueding)
Diese alten Männer (Sarah Kirsch)
Es war die Nacht, Bd. 16, S. 159 (Werner Fuld)
Für alle Zeit (Gerhard Schulz)
Mit feuchten Händen (Reinhold Grimm)

Noch einmal (Ludwig Harig)
Sieh dir das an (Gabriele Wohmann)
Stele für Catull (Eckart Kleßmann)
MICHAEL KRÜGER, Bd. 10
  Die Enten (Herbert Heckmann)
JOHANNES KÜHN, Bd. 10
  Zeitung am Kaffeetisch (Ludwig Harig)
DER VON KÜRENBERG, Bd. 1
  Ich stuont mir nehtint spâte (Joachim Bumke)
  Ich zoch mir einen valken (Peter Rühmkorf)
GÜNTER KUNERT, Bd. 9
  Atlas (Walter Hinck)
  Den Fischen (Helmut Lamprecht)
  Ernst Blacke (Elisabeth Endres)
  Fantasma (Joseph Anton Kruse)
  Im Norden (Reinhold Grimm)
  Konjunktiver Doppelgänger (Fritz J. Raddatz)
  Unterwegs nach Utopia I (Walter Hinderer)
  Vision an der Oberbaumbrücke (Helmut Koopmann)
  Vorortabend (Horst Bienek)
REINER KUNZE, Bd. 10
  Bittgedanke, dir zu Füßen (Gabriele Wohmann)
  Das kleine Auto (Werner Ross)
  Erste Liebe (Gertrud Fussenegger)
  Erster Brief der Tamara (Hans Mayer)
  Fahrschüler für Lastkraftwagen (Hans Maier)
  Hallstatt mit schwarzem Stift (Gertrud Fussenegger)
  Literaturarchiv in M. (Gertrud Fussenegger)
  Tagebuchblatt 74 (Volker Hage)
HORST LANGE, Bd. 8
  Eine Geliebte aus Luft (Heinz Piontek)
ELISABETH LANGGÄSSER, Bd. 7
  Daphne an der Sonnenwende (Günter Blöcker)
  Frühjahr 1946 (Horst Krüger)
  Vorfrühlingswald (Joseph Anton Kruse)
  Winterwende (Karl Krolow)
ELSE LASKER-SCHÜLER, Bd. 5
  Die Verscheuchte (Heinz Politzer)

Ein alter Tibetteppich (Horst Rüdiger)
In meinem Schoße (Rolf Schneider)
Jakob (Ruth Klüger)
Man muß so müde sein (Christa Melchinger)
CHRISTINE LAVANT, Bd. 8
Seit heute, aber für immer (Hans Maier)
WILHELM LEHMANN, Bd. 6
Amnestie (Wolfgang Koeppen), (Hilde Domin)
Auf sommerlichem Friedhof (1944) (Günter Blöcker)
In Solothurn (Hans Bender)
Mond im Januar (Hans Daiber)
Oberon (Siegfried Lenz)
HANS LEIP, Bd. 7
Lili Marleen (Rudolf Walter Leonhardt)
DIETER LEISEGANG, Bd. 10
Einsam und allein (Harald Hartung)
RICHARD LEISING, Bd. 10
Der Sieg (Karl Mickel)
NIKOLAUS LENAU, Bd. 4
Die drei Zigeuner (Hans Mayer)
Einsamkeit (2) (Sibylle Wirsing)
HERMANN LENZ, Bd. 8
Regen (Jochen Hieber)
JAKOB MICHAEL REINHOLD LENZ, Bd. 3
An die Sonne (Gert Ueding)
Willkommen (Peter von Matt)
Wo bist du itzt? (Ludwig Harig)
ALEXANDER LERNET-HOLENIA, Bd. 7
Die Bilder (Hilde Spiel)
Linos (Armin Ayren)
GOTTHOLD EPHRAIM LESSING, Bd. 1
Die Sinngedichte an den Leser (Walter Jens)
Lob der Faulheit (Peter Horst Neumann)
Nix Bodenstrom (Walter Jens)
ALFRED LICHTENSTEIN, Bd. 6
Abschied (Reinhold Grimm)
Die Schlacht bei Saarburg (Ludwig Harig)
Gebet vor der Schlacht (Wolfgang Leppmann)
Montag auf dem Kasernenhof (Wolfgang Koeppen)

DETLEV VON LILIENCRON, Bd. 4
   Der Handkuß (Iring Fetscher)
   Die Musik kommt (Petra Kipphoff)
   Dorfkirche im Sommer (Benno von Wiese)
   Schöne Junitage (Christa Melchinger)
HERMANN LINGG, Bd. 4
   Das Krokodil (Jörg von Uthmann)
OSKAR LOERKE, Bd. 6
   Ans Meer (Siegfried Unseld)
   Grab des Dichters (Eckart Kleßmann)
   Pansmusik (Eckart Kleßmann)
   Timur und die Seherin (Uwe Pörksen)
   Webstuhl (Rudolf Jürgen Bartsch)
   Winterliches Vogelfüttern (Wolfgang Leppmann)
DANIEL CASPER VON LOHENSTEIN, Bd. 1
   Aufschrift eines Labyrinths (Michael Krüger)
MARTIN LUTHER, Bd. 1
   Der XLVI. Psalm. Deus noster refugium et virtus (Walter Jens, Kurt Marti, Adolf Muschg, Peter Rühmkorf)
   Ein lied von der Heiligen Christlichen Kirchen aus dem XII. capitel Apocalypsis (Walter Jens)
REBECCA LUTTER, Bd. 9
   Mein Platz (Hans Joachim Schrimpf)
PETER MAIWALD, Bd. 10
   Letzte Stunde (Karl Krolow)
RAINER MALKOWSKI, Bd. 10
   Schöne seltene Weide (Elisabeth Borchers)
   Stadtkirche am Vormittag (Godehard Schramm)
THOMAS MANN, Bd. 5
   Monolog (Hans Mayer)
ALFRED MARGUL-SPERBER, Bd. 7
   Auf den Namen eines Vernichtungslagers (Peter Horst Neumann)
KURT MARTI, Bd. 9
   großer gott klein (Walter Helmut Fritz)
FRIEDERIKE MAYRÖCKER, Bd. 9
   an eine Mohnblume mitten in der Stadt (Peter von Matt)
CHRISTOPH MECKEL, Bd. 10
   An wen auch immer ich mich wende (Harald Weinrich)

Es war der Atem im Schnee (Harald Hartung)
Gedicht für meinen Vater (Hilde Domin)
Geerntet der Kirschbaum, der Juni zu Ende (Gert Ueding)
Süße Person (Rolf Haufs)

ERNST MEISTER, Bd. 8
Gedenken V (Hans-Georg Gadamer)
Langsame Zeit (Walter Helmut Fritz)
Utopische Fahrt (Egon Schwarz)
Zu wem (Eva Zeller)

CONRAD FERDINAND MEYER, Bd. 4
Auf dem Canal Grande (Helmut Koopmann)
Das Ende des Festes (Emil Staiger)
Die tote Liebe (Elisabeth Endres)
Ein Pilgrim (Golo Mann)
Nicola Pesce (Peter von Matt)

KARL MICKEL, Bd. 10
Inferno XXXIV. (Rainer Kirsch)
Maischnee (Peter Maiwald)

EDUARD MÖRIKE, Bd. 4
An eine Äolsharfe (Siegfried Melchinger)
Auf eine Christblume (Hanspeter Brode)
Auf einen Klavierspieler (Walter Helmut Fritz)
Auf einer Wanderung (Hans Mayer)
Das verlassene Mägdlein (Hermann Kesten)
Denk es, o Seele (Hans Christoph Buch)
Früh im Wagen (Barbara Stierle)
Restauration (Herbert Heckmann)
Sommer-Refektorium (Hermann Burger)
Um Mitternacht (Heinz Politzer)
Verborgenheit (Hermann Burger)
Zu viel (Gertrud Fussenegger)

CHRISTIAN MORGENSTERN, Bd. 5
Anto-logie (Egon Schwarz)
Aus stillen Fenstern (Günter Kunert)
Das ästhetische Wiesel (Jürgen Stenzel)
Das große Lalula (Jörg von Uthmann)
Das Huhn (Hanspeter Brode)
Der Traum der Magd (Eckart Kleßmann)

Die Schwestern (Klaus Scholder)
Ein Lächeln irrt verflogen (Friedrich Torberg)
Fisches Nachtgesang (Hans Magnus Enzensberger)
Möwenlied (Nikolas Benckiser)
Palmström an eine Nachtigall, die ihn nicht schlafen ließ (Eckart Kleßmann)
Zäzilie (II) (Werner Ross)
FRITZ MÜHLENWEG, Bd. 7
Sehnsucht (Hartmut von Hentig)
ERICH MÜHSAM, Bd. 5
Der Revoluzzer (Gertrud Fussenegger)
WILHELM MÜLLER, Bd. 3
Der Lindenbaum (Jörg von Uthmann)
Die Post (Joachim Kaiser)
Im Dorfe (Hans J. Fröhlich)
Mut (Jürgen Theobaldy)
Rückblick (Sibylle Wirsing)
Wegweiser (Hartmut von Hentig)
BÖRRIES FREIHERR VON MÜNCHHAUSEN, Bd. 5
Die Hesped-Klage (Iring Fetscher)
JOHANN NESTROY, Bd. 4
Lied des Fabian (Walter Jens)
DAGMAR NICK, Bd. 9
Hybris (Günter Kunert)
Treibjagd (Walter Hinck)
PHILIPP NICOLAI, Bd. 1
Ein geistlich Braut-Lied (Eckart Kleßmann)
FRIEDRICH NIETZSCHE, Bd. 4
Die Krähen schrei'n (Hermann Kurzke)
Die Sonne sinkt (Werner Ross)
Venedig (Christa Melchinger)
NOVALIS, Bd. 3
Ich sehe dich in tausend Bildern (Iring Fetscher)
Wenn nicht mehr Zahlen und Figuren (Hans Maier)
CHRISTINE NÖSTLINGER, Bd. 10
Auszählreime (Ludwig Harig)
MARTIN OPITZ, Bd. 1
Das Fieberliedlin (Hansdieter Brode)

BERT PAPENFUSS-GOREK, Bd. 10
  rasender schmerts weiterlachen (Friedrich Christian Delius)
OSKAR PASTIOR, Bd. 9
  Abendlied (Wolfgang Hildesheimer)
ECKART PETERICH, Bd. 7
  Sonette einer Griechin (XVII) (Nikolas Benckiser)
HEINZ PIONTEK, Bd. 9
  Schlittenromanze (Horst Bienek)
AUGUST VON PLATEN, Bd. 3
  Dies Land der Mühe (Horst Rüdiger)
  Es liegt an eines Menschen Schmerz (Joachim C. Fest)
  Lebensstimmung (Golo Mann)
  Mein Auge ließ das hohe Meer zurücke (Hans-Ulrich Treichel)
  Tristan (Peter Wapnewski)
  Wer wußte je das Leben... (Benno von Wiese)
  Wer wußte je das Leben? (Hans Christoph Buch)
WILHELM RAABE, Bd. 4
  Des Menschen Hand (Walter Helmut Fritz)
FERDINAND RAIMUND, Bd. 3
  Das Hobellied (Peter von Matt)
CHRISTA REINIG, Bd. 9
  Der enkel trinkt (Günter Kunert)
  Die Prüfung des Lächlers (Horst Bienek)
REINMAR VON ZWETER, Bd. 1
  in mîner âbentzît (Peter Wapnewski)
JÜRGEN RENNERT, Bd. 10
  Erschaffung des Golems (Günter Kunert)
RAINER MARIA RILKE, Bd. 5
  Abschied (Sibylle Wirsing)
  An der sonngewohnten Straße (Eckart Kleßmann)
  Archaïscher Torso Apollos (Ulrich Karthaus)
  Auferstehung (Hilde Spiel)
  Blaue Hortensie (Rainer Gruenter)
  Das Füllhorn (Kurt Klinger)
  Der Abenteurer I (Cyrus Atabay)
  Der Knabe (Ulrich Greiner)
  Der Panther (Wolfgang Leppmann)
  Der Pavillon (Wolfgang Preisendanz)

Der Schwan (Hellmuth Karasek)
Der Wahnsinn (Peter Maiwald)
Die Brandstätte (Christoph Perels)
Die Flamingos (Wolfgang Leppmann)
Die Kurtisane (Egon Schwarz)
Du aber, Göttlicher (Werner Weber)
Früher Apollo (Gertrud Höhler)
Frühling ist wiedergekommen (Werner Ross)
Gebet für die Irren und Sträflinge (Wolfgang Koeppen)
Herbsttag (Rainer Kirsch)
Ich fürchte mich so (Walter Müller-Seidel)
Komm du, du letzter (Ralf Rothmann)
Liebes-Lied (Gertrud Höhler)
Magie (Günter Kunert)
Noch fast gleichgültig... (Eckart Kleßmann)
Rose, oh reiner Widerspruch (Wolfgang Leppmann)
Tränenkrüglein (Harald Hartung)
Wandelt sich rasch auch die Welt (Joachim Kaiser)
Wilder Rosenbusch (Ulrich Fülleborn)

JOACHIM RINGELNATZ, Bd. 6
An der Alten Elster (Eckart Kleßmann)
An meinen längst verstorbenen Vater (Eckart Kleßmann)
Die neuen Fernen (Werner Ross)
Die Schnupftabaksdose (Wolfgang Brenneisen)
Ich habe dich so lieb (Peter Horst Neumann)
Kniebeuge (Peter Rühmkorf)
Liedchen (Reinhard Lauer)
Logik (Ludwig Harig)
Vorm Brunnen in Wimpfen (Peter Rühmkorf)

THOMAS ROSENLÖCHER, Bd. 10
Des Kreischens Brummbaß (Karl Mickel)

FRIEDERIKE ROTH, Bd. 10
Auf und nirgends an (Harald Hartung)
Mimosen (Ludwig Harig)
Wir beide (Harald Hartung)

LUDWIG RUBINER/FRIEDRICH EISENLOHR/LIVINGSTONE HAHN, Bd. 6
Gold (Robert Gernhardt)

FRIEDRICH RÜCKERT, Bd. 3
  Amaryllis (Wolfgang Koeppen)
  Das vierzigste Ghasel (Golo Mann)
  Die Liebe sprach (Ulla Hahn)
  Ich bin der Welt abhanden gekommen (Ulrich Karthaus)
  Kehr ein bei mir! (Renate Schostack)
  Lob des Abendrotes (Rolf Vollmann)
  Nach Dschelaleddin Rumi (Golo Mann)
  Über alle Gräber (Gabriele Wohmann)
  Was schmiedst du, Schmied? (Albrecht Goes)
PETER RÜHMKORF, Bd. 9
  Ans Glück verzettelt (Gert Ueding)
  Auf eine Weise des Joseph Freiherrn von Eichendorff (Walter Hinck)
  Auf was nur einmal ist (Walter Busse)
  Bleib erschütterbar und widersteh (Albert von Schirnding)
  De mortuis oder: üble Nachrede (Harald Weinrich)
  Heinrich-Heine-Gedenk-Lied (Rolf Schneider)
  So müde, matt, kapude (Joseph Anton Kruse)
DORIS RUNGE, Bd. 10
  ikarus (Rudolf Walter Leonhardt)
  mit blick auf den kölner dom (Ulla Hahn)
  venedig (Matthias Hermann)
FERDINAND VON SAAR, Bd. 4
  Herbst (Helmuth Nürnberger)
NELLY SACHS, Bd. 7
  Völker der Erde (Hilde Domin)
  Wenn nicht dein Brunnen (Doris Runge)
  Wer aber leerte den Sand aus euren Schuhen? (Rolf Schneider)
HANS SAHL, Bd. 7
  Charterflug in die Vergangenheit (Walter Hinck)
  Strophen (Horst Krüger)
FRIEDRICH VON SCHILLER, Bd. 3
  Das Mädchen aus der Fremde (Gert Ueding)
  Das Mädchen aus Orleans (Benno von Wiese)
  Der Pilgrim (Helmut Koopmann)
  Die Teilung der Erde (Peter von Matt)
  Die Worte des Wahns (Walter Hinderer)
  Dithyrambe (Wolfgang Koeppen)

Nänie (Joachim C. Fest)
Punschlied (Peter von Matt)
Spruch des Confucius (Eckhard Heftrich)
ROBERT SCHINDEL, Bd. 10
Kältelied (Klara Obermüller)
ALBERT VON SCHIRNDING, Bd. 10
Bitte um Heimsuchung (Wolfdietrich Rasch)
MAX SCHNECKENBURGER, Bd. 4
Die Wacht am Rhein (Jörg von Uthmann)
ARTHUR SCHOPENHAUER, Bd. 3
Auf die Sixtinische Madonna (Hans Maier)
RUDOLF ALEXANDER SCHRÖDER, Bd. 5
Nur mit meines Fingernagels Rande (Karl Korn)
Vom Glück der Untröstlichkeit (Werner Fuld)
CHRISTIAN FRIEDRICH DANIEL SCHUBART, Bd. 1
Der Kupferstecher nach der Mode (Peter Härtling)
FRIEDRICH SCHULT, Bd. 6
Du bist ein anhangloser Mann (Cyrus Atabay)
KURT SCHWITTERS, Bd. 6
An Anna Blume (Rudolf Augstein)
Frühe rundet Regen blau (Peter Demetz)
INA SEIDEL, Bd. 6
Trost (Peter Wapnewski)
WERNER SÖLLNER, Bd. 10
Liebende (Jochen Hieber)
Was bleibt (Günter Kunert)
FRIEDRICH SPEE VON LANGENFELD, Bd. 1
Ein kurz poetisch Christgedicht vom Ochs und Eselein bei der Krippen (Iring Fetscher)
ERNST STADLER, Bd. 6
Fahrt über die Kölner Rheinbrücke bei Nacht (Werner Ross)
Gratia divinae pietatis adesto Savinae de petra dura perquam sum facta figura (Karl Ludwig Schneider)
Judenviertel in London (Hans Christoph Buch)
FRANZ BAERMANN STEINER, Bd. 8
Elefantenfang (Michael Hamburger)
THEODOR STORM, Bd. 4
Abends (Karl Krolow)

Hyazinthen (Hans Bender)
Meeresstrand (Gerhard Kaiser)
AUGUST STRAMM, Bd. 5
  Patrouille (Jan Knopf)
SÜSSKIND VON TRIMBERG, Bd. 1
  Wâhebûf und Nichtenvint (Peter Wapnewski)
JÜRGEN THEOBALDY, Bd. 10
  Abenteuer mit Dichtung (Wulf Segebrecht)
  Ein Amtsschreiber erwacht (Hans Christoph Buch)
  Weiche Körper (Karl Krolow)
JESSE THOOR, Bd. 8
  Adventrede (Elisabeth Borchers)
  In einem Haus (Siegfried Unseld)
ERNST TOLLER, Bd. 7
  Gemeinsame Haft (Thomas Rietzschel)
GEORG TRAKL, Bd. 6
  Abend in Lans (Karl Krolow)
  De profundis (Erich Fried)
  Die schöne Stadt (Geno Hartlaub)
  Grodek (Rolf Schneider)
  Im Herbst (Hans Joachim Schrimpf)
  Im Park (Werner Ross)
  Trompeten (Rainer Malkowski)
  Verklärung (Gertrud Fussenegger)
HANS-ULRICH TREICHEL, Bd. 10
  Von großen Dingen (Lothar Schöne)
KURT TUCHOLSKY, Bd. 7
  An das Baby (Benno von Wiese)
  Park Monceau (Reinhold Grimm)
  Rheinsberg (Beate Pinkerneil)
LUDWIG UHLAND, Bd. 3
  Der gute Kamerad (Peter Horst Neumann)
  Fräuleins Wache (Peter von Matt)
  Frühlingslied des Rezensenten (Hans Mayer)
  In ein Stammbuch (Renate Schostack)
  Neujahrswunsch 1817 (Günter Kunert)
GUNTRAM VESPER, Bd. 10
  Die Gewohnheit zu zittern (Gert Ueding)
  Tagebuch Anfang Februar (Peter Horst Neumann)

CLAUDE VIGÉE, Bd. 9
  Winterweiden (Christa Melchinger)
GEORG VON DER VRING, Bd. 6
  Cap de Bonne-Espérance (Heinz Piontek)
  Kavaliershaus (Albert von Schirnding)
  Wieskirche (Eckart Kleßmann)
WILHELM HEINRICH WACKENRODER, Bd. 3
  Siehe wie ich trostlos weine (Hans Rudolf Vaget)
CHRISTIAN WAGNER, Bd. 4
  Ostersamstag (Peter Härtling)
  Spätes Erwachen (Walter Helmut Fritz)
ROBERT WALSER, Bd. 6
  Die Reiterin (Werner Weber)
  Die schöne Frau von Thun (Wolfgang Rothe)
  Mikrogramm III (Arnim Ayren)
WALTHER VON DER VOGELWEIDE, Bd. 1
  Mir hât hêr Gêrhart Atze (Joachim Bumke)
  Müeste ich noch geleben daz ich die rôsen (Peter Wapnewski)
  Under der linden (Marcel Reich-Ranicki)
FRANK WEDEKIND, Bd. 5
  Der Tantenmörder (Wulf Segebrecht)
KONRAD WEISS, Bd. 6
  Propria Peregrina (Friedhelm Kemp)
FRANZ WERFEL, Bd. 7
  Das Bleibende (Reinhold Grimm)
  Der schöne strahlende Mensch (Eckart Kleßmann)
  Morgenhymnus (Heinz Politzer)
  Traumstadt eines Emigranten (Kurt Klinger)
  Vater und Sohn (Albert von Schirnding)
MATHILDE WESENDONK, Bd. 4
  Im Treibhaus (H. H. Stuckenschmidt)
WOLFGANG WEYRAUCH, Bd. 8
  Aber wie (Gert Ueding)
PETER WILL, Bd. 10
  Wetterfahnen (Reinhold Grimm)
GEORG WINTER, Bd. 10
  Das Faultier oder Die Geschichte zur hakenförmigen Kralle (Benno von Wiese)

ROR WOLF, Bd. 9
  Rammer & Brecher. 3. Sonett (Karl Riha)
WOLF WONDRATSCHEK, Bd. 10
  Adam jr. (Lothar Schöne)
  In den Autos (Peter Rühmkorf)
PETER PAUL ZAHL, Bd. 10
  mittel der obrigkeit (Erich Fried)
EVA ZELLER, Bd. 9
  Das Kind in dem ich stak (Egon Schwarz)
  Zu guter Letzt (Gerhard Schulz)
GUIDO ZERNATTO, Bd. 8
  Dieser Wind der fremden Kontinente (Hans Bender)
ALBIN ZOLLINGER, Bd. 7
  Stille des Herbstes (Adolf Muschg)
STEFAN ZWEIG, Bd. 6
  Letztes Gedicht (Matthias Wegner)
AUS DES KNABEN WUNDERHORN, Bd. 4
  Das bucklichte Männlein (Heinz Politzer)
  Die Judentochter (Gerhard Schulz)
  Rewelge (Eckart Kleßmann)
  Wie kommt es, daß du traurig bist? (Brigitte Kronauer)
UNBEKANNTE DICHTER
  Der glückliche Jäger (Eckart Kleßmann), Bd. 1
  Dû bist mîn (Peter Wapnewski), Bd. 1
  Kein Feuer, keine Kohle (Ulla Hahn), Bd. 4
  Verschneiter Weg (Wolfgang Koeppen), Bd. 1
  Willst du dein Herz mir schenken (Frank Trommler), Bd. 1